Deepak Chopra

죽음 이후의 삶

제2개정판

KB208583

Deepak Chopra

죽음 이후의 삶

제2개정판

디팩초프라 지음 / 정경란 옮김

행복우물

죽음 이후의 삶

초판 1쇄 발행 2007년 10월 1일
        6쇄 발행 2007년 12월 30일

개정판 1쇄 발행 2008년 10월 27일
        11쇄 발행 2021년 4월 6일

제2개정판 1쇄 발행 2023년 10월 25일
          2쇄 발행 2024년 10월 8일

지은이 디팩 초프라
옮긴이 정경란
펴낸이 최대석
펴낸곳 행복우물
디자인 콩디자인
등록번호 제307-2007-14호
등록일 2006년 10월 27일

주소 경기도 가평군 가평읍 경반안로 115

전화 031-581-0491
팩스 031-581-0492
이메일 danielcds@naver.com

ISBN 979-11-91384-68-0 (03200)
정가 17,000원

www.happypress.co.kr

"사랑하는 부모님께"

목차

제 1부 – 죽음 이후의 삶

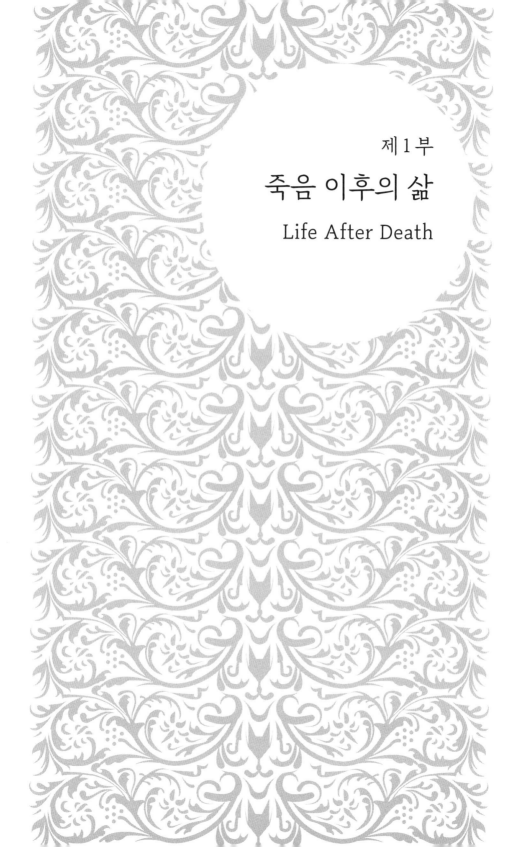

제1부
죽음 이후의 삶
Life After Death

1. 문 밖에서 기다리는 죽음

옛날 옛적, 한 성스런 도시 베나레스를 둘러싸고 있었던 깊은 숲 속, 울창한 숲 덕분에 나무꾼들의 터전이었던 그곳에 샤트야완이라는 건장한 나무꾼이 살고 있었다. 그에게는 사랑스런 아내 사비트리가 있었다. 이 세상 무엇과도 바꿀 수 없을 정도로 아름다운 아내였다. 오죽하면 샤트야완은 아침에 집을 떠날 때면 아내를 뒤돌아보고 또 보곤 하면서 일터로 나갔을까. 아내 사비트리도 이런 감정은 마찬가지였다.

어느 날, 남편과의 행복한 나날에 감사하며 느긋하게 침대에 누워있던 사비트리는 창밖으로 보이는 앞마당 곁에 누군가 가부좌를 틀고 앉아 있는 걸 보았다. 길 가던 수행승이라고 생각한 사비트리는 그릇에 쌀과 야채를 담아가지고 그 성자에게 다가갔다. 수행자에게 드리는 공양이야말로 누구나 지켜야 할 성스런 의무였기 때문이다.

"나에게는 음식 공양이 필요치 않소이다."

낯선 이는 그렇게 말하고는 사비트리가 그늘에 내려놓은 그릇을 저만치 밀어냈다.

"나는 그저 여기서 기다릴 뿐이오."

사비트리는 그를 보는 순간, 그만 공포에 질려서 뒤로 물러날 수밖에 없었다. 그는 지나가던 수행승이 아니라 바로 죽음의 신 야마였던 것이다.

"누굴 기다리시나요?"

사비트리는 떨리는 목소리로 물었다.

"샤트야완이라는 이름을 가진 사내를 기다리오."

야마가 정중한 목소리로 말했다. 야마가 누구인가? 살아있는 모든 인간들에게 절대적인 힘을 부리며, 단 한 번에 그들을 올가미에 씌워 데려가는 죽음의 신이 아닌가.

"샤트야완이라고요?"

사비트리는 그만 소스라치게 놀라 소리치고 말았다. 죽음의 신 야마의 입에서 남편의 이름을 듣게 되다니! 사비트리는 정신을 잃을 것만 같았다. 사비트리는 간신히 정신을 가다듬고 항변하듯 물었다.

"제 남편 샤트야완은 아주 건강하고 강인해요. 게다가 우리는 서로 미치도록 사랑하고 있죠. 그런데 왜 하필 그가 죽어야 하나요?"

그러자 죽음의 신 야마는 어깨를 으쓱하고는 이렇게 대답했다.

"모든 것은 예정된 대로 가는 법이라오."

사비트리의 슬픔 따위는 전혀 아랑곳 않는 아주 냉담한 목소리였다.

"그렇게 무심하게 대답하실 거라면……"

사비트리는 사랑하는 남편을 잃을 수 없다는 생각에서 기지를 발휘했다.

"왜 다른 사람을 데려가시지 그러세요? 세상에는 아프고 병들어서 죽음의 자비를 구하며 사는 사람들도 있잖아요. 그러니 그들에게 가세요. 제발 제 가정은 평화롭게 그냥 놓아두시고요."

"아니오. 나는 그냥 여기서 기다릴 거요."

죽음의 신 야마는 사비트리의 간청과 눈에 맺힌 눈물은 본 체도 하지 않았다. 야마의 얼굴에서는 동정심이나 안타까움이라고는 전혀 찾아볼 수가 없었다. 모든 것은 그의 말대로 그저 예정된 대로 흘러갈 뿐인가?

젊은 아내 사비트리는 집안으로 도망치듯 들어왔다. 죽음의 신 야마가 집 앞에서 기다리는 것도 모른 채, 집으로 돌아 올 남편 생각에 안절부절 못하고 방안을 이리저리 왔다 갔다 했다. 아무리 힘센 야수라도 강인한 샤트야완의 도끼날을 피해갈 수는 없었건만 그의 날카로운 도끼로도 결코 벨 수 없는 적수가 기다리고 있다니! 그러던 중 절망 속에서도 한 가지 생각이 문득 떠올랐다. 사비트리는 서둘러 어깨에 숄을 두르고 숲으로 난 뒷문을 열고 몰래 집을 빠져나갔다.

집 뒤쪽의 아득한 산 위에 거대한 반얀 나무가 있는데, 그 나무의 뿌리가 엉켜서 만든 동굴에 성자(聖者)가 살고 있다던 사람들의 말이 생각났기 때문이었다. 사비트리는 그에게 가서 도움을 청할 생각이었다.

　그 나무와 성자가 산 속의 어디에 있는지 알지도 못한 채, 사비트리는 사슴이 다니는 길과 조그만 도랑을 따라서 무작정 깊은 산 속으로 계속 들어갔다. 두려움이 사비트리의 숨통을 막는 듯했다. 얼마나 숲속을 헤맸을까? 몸과 마음이 지칠 대로 지친 사비트리는 그만 땅에 쓰러져 그대로 잠이 들고 말았다.

　얼마나 잤을까? 눈부신 햇살에 눈을 떠보니 커다란 반얀 나무 밑둥이었다. 과연 나무뿌리가 서로 뒤엉켜 있어 커다란 동굴을 이루고 있었다. 사비트리는 동굴 안쪽을 들여다보았다. 그러자 안에서 목소리가 들려왔다.

　"물러가시오."

　너무나도 크고 갑작스러운 목소리에 사비트리는 그만 깜짝 놀라 뒤로 나자빠졌다.

　"저는 물러갈 수가 없습니다."

　사비트리는 떨리는 목소리로 겨우 대답했다. 그리고 자신이 지금 얼마나 절망스러운 상황에 있는지를 설명했다. 하지만 깊은 어둠 속에서는 이런 대답이 들려왔다.

　"그대는 다른 사람과 무엇이 다르오? 죽음은 우리가 태어나서 무덤에 들어갈 때까지 한 두 걸음 정도 떨어져서 항상 우리와 함께 있소이다."

　그러자 사비트리의 눈에서는 눈물이 하염없이 흘러내렸다.

　"당신은 다른 이들보다 현명하신 분이시니 저를 도와주세요."

　그러자 어두운 굴 속에서 들려온 대답은 이러했다.

"그대는 죽음과 거래를 하려는가? 그런 거래를 하려던 사람들은 모두 실패하고 말았다오."

사비트리는 조용히 일어서서 단호한 목소리로 말했다.

"그러면 남편 대신 저를 데려가도록 하겠어요. 사람들이 말한 대로 죽음은 결코 피할 수 없는 것인가 보군요. 그렇다면 이제 남은 희망은 죽음의 신 야마가 남편 대신 저를 데려가게 하는 수밖에 없군요."

이제 굴 속에서 들려오는 목소리는 조금 전보다 다소 누그러져 있었다.

"자, 진정하시오. 길은 한 가지 있소이다."

어둠 속에서 부스럭거리는 소리가 나더니, 이윽고 동굴 밖으로 누군가가 걸어 나왔다. 오랜 고행으로 야윈 몸을 하고 나온 현자는 뜻밖에도 젊은이였다. 허리에 두르는 옷을 입고 어깨에는 수도승의 숄을 걸치고 있는 그는 자신의 이름을 라마나라고 소개했다.

"죽음의 신 야마를 물리칠 수 있는 방법이 있다고 하셨죠? 그 한 가지 방법이 뭐요? 제발 가르쳐 주세요."

사비트리는 절망적으로 현자에게 매달렸다. 그러자 현자 라마나는 갑작스런 햇빛에 미간을 찌푸리고 앞을 바라볼 뿐, 사비트리의 질문에는 아무런 대답도 하지 않았다. 현자의 얼굴에는 세상 사람들이 감히 범접할 수 없는 광채가 서려 있었다. 현자는 허리를 굽혀 땅바닥에서 갈대 피리를 집어 들었다.

"따라 오시오. 아마도 내 가르침을 이해할 수 있을지도 모르지. 나는 그대에게 아무런 약속도 해줄 수 없소. 하지만 그대를 보니 많이 낙담해 있는 것 같군."

라마나는 사비트리의 존재를 마치 잊어버리기라도 한 듯, 무심히 갈대 피리를 불면서 사슴이 지나다니는 길을 따라 숲 속으로 들어가기 시작했다. 사비트리는 어찌해야 좋을지 몰라 당황했지만, 피리소리가 점차 숲 안쪽으로 사라지자, 하는 수 없이 그를 따라 깊은 숲 속으로 들어갔다.

○ 죽음은 기적이다

모든 생명은 탄생과 죽음이라는 두 가지 신비로운 사건에 의해 그 틀이 완성된다. 생명의 탄생이 하나의 기적적인 사건이라는 데에 이의를 달 사람은 아무도 없을 것이다.

만약 당신이 종교인이라면 그것은 신과 함께 있던 영혼이 지상으로 내려오는 사건이라고 말할 것이다. 어머니의 자궁 속에 있던 난자세포가 정자를 만나 50번의 세포분열을 통해 새로운 개체로 진행되는 것이 생명일 뿐이라고 말하는 사람이 있다면, 아마도 그는 종교를 갖지 않은 사람일 것이다. 어떤 부분이 눈, 손, 피부, 그리고 두뇌가 될지는 단백질과 물만이 알 것이고, 9개월 동안 변형이 놀라운 속도로 진행되다가 마침내 백만 개의 새로운 두뇌 세포가 매 분마다 새롭게 나타난다. 심장, 폐, 두뇌, 그 밖의 기관들은 마치 모선에서 떨어져 나올 순간이 정확히 언제인지 알고 있었다는 듯이, 그 때가 되면 각자 신비스럽게 작용하기 시작한다. 바야흐로 새로운 생명이 시작되는 것이다.

그리고 삶의 두 번째 신비는 탄생 수십 년 뒤에 일어나는 죽음이다. 이 죽음이 갖는 신비는 탄생의 신비와는 아주 다르다. 죽음은 탄생의 순간부터 욕망하고 갈망해왔던 모든 활동에 마침표를 찍는다. 희미한 심장박동 그래프는 보이지 않는 선을 힘겹게 오르락내리락하다가 어느 순간 딱 정지한다. 일생 동안 약 7억 번 펌프질을 해 온 심장은 어느 순간이 되면 더 이상 펌프질하기를 거부한다. 이 때가 되면 천억 개가 넘는 뉴런들도 활동을 멈추고, 수백조 개가 넘는 신체 세포들 역시 더 이상 두뇌의 명령을 받지 못한다. 생명의 탄생만큼이나 신비로운 것이 바로 이런 갑작스런 생명의 끝이다.

생명이 다하는 순간에도 우리 몸의 약 99%의 세포는 평상시처럼 제 할 일을 한다. 30억 개의 유전암호인 DNA염기들도 한동안 손상되지 않은 채로 존재한다. 죽음은 탄생과는 달리 어느 순간 불쑥 시작되지는 않는다. 어떤 세포는 한동안 죽음의 소식을 접하지 못한 채 계속 제 할 일을 한다. 심장박동이 멈추었다가 두뇌가 산소부족으로 영구적인 손상을 입을 수 있는 10분 이내에 다시 작동할 수만 있다면 인간의 신체는 마치 아무 일도 없었다는 듯이 다시 정상적으로 작동한다. 게다가 머리가 몸에서 떨어져 나간 후에도 인간의 눈꺼풀은 약 10번에서 12번 정도 깜빡거린다. (이런 섬뜩한 사실은 프랑스 혁명 당시, 단두대에서 목이 잘린 희생자들을 지켜 본 목격자들을 통해서 알려졌다.)

종교는 죽음을 기적으로 취급하지 않는다. 기독교에서 죽음은 그저 죄악과 사탄에 관계된 사건일 뿐이다. 서구에서 사탄은 신에 해당된다. 하나님은 죽음의 굴레로부터 우리를 구원해 주시는 분이다. 하나님의 도움으로 인간은 죽음을 통해 새로운 삶을 시작한다. 그러므로 종교인에게 죽음은 하나님의 현존(現存)에 더욱 가깝게 다가가는 일이기도 하다.

영혼이 인간의 육신을 떠나는 모습을 보았노라고 증언하는 사람들이 있다. 물론 이런 증언을 하는 사람들이 다 종교인은 아니다. 무신론자였던 어느 유명한 정신과 의사는 마침 암 환자가 임종을 맞는 그 순간에 그 병실로 들어가게 되었다. 순간 그는 희미한 형상이 그 환자의 몸에서부터 빠져나와 사라지는 것을 목격했고, 이후 무신론이 크게 흔들렸다는 자신의 심경을 토로한 바 있다. 어떤 사람들은 인간이 죽으면 몸무게가 21g 정도 줄어드는데 그게 바로 영혼의 무게라고 주장하기도 하지만 사실 그런 변화는 일어나지 않는다.

죽음의 순간에 어떤 일이 일어나든 죽음 역시 탄생과 마찬가지로 기적이라고 부를 만한 가치가 있다고 생각한다. 아이러니하게도 죽음의 기적은 우리가 죽지 않는다는 데에 있다. 육신이 활동을 멈추는 것은 환상이며, 마치 마술사가 물건을 커튼 뒤로 잠시 숨기지만 여전히 그 물건은 그곳에 존재하듯이, 영혼도 여전히 그곳에 존재하는 것과 같은 이치이다. 신비주의자들은 죽음의 순간에 존재하는 환희를 오래전부터 이해하고 있었다. 페르시아의 유명한 시인 루미는 이렇게 말했다.

"죽음은 불멸(不滅)과의 결혼식이다."

신비주의자들만이 아니다. 20세기의 저명한 철학자인 비트겐슈타인은 다음과 같이 썼다.

"현재의 생명에게 죽음은 없다. 죽음은 생명 속에서 일어나는 사건이 아니다. 그것은 이 세계의 사실이 아니다."

나는 죽음이야말로 다음과 같은 기적적인 일을 완성시킨다고 믿는다.

*죽음은 물리적 시간인 유한의 시간을 무한의 시간으로 바꾼다.

*죽음은 공간의 경계를 무한으로 확장시킨다.

*죽음은 생명의 근원을 보여준다.

*죽음은 다섯 가지 감각기관이 닿을 수 없는 곳까지라도 지혜를 확장시킨다.

*죽음은 창조를 조직하고 입증하는, 숨어있는 정보를 드러내 보여준다.

바꾸어 말하면 죽음이란 이 지상에서 우리의 목적을 성취하는 것이다. 모든 문화가 이것이 사실임을 깊이 확신하고 있다. 그러나 우리는 더 확실한 높은 수준의 증거를 요구한다. 나는 분명 그러한 증거라 있으리라 믿는다. 그러나 그 증거는 육체적 생명을 끝내는 것이 곧 죽음이라는 죽음의 정의 때문에 육체적인 것이 되어서는 안 된다. 이 증거를 이해하기 위해서 우리는 의식의 지경을 확장시켜서 우리 자신을 더 잘 이해하지 않으면 안 된다. 만약 당신이 시간과 공간을 초월하여 존재하는 그런 소중한 존재라는 사실을 깨닫는다면 당신의 정체성은 죽음을 포함하는 곳까지 확장될 것이다. 인간이 별을 넘어 저쪽 세상까지 목적성취를 추구하는 이유는 바로 우리 자신의 신비가 이곳 지상에서의 육체라는 한계 영역에 있지 않고 저쪽 세상에 있음을 느끼기 때문이다.

그러므로 우리는 죽음이 우리 삶의 목적이며 그 완성이라는 증거를 보기 위해서는 우리들 의식의 경계를 확장시켜야만 한다. 그렇지 않고서는 우리 자신과 죽음을 제대로 이해할 수가 없는 것이다.

○ 지금 현재인 영원(Eternity)

보이지 않는 기적인 죽음은 이해하기가 지극히 어렵다. 우리는 '저쪽 세상'에 존재하는 것이 실은 지금 현재와 매우 가깝다는 아주 보잘 것 없는 단서만을 가지고 있을 뿐이다. 사람들은 이 '가깝다'는 말이 내세(afterlife)와 관련시켰을 때 얼마나 중요한지 잘 모른다. 다음 생에서 'After'라는 수식어는 죽음의 순간에도 결코 변함없이 직선적으로 흘러가며, 한 영혼을 이 세상의 시간으로부터 천국의 시간으로 데려간다는 의미를 암시하고 있다. 그러나 이런 단선적인 시간관은 두 가지 점에서 잘못되었다.

첫째, 영원은 시간의 기준이 아니라는 점이다. 기독교에서는 죄를 지은 자들은 지옥불에서 영원히 벌을 받을 것이라고 하지만, 영혼은 지옥불에서 물리적 시간의 단위로 오랫동안 있지는 않을 것이다. 왜냐하면 그들은 '저쪽 시간'으로 벌을 받기 때문이다. 그리고 선한 사람들은 시계가 결코 움직이지 않는 곳에서 살게 될 것이다. 그러므로 현재 우리가 느끼는 일상적인 시간 감각은 '내세'의 시간과는 전혀 다르다.

둘째, 인간의 일상적인 시간 감각은 그 자체가 영원에서부터 출발한다는 사실이다. 우주는 140억 년 전에 폭발로 태어났고 우주적 시간도 그때부터 시작되었다. 우리의 신체가 시간을 느끼는 이유는 수소, 산소, 질소, 탄소와 같은 유기체를 이루는 화학물질의 원자적 진동 때문이다. 그리고 우리는 이런 화학물질에 불과한 두뇌 속에 들어 있는 시계를 통해 바깥세상의 일을 가늠한다. 달팽이의 뇌 속에서 작동하는 시계의 찰깍거림은 너무 느려서, 한 가지 사건이 일어나서 그 다음 단계로 이행하는 데는 5초가 걸린다. 만약 그 5초 안에 누군가가 달팽이를 집어 올려 3미터 쯤 떨어진 곳으로 옮겨 놓는다면 어떻게 될까? 아마도 달팽이는 자신이 순간적으로 공간이동을 했다고 생각할 것이다. 인간의 두뇌 속에서 작동하는 시계는 '1초의 약 천분의 일' 정도 되는 시간 동안 일어나는 사건까지 감각할 수 있다. 그러나 그 시계는 총알의 움직임이나 매 순간 인간의 신체를 관통하는 백만 중성자의 움직임을 알아채기에는 너무나도 느린 것 또한 사실이다.

우주 대폭발이 있기 전에 시간은 실제 움직이지 않았다. 그때는 1초가 곧 영원과 같았다. 이런 견해가 가능하게 된 것은 양자물리학이 물리적 시간이 갖는 환상을 꿰뚫어 보았기 때문이다. 양자물리학 덕분에 인간은 원자시계에서 벗어나 더욱 심오한 자연의 무늬 속으로 들어가게 된 것이다. 그 가장 깊은 곳에서 원자는 진동을 멈춘다. 우주는 죽은 두뇌처럼 낮은 수준에 머물러 있다. 그러나 죽음의 모습은 실체가 없는 환상일 뿐이다. 왜냐하면 모든 활동이 멈추고 끝이 나는 그 경계, 그리고 물질과 에너지가 순수한 가능성으로 존재하는 그 경계가 가상현실이라고 알려진 새로운 영역의 시작이기 때문이다. 그 가상현실이라는 영역에는 물질적 에너지가 순수한 가능성으로 존재한다. 그런데 그 가상현실의 근거는 그리 간단하지 않다. 군이 단순한 언어로 표현하자면 물질적인 우주가 존재하기 위해서는 반드시 비물질적인 영역이 존재해야 한다는 것이다.

이 영역은 비어있다. 그것은 단순히 비어있는 것 그 이상이다. 마치 나른한 오후 소파에서 꾸벅꾸벅 졸고 있을 때 당신의 정신은 잠깐 동안 비어있지만, 즉시 무한한 사고의 선택에 눈뜰 수 있는 것과 같다. 그리하여 시간이 멈춘 무시간성으로부터 도약하여 시간이 충만한 상태로 되듯이, 창조 역시 비어있음으로부터 도약하여 완전한 상태의 완성을 이루는 것이다.

만약 영원이 지금 현재 우리와 함께 있고 모든 물리적인 세계를 지탱해 주고 있다면, 그것은 반드시 당신과 나의 밑바탕에 존재하여야만 한다. 시간은 우리 존재가 삶에서부터 죽음으로 이어지는 직선 위를 달리고 있는 듯한 착시현상을 일으킨다. 그때 우리는 실로 영원에 의해 부서지는 허망한 거품 속에 있는 것처럼 느끼게 될 것이다. 실제로 죽음이라는 사건은 우리 곁에서 멀리 떨어져서 이루어지는 것이 아니다. 또 삶과 죽음 사이에 서로 넘나들 수 없는 고정된 경계가 있는 것도 아니다.

내가 아는 사람 중에 뉴 멕시코 출신으로 50대인 메이라는 이혼녀가 있었다. 그녀는 10대 때 사랑하던 오빠를 교통사고로 잃고 말았다.

"제가 열다섯 살 때 오빠는 열아홉이었죠. 제가 세상에서 제일 좋아한 사람이 바로 오빠였어요. 그런데 그런 오빠가 죽은 겁니다. 저는 갑작스런 오빠의 죽음 때문에 마음을 어떻게 추스를 수가 없었어요."

그 사건 이후에 메이는 가슴 속에 깊은 슬픔과 비통함을 담고 살았고 그런 상태는 이후로도 오랫동안 이어졌다.

"저는 움츠러들었어요. 아무도 만나려고 하지 않았죠. 그리고 계속 물었어요. 왜? 왜? 왜 오빠가 죽어야 했을까? 누가 대답해주길 간절히 바랐습니다. 하지만 아무리 시간이 흘러도 그 누구도 선뜻 제 질문에 대답해 주지 않았답니다."

그러다 메이는 결혼을 하고 아이를 낳게 되었다. 그리고 아이를 위해서라도 다시 일상 속으로 돌아가야 한다고 결심하게 되었다.

"제 아들 녀석이 세상과 완전히 등지고 사는 것은 결코 좋은 일이 아니잖아요. 도저히 이래서는 안 되겠다 싶어서 차츰 몇몇 사람들과 교류를 하며 다시 사회생활을 시작했습니다."

처음으로 다시 사교적인 모임에 갔을 때 그녀는 아주 이상한 감정을 느끼게 되었다.

"손에 포도주 잔을 들고 누군가와 이야기를 하고 있었어요. 그런데 어느 순간 다리에 감각이 없어지더니 그 멍한 느낌이 두 다리를 타고 위로 올라왔어요. 아주 빨리 말이죠. 그리고 저는 어떤 환각상태에 빠지게 되었습니다. 순간, '바로 이거야!'라는 생각이 들었죠. 제 앞에서 방이 없어지더니 상상할 수 없을 정도의 빠른 속도로 제 의식이 공간을 날아다니는 겁니다. 모든 것이 순식간에 압축되었다가 다시 확장되는 느낌이라고나 할까요? 얼마동안 그런 환각상태였는지는 잘 모르겠어요. 마침 그 사교적인 모임이 열린 곳은 시골의 농장이었는데 나중에 들으니 구급차가 도착하는데 약 50분이 걸렸다고 하더군요. 제가 다시 정신을 차리자 사람들이 저한테 그러더군요. 쓰러져 있는 동안 맥박은 아주 희미하게 느껴질 정도였다고요. 제가 잠시 기절했던 것인지, 아니면 뇌졸중(腦卒中)의 초기증상이 나타난 것인지 제대로 설명하는 사람은 없었습니다."

이야기를 다 듣고 난 후 나는 그녀에게 당시의 경험을 어떻게 해석하는지 물었다.

"그때의 경험은 아직도 여기에 있어요."

그녀는 자신의 가슴에서 약 30센티미터 정도 떨어진 앞쪽 공간을 손으로 움켜쥐듯 하면서 말했다.

"여기에 있죠."

"무엇이 아직도 거기에 있나요?"

내가 물었다.

"영원(Eternity)이죠. 저는 제가 겪은 게 바로 영원이라고 생각합니다. 그리고 그 느낌은 이후 한 번도 제 곁을 떠난 적이 없어요. 제가 쓰러졌던 순간 저는 제 몸 밖에 있었다고 확신합니다. 30대에는 유방암으로 고생을 하기도 했지만 죽음이 조금도 두렵지는 않았습니다. 뭐가 두렵겠어요? 저는 이미 영원을 겪은 사람인걸요."

○ 영혼이 가르쳐주는 대답 – 베단타

영원불멸성(永遠不滅性)을 과학적으로 증명하기 이전에 먼저 그것이 갖는 인간적인 모습을 짚고 넘어가고자 한다. 고대 인도에서는 인간이 영원을 경험할 수 있다는 생각이 널리 퍼져 있었는데, 우선 그것이 어떻게 가능했는지부터 살펴볼 것이다.

수천 년 전, 신의 영역을 침범하거나 넘보지 않으면서도 그 해답을 구하기 위하여 영혼의 깊은 곳을 조사한 사람들이 있었다. 그들은 인도의 역사상 베다시대를 살았던 현자들로서 리쉬스라고 부른다. 베다의 현자들은 약 4천 년 전에서 짧게 잡아도 2천 년 전 힌두교의 개화기 때, 즉 베다시대에 유명해진 인물들이다. 그중에서도 브야사, 브리그후, 와시스타와 같은 인물들이 남겼다고 전해지는 저술이 수천 페이지에 달한다. 물론 이들이 실제 역사적으로 존재했던 인물이었는지는 누구도 알지 못한다. 많은 문서들이 구약성경처럼 특정한 저자가 명시되어 있지 않기 때문이다. '베단타'라고 알려진 이들의 가르침은 종교가 아니다.

인도의 영적인 풍경 속에는 남성과 여성을 가리지 않고 여러 신들이 등장한다. 그곳에는 무수한 로카스, 혹은 비물리적 세계가 있다. 또 그곳에는 단테의 작품 속에 나오는 것과 맞먹을 만한 천사 계급과 악마들도 있다. 이처럼 많은 신과 다양한 세계가 있기에 베다의 현자들은 유일신을 고집하지 않는다. 대신 이승과 저승의 모든 가능한 체험들을 포용하는 하나의 실재(Reality)를 제시한다. 베다의 현자들은 모든 실존의 단계가 실제로는 의식의 상태라고 단정한다. 이 말은 모든 세계가 의식 속에서 형성되어 있음을 뜻한다. 그러므로 우리는 이 세계의 창조자로서 그것을 경험하고, 또 우리의 의지로 그 세계에 영향을 미칠 수 있다. 이것이 바로 베단타 철학의 핵심이다.

베다의 현자가 제시하고 있는 것은 철학 그 이상의 것이며, 그것은 바로 우리들에게 끝없는 실험에 참여할 것을 종용하는 초대장이기도 하다. 당신이나 내가 그 초대장을 수락할 때, 올더스 헉슬리가 철학을 새로운 세대의 요구에 부응하기 위하여 각 시대로 되돌아간다고 하여 '영원한 학문'이라고 정의한 것처럼, 우리들은 자연스럽게 베다시대의 현자들과 연결되는 것이다. 이 말은 고대시대의 전통이 아무리 그럴듯해도 현재에 적용할 수 없다면 그것은 아무런 의미가 없다는 말이기도 하다. 그러나 베단타 철학은 현재에도 얼마든지 적용된다. 설령 인도 전통에서 신들의 숫자가 엄청나다 할지라도 현재 우리가 겪는 영적인 혼돈보다 더하지는 않을 것이다. 우리 주변에서 쉽게 들을 수 있는 다음과 같은 목소리들에 주목하여 보라.

　"할아버지는 치매병동에서 돌아가셨는데, 돌아가시기 전 그는 완전히 다른 사람처럼 보였다. 당시 할아버지는 의식도 없는 상태였고 몰핀을 최대치로 맞고 계셨다. 할아버지를 지켜보는 것은 마치 서서히 시들어가는 식물을 지켜보는 것만 같았다. 마지막 숨을 거두는 순간조차도 식물의 죽음과 별다른 차이가 없었다."

　"나의 전 남편은 아주 개자식이었다. 나는 그가 죽으면 곧장 지옥행 티켓을 받게 될 거라고 자주 악담을 퍼부었다. 그것도 일등석으로!"

　"나는 불교도다. 내가 육신을 벗는 순간, 순수의식으로 돌아갈 것이다."

　"나는 힌두교도다. 나는 이미 순수의식을 가진 사람이 되었다."

"지금 무슨 농담을 하고 있는 거야? 당신들이 죽으면 당신들은 그냥 끝이야, 끝이라고!"

제일 마지막 목소리의 주인공은 아마도 물질주의자일 확률이 높다. 물질주의자들은 생명을 오로지 물리적인 몸으로만 보기 때문에 그들에게 죽음이란 곧 끝을 의미한다. 내생이라는 개념을 거부하는 것이 과학적인 태도라고 말할 수도 있겠지만 사실 그것은 물질주의의 또 다른 이름이라고 할 수 있다. 베다의 현자들은 지식은 그 지식을 가진 사람의 외부에 있는 것이 아니고, 의식 내면에 직조(織造 - woven)되어 있는 것이라는 믿음을 갖고 있었다. 그러므로 그들에게는 삶과 죽음의 수수께끼를 풀어 줄 외부의 신이 필요치 않았다. 대신 현자들에게는 그들 자신이 있었다. 그리고 아주 다행스럽게도, 우리 자신도 그렇다.

모든 개개인은 의식적이며 자아를 가지고 있다. 각 개인은 어떤 실존이며 그것은 살아있는 존재이다. 이들 미 가공된 요소들만 가지면 삶과 죽음의 신비가 아무리 깊다 할지라도 누구라도 그에 대한 기본적인 지식을 가질 수 있다고 베다의 현자들은 말한다.

그렇다면 왜 우리는 지금 그 지식에 접근하지 못하는 것일까? 그것은 바로 우리들 자신이 우리의 기장 깊은 부분인 아트만(Atman)과 아직 접촉하지 못했기 때문이다. 아트만의 개념에 가장 가까운 영어 단어는 영혼(Soul)이라고 할 수 있다. 아트만과 영혼은 신성의 불꽃이고, 신의 현존을 인간의 살과 피에 가져다주는 보이지 않는 그 무엇이다. 아트만과 영혼의 가장 큰 차이는, 베단타에서 말하는 영혼인 아트만은 결코 신과 동떨어진 개념이 아니라는 점이다. 기독교의 영혼처럼 그것은 신으로부터 나오거나 다시 신으로 돌아가는 것이 아니다. 즉, 인간과 신성 사이에는 단일성이 존재하며, 단일성의 인식이 바로 이 실재를 만들어내는 첫 단계이다.

"나는 신이다."라고 말할 때의 '신'은 바로 아트만이다. 물론 현재 우리에게는 그다지 썩 자연스럽게 다가오는 개념은 아닐 것이다.

몇 년 전, 자신의 영혼이 육신을 떠나서 자기의 가슴에서 나오는 하얀 빛을 본 것 같은 영적 체험을 한 친구가 있었다. 필자는 그 친구에게 개인적으로 내겐 그런 경험이 없노라고 말했다. 그 친구는 내게 이렇게 대답했다.

"나도 그래. 나도 개인적으로 그런 경험을 한 게 아니야."

그때 그 친구는 내게 새로운 통찰력을 갖게 해 주었다. 영원한 것, 무한한 것, 그리고 변하지 않는 것은 결코 개인적일 수 없다는 사실 말이다. 우리는 습관적으로 '내 영혼'이라고 말하지만 이것은 분명 잘못된 표현이다. 집이 나에게 속해있듯이 영혼이 나 개인에게 속한 것이 아니다. 또한 내 피와 살을 나눈 자식과 같은 존재도 아니다. 영혼은 내 개성이나 내 기억처럼 나에게 속한 것이 아니다. 왜냐하면 노망이나 정신착란이 생기면 두뇌를 손상시켜서 개성이나 기억을 둘 다 없애버릴 수 있기 때문이다.

죽음은 내가 무엇을 소유하느냐에 대한 문제가 아니고, 내가 무엇이 되느냐에 대한 문제인 것이다. 오늘 나는 시간의 아이로서의 나를 보지만 내일 나는 영원의 아이가 될지도 모른다. 오늘 나는 여기 이 지구상의 내 집을 보지만 내일은 우주로의 여행길에 오를지도 모른다. 인간은 우리의 운명이 영원할 것이라는 생각을 하면서도 항상 죽음을 두려워한다. 그 죽음이 우리의 꿈과 소망을 평가하기 때문이다. 우리는 평가받기를 두려워한다. 왜냐하면, 우리가 틀렸다고 판명되면 그 때는 우리의 모든 열망이 공허하게 꺼질 것이기 때문이다.

필자는 의사로서 죽음을 앞둔 사람들이 얼마나 죽음을 두려워하는지 수없이 지켜보았다. 죽는다는 것은 인생의 그 어떤 순간보다 현실적이지는 않지만, 대신 아주 결정적이다. 아무리 재능이 많다고 해도, 혹은 아무리 돈이 많다고 해도 죽음은 누구나 공평하게 만들어버린다. 한번은 저명한 영적 스승이 영혼의 빛 속에 흡수되는 것이 얼마나 참된 영적 보상인지를 강연할 때였다. 내 옆에 앉아있던 한 여성은 안절부절 못하더니 내 쪽으로 몸을 기울이며 이렇게 속삭였다.

"그게 죽는다는 거 아닌가요?"

내생(來生)이 의미를 갖기 위해서는 그 내생이 현재의 삶처럼 온전하게 만족스러운 것이어야 한다. 돈, 권력, 섹스, 가족, 성취, 육체적 즐거움을 단념한다는 것은 결코 사소한 일이 아니다. 평소 그렇게 사랑하고 의지하던 것들이 이 세상 생명이 끝날 때는 모두 소멸될 것인데, 한 순간에 그런 것들을 모두 내려놓는다는 게 그리 쉬울 수가 있겠는가.

오래 전 필자가 보스턴에서 레지던트 생활을 할 때였다. 늙은 부부가 함께 병원에 입원을 했다. 남편은 결장암 말기였고, 부인은 심장병 경력은 있었지만 겉으로는 건강이 좋아 보였다. 부부는 한 병실을 같이 썼는데, 며칠 동안 그들을 겪어보니 서로를 진정으로 사랑하고 있음을 알 수 있었다. 남편의 의식이 들어왔다 나갔다 하는 것을 반복하면서 고통에 시달리자, 아내는 남편의 손을 꼭 잡고는 여러 날 동안 남편의 병상을 지켰다. 그러던 어느 날 나는 아내의 침상이 비어있는 것을 보았다. 그녀는 바로 전날 밤 심장마비로 사망했던 것이다. 그때 마침 남편은 의식이 돌아온 상태여서 나는 부인의 사망소식을 그에게 전해주어야만 하였다. 나는 환자가 받을 충격을 내심 걱정하며 조심스럽게 그 소식을 알렸다. 하지만 그의 표정은 아주 평온해 보였다.

"이제 가야할 시간이 된 것 같군요."

환자가 말했다.

"사실 이제까지 기다렸죠."

"기다리시다니요?"

내가 물었다.

"신사는 항상 숙녀가 먼저 가기를 기다리는 법이지요."

그렇게 말한 환자는 잠시 뒤 의식을 잃고 그날 오후 세상을 떠나고 말았다. 그 환자를 통해 나는, 인간은 자신의 의지로 그리고 자신의 선택에 의해 죽음을 앞당길 수 있다는 사실을 알게 되었다. 품위, 평온함, 그리고 앞으로 다가올 죽음을 인내심을 갖고 기다리는 것, 이것들은 우리 모두가 내면에서 개발할 수 있는 자질들이다. 그리고 그런 덕목들을 지니고 있을 때에만 우리는 죽음이 우리에게 내는 시험문제들을 제대로 풀 수 있게 되는 것이다. 우리가 죽음이 내는 시험에 자주 실패하는 것은 두려움 때문이 아니라 죽음을 또 다른 기적으로 존중하지 않기 때문이다. 가장 심원한 것들 - 사랑, 진리, 자비심, 그리고 삶과 죽음 - 은 모두 똑같다. 그것들은 우리가 가진 신성에 속하지만 또한 우리의 현재 삶에 속한 것들이기도 하다. 궁극적으로 이 책의 목적은 바로 죽음을 현재로 초대하고 그것을 사랑과 같이 고귀한 것으로 만드는 데에 있다.

사비트리의 이야기는 계속된다. 사랑으로 죽음을 물리치려 하는 그녀의 노력은 앞으로 내세에 대한 우리의 토론 중간 중간에 단막극으로 계속 등장할 것이다. 사랑의 풍요로움 속에는 그녀가 배운 비밀이 있고, 또 우리가 배워야 할 비밀이 있다. 타고르는 그의 시에서 이를 아름답게 표현하고 있다.

죽음이 당신의 방문을 두드릴 때
그대는 무엇을 줄 것인가?

내 인생의 충만함,
여름밤의 달콤한 포도주,
오랜 세월을 통해 쌓아 온 내 조그만 지식의 창고,
그리고 삶으로 풍요롭게 채워진 시간들
......

이것들이 내가 주어야 할 선물들,
죽음이 내 방문을 두드릴 때.

_ <그대는 무엇을 줄 것인가?>, 라빈드라나트 타고르(1861 ~ 1941)

2. 죽음의 치료

산속으로 들어가면 갈수록 사비트리의 걱정도 자꾸 커졌지만 그런 그녀의 염려를 아는지 모르는지 라마나는 앞장서서 휘적휘적 걷기만 했다. 라나나는 사슴의 길 가운데로 난 지름길로 접어들더니 이내 깊은 숲 속으로 들어가 버렸다. 사비트리는 허겁지겁 라마나를 뒤쫓아 달려갔다. 개울가에 다다르자 현자 라마나가 그곳에 앉아 있었다. 그는 사리 안쪽에서 갈대 피리를 꺼내더니 아까처럼 불기 시작했다.

"음악을 들어도 전혀 미소를 짓지 않는군."

사비트리의 눈에서 여전히 근심 걱정이 사라지지 않는 것을 보고 나서 라마나가 한 말이었다. 사실 사비트리의 머릿속에는 온통 그녀의 집 앞을 지키고 있는 죽음의 신 야마 생각 뿐이었다.

"시간이 별로 없어요. 그러니 제발 가르침을 주세요."

사비트리가 애원하듯 말했다.

"만약 내가 죽음의 치료법을 가르쳐 준다면 어떻게 할 것이오?"

라마나가 물었다. 사비트리는 깜짝 놀랐다.

"치료법이 있나요? 모든 사람이 다 죽는 게 아니었나요?"

"그렇다면 그대는 뜬소문에 귀가 먼 것이오. 내가 만약 '그대는 지금껏 행복한 적이 한 번도 없었다'고 말한다면, 어떻소? 그 말이 맞소?"

"아닙니다. 저는 오늘 아침까지만 해도 행복했어요. 야마가 우리 집을 찾아오기 전까진 너무나도 행복했지요."

사비트리가 말했다. 그러자 라마나는 고개를 끄덕였다.

"우리는 모두 행복한 때를 기억하오. 그 누구도 그런 기억을 우리에게서 빼앗아갈 수는 없는 법이오. 그럼 다른 질문을 하겠소. 그대가 살아있지 않던 때를 기억하오?"

잠시 생각하면서 사비트리는 머뭇머뭇 말했다.

"그런 때는…… 없었습니다."

"자, 더 깊게 생각해보오. 아주 어렸을 적의 기억을 더듬어 보시오. 그대가 살아있지 않았던 때를 기억하려고 노력해 보시오. 이것은 아주 중요한 일이오, 사비트리."

"알겠어요."

사비트리는 그렇게 말하고 어려서의 기억을 더듬었다. 하지만 자신이 살아있지 않았던 때를 도저히 기억해 낼 수가 없었다. 그러자 라마나가 말했다.

"아마도 늘 살아있지 않았기 때문에 살아있지 않았던 때를 기억하지 못 할 수도 있소."

이렇게 말하고는 머리 위에서 시끄럽게 울고 있는 매미를 가리키며 말했다.

"매미는 땅 속에서 7년을 고치로 보낸 다음 매미가 된다오. 그렇다면 매미가 되기 전에는 살아있지 않았던 것이오?"

사비트리는 아니라는 뜻으로 고개를 가로저었다.

"그대가 세상에 태어났다고 믿는 이유는, 당신의 부모가 당신이 어미의 자궁에서 나오는 것을 보았다고 말했기 때문이오. 그들은 당신이 이 세상에 태어나는 순간을 생생하게 체험했기에 당신이 세상에 태어났노라고 다른 사람들에게 말하고 또 축하한 것이지."

사비트리는 현자 라마나의 예상치 못한 논리에 놀랄 수밖에 없었다. 라마나는 계속해서 말했다.

"이 개울물을 보시오. 그대가 보는 것은 그저 이토록 짧은 개울인데도, 그대는 이 개울물이 어디에서 나와서 어디로 흘러가는지를 알고 있다고 말하시겠소? 내 말 잘 들으시오, 사비트리. 당신은 탄생을 받아들였기 때문에 죽음을 받아들여야 하오. 삶과 죽음 이 두 가지는 항상 함께 가는 것이오. 당신이 이전에 태어났다는 소문은 잊어버리시오. 그것이야말로 죽음에 대한 유일한 치료방법이라오."

여기까지 말한 라마나는 자리에서 일어나서 갈대 피리를 옷자락 안으로 집어넣었다. 막 걸음을 떼려던 그는 마지막으로 사비트리에게 이렇게 물었다.

"나를 믿고 있소?"

"믿고 싶습니다. 하지만 아직도 두렵습니다."

사비트리가 말했다.

"그러면 계속 가 봅시다."

라마나는 걸음을 재촉했다. 사비트리는 라마나를 따라가면서 그가 한 말을 곰곰이 되새겨 보았다. 자신이 태어나지 않았더라면 죽음도 없을 거라는 말은 너무나도 당연해 보였다. 그것만이 진리일까? 라마나는 사비트리의 그런 생각을 읽은 듯 했다.

"기억하지 못하는 것에 실재(Reality)의 근거를 둘 수는 없소. 오직 우리가 기억하는 것에만 실재의 근거를 두어야 하오. 모든 사람들은 존재(Being)를 기억하지만, 비존재(非存在)를 기억하는 사람은 아무도 없다오."

○ 죽음 건너뛰기

베단타 철학은 말하길, 영혼은 늘 가까이 있다고 한다. 그런데 이런 사상은 그리 낯선 게 아니다. 죽음이 우리 근처를 맴돌고 있다는 사실을 알려주는 놀라운 사례들이 존재하기 때문이다. 일반인들도 죽음이 우리 곁에 존재한다는 사실을 상당부분 인정하고 받아들인다. 1991년도 갤럽 여론조사를 보면 미국인의 약 5%나 되는 1,300만 명 정도가 죽음이 가까이 있음을 체험했노라고 대답했다. 적어도 그런 체험을 했다고 보고된 사람들에게 있어서 임사(臨死: Near-Death) 현상이란 다른 실재와의 순간적인 가벼운 접촉임에 분명하다.

어떤 사람이 응급실에 누워있다. 심장박동은 멈추었고 모든 조치에도 불구하고 죽음이 선고된다. 이런 심장발작으로 죽음 직전까지 간 몇 명은 간혹 다시 소생하기도 한다. 실제 죽음 직전에서 소생된 사람들 중 약 20% 정도는 임사체험 증상을 나타내는 것으로 보고되었다. 임사체험은 죽음의 문턱에 간 사람들의 체험으로, 자신의 육체를 떠나서 수술대 위에 있는 자신의 몸을 내려다보기도 하고, 심폐소생술을 벌이는 의료진들을 쳐다보기도 하며, 밝은 빛이 나오는 하얀 터널 속을 걷기도 하고, 자신이 마치 초인이 된 듯한 엄청난 힘을 느낄 때도 있으며, 또 때로는 오래 전에 세상을 떠난 사람들을 만나기도 한다.

닥터 롬멜(Pim van Lommel)은 심장병 전문의로 뇌사상태를 주제로 광범위한 개별연구를 실시했는데, 그는 연구 중에 심장병 환자들 상당수가 두뇌활동이 멈춘 후에도 임사체험을 한다는 사실을 발견하고는 크게 놀랐다. 그렇다면 사람들은 어떻게 뇌의 시계가 멈춘 후에 그런 경험을 하는 것일까? 물리적 시간을 초월한 세계에 대하여 다른 문화권에서도 많은 체험들이 있었지만, 이런 조사에 응한 사람들 모두의 공통적인 결론은, 시간은 끝이 있을 수 있지만 의식은 지속된다는 것이었다.

다와 드롤마라는 여성이 있다. 그녀는 히말라야 정상 부근에서 검은 펠트 텐트를 치고 조용히 살고 있다. 그곳이 그녀의 집이다. 하지만 호젓하고 외진 그녀의 집은 여러 가지 궁금증을 해소하려고 또는 그녀로부터 축복을 받으려고 찾아오는 손님들로 밤낮없이 북적인다. 다와 드롤마는 죽었다 살아난 이후로 티베트 동쪽 지역에서 유명해진 인물이다. 그녀는 열여섯 살 때 갑작스런 질병으로 죽음을 체험한다. 그녀의 시신은 5일 동안 가족이나 성직자의 손을 타지 않고 그 상태로 안치되어 있었다. 그리고 5일 후, 그녀의 영혼은 바르도(Bardo: 티베트 불교에서 내세를 의미하는 곳 - 옮긴이)의 기억을 아주 생생하게 간직한 채 이승으로 돌아왔다.

다와 드롤마에 따르면, 그녀는 5일 동안 천국과 지옥을 두루 둘러보았다.(천국과 지옥은 기독교적인 용어지만, 의로운 자가 상을 받고 사악한 자는 벌을 받는다는 의미에서는 널리 알려진 개념이므로 여기서는 그대로 차용해도 무방할 것이다.) 지혜의 여신이 다와에게 천국과 지옥을 구경시켜 주었다. 그리고 그곳에 있는 사람들을 가리키며 그들이 누구이며 왜 그곳에 있는지를 설명해 주었다. 다와는 그곳에서, 이승의 살아있는 가족들의 명복을 빌며 기도해주고 있는 영혼들이 기쁨과 황홀함을 누리고 있는 모습을 생생하게 목격할 수 있었다. 또한 이승에서 악행을 저지른 영혼들은 자비를 구하며 애타게 울부짖고 자신에게 매달리는 모습도 보았다.

다와는 죽음의 신을 만났는데, 신은 그녀에게 내세의 진실을 살아있는 사람들에게 전하라는 메시지를 주었다. 다와는 애당초 다시 이승으로 돌아올 운명이었던 것이다. 실제로 그녀의 죽음은 우연한 사건이 아니었다. 그녀는 무엇보다도 먼저 모든 위험요소들을 고려한 후, 이 죽음 여행을 의도적으로 감행했던 것이다. 실제 그녀가 살던 지역의 라마는 그녀에게 그런 위험한 영혼여행을 하지 말라고 경고까지 했었다. 하지만 다와는 자신의 삶은 다른 사람들에게 죽음의 메시지를 전하는데 그 의미가 있다고 확신하고 있었다.

다와 드롤마의 죽음체험이 다른 사람들에게 설득력있게 받아들여지기까지는 오랜 시간이 걸렸다. 티베트에서는 전통상, 여성에게는 뛰어난 영적 능력이 있다는 점을 인정하려 들지 않는 관습이 있었다. 그러나 다와 드롤마가 내세인 바르도를 경험하고 돌아와서 전하는 지식은 결코 티베트인들이 이의를 제기할 수 없는 아주 확실한 것들이었다. 그녀는 금맥이 어디에 묻혀 있는지도 알고 있었다. 뿐만 아니라, 그녀를 찾아오는 사람들의 사생활과 그들의 먼 친척들의 일상사에 관한 것까지도 꿰뚫고 있었다. 그것들은 결코 우연의 일치처럼 추측으로 알 수 있는 것들이 아니었다. 그녀는 불교의 철학과 논리에 대하여 저명한 승려들과 논쟁을 벌이기도 했는데, 그 결과 그들과 대등하거나 오히려 더 뛰어난 지식을 가진 것으로 판가름 나기도 하였다.

티베트에서 다와 드롤마만 특별한 사람은 아니다. 티베트에서는 죽었다 되살아난 사람들을 델록(Delogs)이라 부른다. 16세기에 살았던 링자 쵸키는 자신이 겪은 내세의 이야기를 지금도 우리에게 아주 생생하게 전해준다.

"나는 아직 방안에 있었다. 그런데 아파서 침대에 누워있는 게 아니라 내 몸을 빠져나와 천정 위로 떠다니고 있었다. 내 육신을 내려다보니 마치 사람 옷을 걸치고 있는 죽은 돼지처럼 보였다. 내 아이들은 내 육신을 둘러싸고 슬퍼 흐느끼고 있었다. 나는 그 모습을 볼 때가 가장 가슴 아팠다. 나는 가족에게 말을 걸기도 했지만 아무도 내 말을 알아듣지 못했다. 식사 때가 되어 자기들끼리 밥을 먹는 모습을 보자 화도 나고 슬픈 기분도 들었다. 잠시 후, 그들이 나의 영혼을 위해 기도를 해주자 나는 아주 편안한 느낌이 되었다."

○ 의식의 단계

죽음을 경험하고 돌아온 사람들의 진술을 듣다보면 놀랍게도 그들의 진술에 일관성, 혹은 공통점이 존재한다는 것을 알게 된다. 20세기 인물인 다와 드롤마의 진술은 그보다 400년 전에 존재했던 링쟈 쵸키의 경험담과 너무나도 비슷하다. 그들은 똑같이 여섯 겹의 내세를 보았고 지혜의 여신으로부터 내세의 소식을 살아있는 사람들에게 전하라는 메시지를 갖고 돌아왔다. 그리고 그들이 전해주는 메시지는 정통 티베트 불교의 이론과 아주 흡사하다.

임사체험을 연구하는 전문가들은 임사체험을 한 사람들의 진술에서 공통된 점을 발견했다. 즉, 그들은 육체를 떠나 자신의 육신과 그를 둘러싸고 있는 사람들을 내려다보며, 그들에게 말을 걸 수는 있지만 대화를 할 수는 없고, 의식의 힘을 이용해서 다른 곳을 여행할 수 있다는 점에서 공통점을 갖는다. 죽었다가 살아난 사람들은 한결같이 내세에서 자신들은 젊고 왕성한 한창 전성기 때의 몸을 가지고 저 세상을 둘러보았노라고 말한다. 임사체험자들 역시 내세에서는 20대나 30대의 몸을 입었노라고 말하고 있다.

이들은 티베트어로 '생성의 바르도'라고 부르는 영역에서 죽은 친척들을 만난다. 그들은 친척들에게 다가가려고 하자, 다시 물리적 세계로 밀려나 되돌아오면서 아직은 때가 아니라는 생각을 갖기도 하고, 또는 뭔가 잘못되었다는 느낌을 갖기도 한다. 그들은 자신들이 신, 혹은 위대한 빛에 가까이 다가간다는 심오한 느낌을 갖게 되며, 그 앞에서는 죽음의 공포도 더 이상 아무런 힘을 쓰지 못한다는 사실도 깨닫게 된다.

티베트에서 임사체험을 한 사람들과 죽었다 살아난 사람들(티베트의 델록)이 보고하는 진술에서 우리는 아주 중요한 공통점을 발견할 수 있다. 죽었다 살아난 사람들이 임사체험자들보다 내세에 대하여 훨씬 더 자세하게 진술하는 것으로 보아, 임사체험은 죽어가는 사람의 영혼이 그 자신을 드러내기 위한 모든 단계 중에서 초기

각성단계라고 보아도 좋을 것이다. 기독교에서 말하는 천국, 불교에서 말하는 내세인 바르도, 그리고 힌두교에서 말하는 천국인 로카의 지도를 생생하게 그려보면, 죽음 이후의 초기단계가 아주 일관된 사건들과 함께 나타남을 알 수 있다.

○ 삶과 죽음의 징검다리: 어떻게 내세는 밝아 오는가?

1. 물리적인 육체는 그 기능을 멈춘다. 죽어가는 사람은 이 사실을 인식하지 못할 수도 있지만, 결국에는 죽음의 과정이 일어났다는 것은 알고 있다.

2. 물리적 세계가 사라진다. 이 또한 정도에 따라 다른데, 위로 떠다니는 듯한 느낌을 가질 수도 있고, 영혼이 떠나 온, 이제까지 육신으로 살아왔던 익숙한 장소들을 내려다보는 듯한 느낌을 가질 수도 있다.

3. 죽어가는 사람은 자신이 가벼워지는 것을 느끼고, 어떤 제약도 받지 않고 자유로워지고 있다는 느낌을 갖는다.

4. 정신과 감각은 활동을 계속한다. 그러나 점차 지각되는 세계가 비 물리적인 세계로 변한다.

5. 거룩하고 신성하다고 느껴지는 존재가 생겨난다. 그 존재는 빛에 둘러쌓인 형태로 나타날 수도 있고, 천사나 신의 형상으로 나타날 수도 있다. 그리고 그 존재는 막 죽음의 문턱에 들어선 사람들과 소통을 하기도 한다.

6. 개성의 기억은 점차 희미해져 가지만 '나'라는 자아개념은 여전히 남

아 있다.

7. '나'라는 자아개념은 다른 존재의 단계로 나아가는 데에 압도적인 의식으로 작용한다.

    이상 일곱 가지 자각상태는 천국에서 이루어지는 것이 아니다. 죽음 연구자들은 이것을 중간 삶(Inter-Life) 단계라고 부르는데, 이 단계는 살아있다는 의식상태에서 죽었다는 의식상태로 이행하는 과정이라고 할 수 있다. 그런데 이 과정은 사람마다 여러 가지 특징을 달리한다. 유체이탈(遺體離脫) 상태를 경험한 사람들이 모두 빛 속으로 들어가는 경험을 했다고 진술하지는 않는다. 어떤 경험자는 우주의 여러 행성들을 여행했다고도 하고 또 어떤 여행자는 여러 다른 세계를 여행했다고도 하는데, 그들이 진술하는 내세의 특징은 그들이 평소에 갖고 있던 종교적 세계관과 상당부분 일치한다. 지옥같이 끔찍한 최후의 심판을 경험하는 사람도 있다. 물론 특정 종교의 내세관을 반영하고 있긴 하지만 그 자체로 의미 있는 내세 체험이라고 볼 수 있다.

    이처럼 내세에 관한 진술은 체험하는 사람의 본성과 개성을 상당부분 반영한다. 천국에 갔다 왔다는 아이의 말을 들어보면 천국은 아기 동물들이 뛰어노는 곳이고, 심장병 환자가 보고 온 천국은 신의 무릎 아래 있다가 다시 지상으로 돌아가야 한다는 말을 듣고 돌아 온 곳이다. 티베트의 델록들은 티베트 불교에서 말하는 내세와 아주 비슷한 진술을 한다. 이처럼 임사체험자나 실제로 죽음을 겪은 사람들이 진술하는 내세의 모습은 그들의 본성 뿐만 아니라 그들이 속한 문화권의 특징을 상당히 반영한다. 세계 종교 전문가인 휴스턴 스미스(Houston Smith)는 이렇게 말한다.

"우리가 바르도에서 겪은 모든 경험은 우리 인간들의 정신작용의 반사물이다."

물론 어떤 사람은 바르도라는 개념 대신에 내생(Afterlife)이라는 개념을 더 선호할 것이다. 기독교인들이 그리스도의 형상을 만나는 곳이 바로 그 내생이기 때문이다. 마찬가지로 불교도들은 불교적인 형상을, 무슬림들은 이슬람의 형상을 만나게 된다.

○ 풍성한 기대

서로 다른 문화권마다 서로 다른 내세의 모습을 본다면, 우리는 저마다 서로 다른 내세를 창조하고 있는지도 모르겠다. 죽음을 목전에 둔 사람에게 가장 생생하게 나타나는 이미지는 아마도 우리들 자신의 의식을 투영(投影)하고 있는 이미지일 것이다. 최근 저명한 생물학자가 한숨을 쉬며 나에게 이렇게 말했다.
"당신이 의식(Consciousness)이라는 단어를 사용하는 순간 당신은 과학에서 벗어난 셈이 됩니다."
노벨물리학상을 수상한 에릭 코넬(Eric Cornell) 교수는 타임지에 이렇게 쓴 적이 있다.

"과학은 신의 마음을 아는 데 그 목적이 있지 않다. 과학은 자연을 이해하고 사물의 이유를 아는데 그 목적이 있는 것이다. 그리고 한 가지 흥분되는 사실은, 우리의 무지가 우리의 지식을 늘 능가한다는 것이다."

나는 코넬 교수의 이 말에 많은 사람들이 동의하리라고 확신한다. 하지만 그런 이들 중에는 '인간의 본성을 이해하지 못하고 자연을 이해한다는 것은 제한적 가치밖에 없다'는 사실을 깨닫지 못하는 사람들도 많을 것이다. 어째서 우리는 실험을 하려 하지 않은 것인가?

의식이 실질적인 기능성으로 인정받지 못할 때, 설득력을 갖는 것은 물질주의적인 설명일 뿐이다. 마약(마리화나, 케타민, ISD, 메스칼린 등) 투여자들도 임사체험자들이 말하는 하얀 빛과 터널에 관한 체험을 이야기하곤 한다. 뿐만 아니라 사람을 회전체에 넣고 아주 빠르게 돌려서 전두엽에 강한 압력을 가하면 극단적인 스트레스가 발생하고 그로 인해 환각상태를 경험할 수도 있다. 실제로 공군 조종사들이나 우주인들이 훈련 과정에서 이런 경험을 하기도 하고, 심장발작을 겪은 중환자실의 환자들도 이와 유사한 체험을 보고하는 경우가 더러 있다.

과연 의학적인 설명이 모든 의문에 해답을 줄 수 있을까? 임사체험을 연구한 의사인 닥터 롬멜은 이 주장에 선뜻 동의하지 않는다. 그는 규칙적인 박동 대신에 아주 혼돈스런 연축곡선을 그리는 상태로 들어간 환자 344명을 연구했다. 그들 중 다시 소생한 이들을 상대로 대화를 나눈 롬멜 박사는 아주 놀라운 사실을 발견했다. 즉, 약물이나 마취제가 그들의 진술에 영향을 미치지 않는다는 사실을 밝혀 낸 것이다. 더욱 놀라운 사실은, 그들은 뇌파가 정지한 상태에서도 여전히 의식은 작동하고 있었다는 사실이었다. 그때의 연구로부터 몇 년의 세월이 흐른 지금도 그는 여전히 그 문제에 대하여 의아해 하고 있다.

"뇌파가 정지한 시간대에도 그들은 의식이 있었다. 오히려 그들의 의식은 이전보다 더 확장된 상태였다. 그들은 극단적으로 명료하게 생각할 수 있었으며, 아주 어렸을 때의 기억까지 떠올리며 자세히 기억해 냈고, 주변 사람들과 사물과의 깊은 연관을 이야기하기도 했다. 그런데 놀랍게도, 그들이 그런 의식을 가졌다고 진술한 시간대에 그들의 두뇌는 아무런 활동도 보이지 않고 있었다."

그의 연구는 두뇌가 죽으면 곧 죽음이라는 물질주의자들의 이론을 단숨에 무력화시켰다. 왜냐하면 두뇌는 내세를 체험하기도 전에 이미 멈추었기 때문이다. 그리고 환자들의 그러한 임사체험은 영구적인 두뇌의 손상이 없이 심폐소생술이 가능한 그 4분에서 10분의 시간대에서 일어났다. 닥터 롬멜은 이런 임사체험이 심리적이고 정신적인 것으로 설명될 수 있다면, 그 이론은 모든 사람들에게 공평하게 적용되어야 한다고 지적한다. 심장마비에서 다시 소생한 환자들 중 82%는 임사체험을 전혀 기억하지 못한다. 왜 18%의 환자들만이 그런 체험을 한 것일까?

아마도 의식은 두뇌 속에 있지 않을 수도 있다. 물론 그런 가정은 평범한 논리는 아니지만 인도 고대의 영적 전통과 밀접한 부분이 있다. 그런 관점에서, 영적체험에서 묘사하는 내세(來世)의 모습은 그 세계로 들어가는 인간의 살아 생전의 기억과 기대치에 영향을 받는 것은 아닌가 하는 생각이 든다.

천국은 서양인의 관념이 반영된 문명이다. 그러므로 만약 낙원이 우리가 원하는 바의 모습이고 또 선택이라면, 이제라도 각자가 가지고 있는 내세의 모습을 다시 정립해 두어야 할 것이다.

3. 죽음은 우리에게 세 가지 소망을 허락한다

숲 속에서 두어 시간쯤 헤맸을까? 사비트리와 라마나는 갈림길에 이르렀다.

"이 길로 가면 우리는 야마의 성에 도착하게 되오. 죽음의 신이 이렇게 가까이 산다는 것을 알고 있었소?"

라마나가 물었다. 사미트리는 순간 몸서리를 치며 두려워했다.

"솔직히 우리는 죽음을 생각해 볼 겨를도 없이 행복하게 살았어요."

"정말이오?"

사비트리의 말에 라마나는 놀란 표정을 지으며 물었다.

"나는 여기 저기 돌아다니다가 죽음의 신이 산다는 성을 지나게 되었고, 죽음의 신을 직접 대면하고 싶은 호기심에 사로잡혔었던 적이 있었다오."

사비트리는 새삼 죽음의 신을 떠올리자 그저 두렵기만 했다. 라마나는 손을 뻗어 사비트리의 손을 잡았다.

"이리 오시오. 걸어가면서 이야기해 주리다."

라마나가 잡은 손아귀에는 알 수 없는 힘이 넘쳐났고 사비트리는 이상하게도 마음이 평온해지는 것을 느꼈다. 두려움이 없어지면서 그가 가진 힘이 전해지는 것만 같았다.

"소문으로만 듣던 죽음의 신의 성에 도착하자마자 나는 그곳이 야말로 그가 사는 집이라는 것을 단번에 알 수 있었소. 성문 주위에 는 해골들이 줄줄이 꿰어져 있었고, 심지어 문 위에도 주렁주렁 걸려 있었다오. 그래서 나는 그 자리에 앉아서 죽음의 신 야마가 돌아 오기를 기다렸소. 며칠을 기다리자 야마가 돌아왔소. 그는 나를 보자마자 아주 못마땅한 표정을 지으며 이렇게 내뱉었소. '내가 그대를 성문 앞에서 사흘씩이나 기다리게 했군. 죽음의 신이라도 공양에 관한 서원을 깨뜨리지 않는 법인데, 사흘씩이나 굶게 만들다니. 좋소. 내가 대신 그대의 세 가지 소원을 들어주겠소.' 야마의 제안에 나는 이렇게 응수했소. '그거 아주 좋은 제안이군요. 사실 저는 아주 오랫동안 당신에 대한 지식을 얻고자 노력했습니다. 창조물 중에서 가장 현명한 분이 바로 죽음의 신이라지요?' 그러자 죽음의 신 야마는 아주 정중하게 고개를 끄덕였소. 나는 말했지. '내 첫 번째 소원은 집으로 돌아가는 길을 아는 것입니다. 나는 당신과 영원히 머물고 싶은 생각은 없습니다.' 그러자 야마는 미소를 지으며 동쪽을 가리켰소. '저 쪽 해뜨는 곳으로 가면 다시 집으로 가는 길을 찾게 될 것이오.' 그 때 내가 말했소. '나의 두 번째 소원은 당신도 사랑을 느껴본 적이 있는지 아는 것입니다.' 물론 야마는 그 질문에 크게 기뼈하는 눈치는 아니었소. 잠시 머뭇거리더니 그는 이렇게 대답했소. '사랑이 하는 일은 창조지만 내가 하는 일은 파괴라오. 그러므로 내게 사랑은 필요 없소이다.' 그 말을 듣자 내겐 죽음의 신 야마가 참 측은하게 보이더군. 하지만 그는 오히려 자랑스럽다는 듯이 눈을 치켜뜨고 나를 보고 아주 으르렁대는 것이었소. '자, 이제 입 다물고 세 번째 소원을 말해 보시오.' 그래서 나는 말했지. '위대한 현자들은 말하길, 영혼은 죽음까지 극복하고 살아남는다고 했는데 그 말이 사실입니까?' 그러자 야마의 뒤로 검은 구름이 끼기 시작했소. 그는 화가 나서 펄쩍 뛰었지만 약속은 약속이니 대답해주는 수밖에 도리가 없었겠지. '좋소, 진실을 말해 주겠소. 삶에는 두 가지 길이 있소. 지혜의 길과 무지의 길이오. 지혜의 길은 진리를 추구하고 무지의 길은 쾌락을 추구하오. 쾌락은 감각에서 태어나는 것이라 순간적인 것이오. 순간적인 것이니 곧 죽음의 영역으로 떨어지겠지. 그러므로 무지는 내 손아귀에서 벗어날 수 없소이다. 그러나 자아는 불멸의 빛이오. 그것은 영원히 빛을 내오. 하지만 이 빛을 알아보는 현명한 사람들은 많지 않소. 그 빛이 다른 곳도 아닌 바로 자기 자신 안에서 나오는 데도 인간들은 알아보지 못하지. 자아는 영혼의 빛이오. 자, 이제 알았으면 돌아가시오. 당신의 얼굴을 두 번 다시 보고 싶지 않소이다.' 그리고 야마는 서둘러 다른 곳으로 가버렸소."

사비트리는 현자 라마나의 말을 하나도 빠뜨리지 않고 들었다. 그러나 여전히 궁금한 것이 있었다.

"그 빛이 우리 안에서 빛나고 있다면 왜 우리는 그것을 보지 못할까요?"

라마나는 가던 걸음을 멈추고 주변을 둘러보았다. 그는 이내 빗물이 고인 웅덩이를 발견하고는 사비트리의 손을 잡아끌었다.

"저 웅덩이에 비친 해가 보이시오?"

사비트리는 고개를 끄덕였다.

"네."

"그럼 잘 보시오."

그러더니 라마나는 나뭇가지로 물을 휘휘 저었다. 그러자 이내 가라앉았던 흙들이 떠오르면서 조그만 웅덩이의 물은 혼탁해졌다.

"자, 아직도 해가 보이시오?"

사비트리는 고개를 저었다.

"사람들이 자신의 마음 깊은 곳에서 영혼을 발견하지 못하는 것도 바로 이와 같은 이치라오. 마음이 쉬지 않고 움직이고 또 의심과 혼동의 때가 끼어 영혼의 빛을 가리기 때문이라오. 그러나 내가 물 위에 비친 해의 모습을 없앴다고 해서 하늘의 해를 없애지는 못하는 것처럼, 영혼은 영원하며 그 무엇으로도 더럽힐 수가 없소. 이것이 영혼의 비밀이고 죽음의 신도 어쩌지 못하는 진실이라오."

사비트리는 진지한 표정으로 말했다.

"그래요. 그 말을 믿고 싶네요."

"그대는 아직도 두려움을 떨쳐 버리지 못하고 있군."

라마나는 친절한 목소리로 말했다.

"그러나 어떤 순간에도 잊지 말아야 할 것은 물 위에 비친 환영 (幻影)을 믿지 말아야 한다는 점이오. 진정한 실재를 보고 싶다면 말이오."

사비트리는 스승 라마나와 함께 손을 잡은 채 숲을 걸으면서 깊은 생각에 잠겼다.

○ 믿음에 관하여

'내가 상상할 수 있는 최악의 내세는 지옥이다.
두 번째 최악의 내세는 바로 천국일 것이다.'

내가 2005년 여름에 노트의 한쪽에 낙서해 놓은 글귀이다. 물론 천국과 지옥이라는 단어는 기독교적인 개념이지만, 나는 굳이 종교를 따지지 않고 일반적인 의미로 통용되는 천국과 지옥을 생각했다. 천국은 누구라도 선하면 갈 수 있는 곳이고 지옥은 악한 사람들이 가는 곳이다. 그렇다면 천국과 지옥은 모두 종말(終末)과 비슷한 개념일까?

베단타 철학에서는 내세는 우리가 기대하고 꿈꾸는 것을 충족시켜 주기 위해 창조된다고 말한다. 만약 그것이 사실이라면 그 기대란 어떤 것들을 말하는가? 왜 악행을 저지른 사람들은 아무런 자비나 집행유예의 희망도 없이 지옥에서 징벌을 받아야만 하는가? 이 질문은 그 반대와 비교해 보면 아주 그 의미가 뚜렷해진다. 왜 선행을 한 사람들은 꼭 구름 저 편의 환상적인 곳으로 초대되어 그 덕행에 대한 무한정하고도 즉각적인 보상을 받아야 하는가?

2005년 여름 당시 나를 사로잡은 문제는 바로 그런 것들이었다. 내가 죽음에 관해 생각하게 된 것은 당시 내 어머니가 의식불명의 상태로 계셨기 때문이기도 했을 것이다. 인도에서 걸려온 전화에서는 늘 다급한 목소리가 울려나왔다. '급해, 빨리 와!' 어느 날 전화를 받자마자 나는 비행기에 몸을 실었다. 비행기에 앉아 있던 그 시간

동안 어머니의 임종을 지키지 못할 수도 있다는 불안감에 맘이 편치 않았다.

사랑하는 사람을 잃는다는 것은 상상하기조차도 싫은 일이다. 당시 내 어머니의 나이는 여든에 가까웠는데 여섯 달 만에 다시 보니 전보다 더 피폐해졌고 아무것도 남아있지 않은 빈껍데기 같았다. 가족들은 하나같이 이제 어머니의 고통이 끝난다면 그것 또한 축복이라고 말했다.

나는 비행기에서 어머니의 심장에 있는 세포 하나하나에 대해서 생각했다. 의사인 나는 마치 현미경을 통해서 들여다보는 것처럼 어머니의 세포를 머릿속에 생생하게 그릴 수 있었다. 물론 심장 세포는 태어나는 순간에서부터 그 구성 원자가 수도 없이 바뀐다. 어머니의 쇠약해진 심장은 고정불변의 실체가 아니다. 그것은 변화의 용광로처럼 어머니가 태어난 순간부터 어머니와 함께 생성과 소멸을 거듭해 왔다. 어머니와 함께 생성하고 소멸해온 그 심장세포는 천국에 들어갈 수 없다. 그러나 그것들은 그것들 나름의 방식으로 육신의 죽음에도 불구하고 살아남는다. 그것들은 소멸되고 다시 살아나며, 옛것이 다시 새로운 것으로 교체되면서 1분에 수천 번씩 생성과 소멸의 과정을 반복한다.

당신의 육체도 마찬가지이다. 분자는 늘 공급되기 때문에 지식의 소멸만이 문제가 되는 것이다. 지식은 세포의 본질이지만, 이제껏 그 누구도 눈으로 보거나 만져보지 못한 것이다. 수백만 개의 산소 원자가 날숨을 통하여 밖으로 배출되어도 정작 중요한 정보는 유지된다. 즉, 세포를 만드는 방법, 그 세포가 행동하는 방식, 그리고 다른 세포와 접촉하는 방식에 관한 모든 정보가 일관되게 유지되는 것이다.

어떻게 간단한 산소분자가 DNA의 염기 정보를 모두 알 수 있을까? 우리가 죽게 되면 이 문제에 대한 답을 찾을 수 있을 것이다. 그때에 가서야 비로소 우리들은 물질의 가면 뒤에서 우리의 본질과 대면하게 되기 때문이다. 우리가 여기서 용어의 함정에 빠질 필요는 없다. 본질, 영혼, 아트만, 그리고 성령을 모두 같은 개념으로 받아들여도 무방하다. 삶과 죽음의 경계를 넘어 들어서게 되는 내세의 처음 단계는 우리의 상상력 밖에 있다. 그것은 영혼과 깊은 관계가 있다.

어머니는 내가 집에 도착하고 나서 몇 시간이 지난 후 의식불명의 상태로 세상을 떠나셨다. 너무나도 평범한 죽음이었다. 그다지 특별할 것도 없이 누에처럼 천에 돌돌말린 채 병원에서 맞이한 그런 죽음이었다. 어머니가 이제 자신이 누구인지를 알 수 있는 자유로운 영혼이 되었다는 생각이 들자, 점차 애도의 슬픔도 누그러지기 시작하였다. 수백만의 사람들이 시간 위주의 천국관에 의지하면서 이런 방식으로 생각하지는 않는다. 그러나 그런 사고방식도 이제는 변하고 있다.

종래의 전통적인 신앙이 점차 쇠퇴하면서 천국에 대한 개념 역시 큰 변화를 겪었다. 2003년 콜롬비아 우주선이 텍사스 상공에서 폭발해 일곱 명의 우주인이 갑자기 죽는 참사가 발생했을 때, 부시 미국 대통령은 우주인들의 죽음을 애도하며 '그들은 이제 천국으로 갔습니다'라는 표현을 사용했다. 이후 테네시 주의 여론조사 기관들이 부시 대통령의 말에 찬성하는지 반대하는지를 묻는 설문조사를 했는데, 76%의 사람들이 천국을 믿는다고 대답했고, 그중 절반(전체의 37%)은 참사를 당한 우주인들은 천국으로 갔을 것이라고 응답했다. 나머지는 잘 모르겠다고 대답했다. 교회 참석율을 나타내는 지표를 보아도 이런 변화를 감지할 수 있다. 미국인의 약 44%가 교회에 정기적으로 나간다. 실제 현재 많은 메이저 교단의 숫자가 감소하고 있는 추세에 있다. 그리고 이런 현상은 18개 선진국에서도 공통적으로 나타나고 있는 현상이다. 단지 기독교 근본주의파의 경우는 아주 독특한 예외로, 미국과 전 세계에서 그 숫자가 늘어나고 있다.

당신의 종교적 태도가 어느 부류에 해당하는지, 아래와 같은 기본적인 질문들에 응답해 보는 것도 좋은 방법이 될 것이다.

○ 믿는가? 믿지 않는가?

아래 질문지를 읽어보고 해당하는 알파벳에 표시를 한다.

A : 예. 그렇게 믿는다.

D : 아니오. 이것은 나의 믿음과 반대이다.

N : 의견 없음. 확실하지 않거나 그것에 대해 생각해 보지 않았다.

A D N 나는 하나님을 믿는다.

A D N 나는 하나님이 천국에 있다고 생각한다.

ADN 나는 내가 죽으면 천국에 갈 것이라고 생각한다.

ADN 천국에 가기 위해서는 착한 일을 많이 해야 한다.

ADN 천국에 간다는 것은 성경(또는 코란 또는 불경 등)을 믿는 것이다.

ADN 하나님을 믿는다면 그렇지 않은 경우보다 천국에 갈 기회가 더 많아진다.

ADN 신은 자비롭지만 지옥까지 만들었다.

ADN 지옥은 죄에 대한 값을 치르는 곳이다.

ADN 천국과 지옥은 영원하다.

ADN 내가 벌을 받든 구원을 받든 그 결과는 공평할 것이다.

ADN 내가 죽어도 나의 영혼은 없어지지 않는다는 생각을 하면 다소 마음이 편안해진다.

ADN 천국을 과학적으로 증명할 수 있는 방법은 없을 것이다.

ADN 우리가 죽은 후에 일어날 일은 믿음에 의해서만 알 수 있다.

ADN 임사체험(Near Death Experience)은 사실이다.

ADN 사람이 '빛' 속으로 가고 다시 돌아온다면, 이것은 죽음 이후의 삶을 맛보는 것이다.

ADN 내가 읽은 임사체험에 관한 이야기들은 천국에 대한 믿음을 더욱 굳게 해 준다.

ADN 먼저 세상을 떠난 사랑하는 사람은 반드시 천국에서 다시 만날 수 있을 것이다.

ADN 내가 죽으면 아버지와 어머니를 다시 만날 수 있을 것이다.

ADN 죽은 자와 말을 거는 것이 가능하다고 생각한다.

ADN 환생은 실질적인 것이다.

합계 : A_____ D_____ N_____

A, D, N의 개수를 세고, 어떤 대답이 가장 많은지를 살펴본다.

***A의 개수가 많은 사람(14개에서 20개 사이)

당신은 종교적인 사람이다. 종교인이라고 하면 대개 두 부류로 나뉘는데, 기성 종교를 믿는 사람들과 교회(절 또는 사원)를 다니지 않아도 영성을 추구하는 사람들이다. 종교인으로서의 당신은 내세에 대해 안도감을 느끼지만 내세가 있다는 확신에서부터 마음의 평안을 얻으며 죽음의 공포에서 벗어날 수 있다고 생각한다. 당신은 신은 자비로운 존재이며 그 신은 당신이 죽으면 영혼을 보살펴주는 최고의 존재라고 믿는다. 임사체험에 대한 지식이 당신의 믿음을 더욱 확고하게 해준다.

***D의 개수가 많은 경우(14개에서 20개 사이)

당신은 회의론자(懷疑論者)이다. 인생에 대한 태도가 회의적이기 때문에 아주 논리적이고 물질주의적인 관점을 가진 사람일 가능성이 크다. 꼭 과학자일 필요는 없지만 종교적인 태도와 과학적인 태도 중에서 과학적인 모델을 중요시한다. 신앙과 과학은 양립하지 못한다고 보기 때문이다. 당신은 죽음 이후의 삶에 대해서 신뢰하지 않으며, 죽음 이후의 삶을 믿지 않기 때문에 죽음과 그 이후에 대해서도 전전긍긍하지 않는다. 또한 임사체험은 두뇌의 기형적 활동의 산물이라고 생각한다. 좀 더 확신을 주는 증거에 의해서만 마음이 변할 수 있으며, 직접 보지 않은 것에 대해서는 결코 마음을 바꾸지 않는다. 내세의 증거에 대해서도 환상이거나 인간의 소망일 뿐이라고 일축한다. 죽었다가 다시 살아난 사람이 없기 때문에, 죽음에 대해서 믿을 수 있는 정보는 결코 없을 것이라는 확신을 갖고 있다.

***N의 개수가 많은 경우(14개에서 20개 사이)

당신은 불가지론자(不可知論者)이거나 아니면 아무것도 잘 확신하지 않는 사람이다. 불가지론자나 무엇이든지 잘 믿지 않는 사람들은 대개 내세는 존재할 수도 있고, 또는 존재하지 않을 수도 있다는 애매한 태도를 가지고 있다. 그런 사람들은 죽음에 대해서 전혀 생각하지 않으며 사는 사람인 경우가 대다수이다. 그들은 죽음에 대면해야 하는 그 순간까지는 그저 기다릴 수밖에 없다고 생각한다. 신이나 내세는 결코 설명할 수 없는 개념이라고 생각하는 사람도 여기에 속한다. 그래도 임사체험에 대한 이야기에 대해서는 조금 관심을 기울일 수도 있다.

이상 세 가지 부류에 속하지 않는 사람들은 소위 '열린 마음'을 가진 사람들이다. 그런 사람들은 영적인 개념에 대해서도 일정부분 인정을 하지만, 물질주의적이고 과학적인 견해도 수긍한다. 임사체험에 대해서도 흥미 있어 하지만 전적으로 믿지는 않는다. 물론 특정한 신념이나 종교를 갖지 않은 것에 대해서 조금 염려할 수도 있고 약간 혼란스러워 할 수도 있다. 하지만 다른 사람처럼 어떤 확신을 갖지 않은 것에 대해 크게 개의치는 않는다. 어디에도 100% 확실한 것은 없으며 내세에 대한 이야기는 더더욱 그렇다고 생각한다. 이런 사람들은 천국에 관한 이야기에 대해서 큰 흥미를 보이지는 않지만, 만약 그렇다면 좋을 거라고 생각하는 수준에서 그친다.

위의 설문은 당신이 종교인, 회의론자, 불가지론자 중 어떤 부류에 속하든 스스로 크게 놀랄 정도로 새로운 발견을 한 것은 아닐 수도 있다. 하지만 다른 사람이 나와 다른 부류에 속하는 것을 보고 혹시 자신이 틀린 것은 아닐까 하는 염려를 할 수는 있을 것이다.

종교인은 그들의 종교적 배경에 맞는 천국이나 지옥으로 갈 것이며 평소 가장 신봉하던 신을 만나게 될 것이다. 누구는 천사를 보고 또 누구는 보살을 보게 될 것이다. 내세의 감정적 명암은 그 내세가 예상하고 기대했던 것일 때는 완전히 행복한 것이지만, 그렇지 않은 경우는 모호하고 슬픈 것일 수도 있다. 가톨릭 신앙은 눈물 흘리는 예수와 그 어머니 마리아를 통하여 신도들의 슬픔을 위로받도록 하고 있다.

회의론자들이 보는 내세는 의식이라고는 전혀 없는 공백과도 같은 것이다. 그들이 보기에 죽음은 자아에 대한 지각이 없는 깊은 잠일 뿐이다. 여기서 한 가지 생각해야 할 점은, 그렇다면 그런 깊은 잠은 얼마 동안 오래 계속될 것인가 하는 점이다.

불가지론자에게 있어서 내세는 참 골치 아픈 주제이자 상황이다. 영혼은 선과 악이 결정적으로 구분되어 상을 받거나 벌을 받는 명쾌한 내세가 아니라, 흐릿한 구름과 같은 상태로 머무를 것이라고 생각하는 불가지론자도 있다. 이런 종류의 내세에서는 불가지론자의 중심에 자리잡고 있는 똑같은 근심과 모호함들이 계속될 뿐이다. 천주교에서 말하는 연옥(煉獄)이야말로 이 개념에 가장 적합한 곳이다.

그렇다면 아무것도 결정하지 않는 사람, 열린 태도의 사람들은 어떤가? 그런 사람들이야말로 가장 놀라운 부류의 사람들로 내세에 대해 아무런 기대도 없이 죽을 수 있다. 만약 당신이 언제라도 죽음을 평온하게 받아들일 수 있는 태도를 가진 사람이라면, 마지막 순간의 당신 모습은 평상시의 신념과 크게 다르지 않을 것이다. 즉, 우리의 삶을 다듬어 줄 의식의 능력은 우리가 지속하기를 기대하는 마음의 한 관점으로, 우리들에게 가장 영원한 것이며 죽음 이후에도 계속 존재하는 것이다.

○ 이 세계와 저 너머의 사이에 있는 것

물리적인 것과 형이상학적인 것을 혼동하는 한, 우리는 그들 사이의 갭에 갇혀 있는 셈이다. 믿음이라는 것이 사회가 일정하게 주는 것이 아닌데 왜 우리가 똑같은 내세의 풍경을 예상해야만 하는가? 인간의 선택과 저마다 가진 조건이 내세의 풍경을 사뭇 다르게 만들어준다. 여기 서로 다른 두 사람의 삶을 비교해 보라.

마리온(Marion)은 가톨릭을 믿는 대가족 집안에서 자라났다. 영성체까지 했지만 어머니가 마흔이 되기도 전에 난소암으로 죽자 마리온의 내면에서도 그 무언가가 함께 사라져 가는 걸 느꼈다. 신의 자비와 은총을 더 이상 믿지 않게 된 그녀는 자연스럽게 신앙을 포기했다. 물론 그런 결정을 내리는 것은 쉽지 않았다. 그 후 마리온은 자신과 마찬가지로 오래전에 종교적 신앙을 버린 현재의 남편을 만나서 결혼을 했고 그녀는 일과 가족에 헌신하는 삶을 살았다. 그리고 큰 불행 없이 남들이 말하는 성공적인 삶을 살았다. 막내가 대학을 다니기 위해 집을 떠나자 마리온은 비로소 처음으로 외로움을 느끼기 시작했다. 이제 52세인 마리온은 신앙생활을 하던 때로 돌아가려고 한다.

애론은 유대교를 믿지 않는 소가족의 유대인 집안에서 자랐다. 그는 독자였기 때문에 필요한 것은 무엇이든지 가질 수 있었다. 수학에 재능을 보이자 그의 아버지는 재정적으로 안정된 생활을 보장해주는 회계사가 되기를 원했다. 하지만 애론은 회계학 대신 법학을 전공하고 나이 30세에 맨해튼의 유명한 로펌에 취직을 했다. 그 후로 그는 앞만 바라보고 달리는 인생을 살았다. 변호사인 아내를 만나 자녀를 두지 않고, 도시의 아파트에 살면서 여름이면 별장에서 지내는 등, 성공한 계층으로서 인생의 즐거움을 만끽했다. 그러나 늘 성공가도를 달릴 것 같았던 그의 인생은 아내의 외도로 하루아침에 달라지고 말았다. 배신감과 충격에 휩싸인 그는 가능한 한 자신에게 유리하도록 이혼장을 준비했고, 나이 50에 들어선 지금은 다시 재혼을 할 것인지 말 것인지를 두고 결정을 내리지 못하고 있다. 아니 더 정확하게 말하자면 그런 생각을 할 시간도 없다. 그는 너무나도 오랫동안 정신적인 삶을 추구해 본 적이 없었던 것이다.

위에 예를 든 두 사람은 서로 다른 삶을 살았다. 한 사람은 온건한 의미의 신자였고, 또 한 사람은 세속의 일에 열정과 노력을 아끼지 않은 사람이었다. 마리온이 가족을 꾸리는데 그 에너지를 다 쏟았다면, 애론은 사회적인 성공과 부를 거머쥐기 위해서 안간힘을 썼다. 마리온의 인생을 설명할 수 있는 키워드를 찾는다면 안정, 보호, 친밀감, 유대, 협력, 그리고 인내일 것이다. 애론의 경우는 독립, 자립, 경쟁, 야망, 그리고 성공이랄 수 있을 것이다. 두 사람의 인생조차도 이렇게 핵심적인 가치에서 차이가 나는데, 왜 대개의 사람들이 내세에 대해서는 엇비슷한 전망을 가지는 것일까?

우리의 인생을 결정짓는 매 순간의 선택들은 의식의 차원에서 이루어지는데, 그 선택은 결코 간단하지가 않다. 그 선택은 기억과 저마다의 조건에 따라 달라지고, 문화와 개개인의 기대치에 따라 또 달라진다. 이렇게 개개인의 기억, 조건, 문화, 기대치들이야말로 그들이 만나게 될 내세의 풍경을 만들어간다. 이들의 믿음에 차이를 만드는 것은 바로 종교다. 하지만 더 큰 무늬를 만들어가는 것은 우리가 매일매일 하는 선택이고, 그 선택들이 자아의 정체성을 창조한다.

'당신의 오늘 이 선택은 내일 또 내일 수천 번에 달하는 파문을 일으킬 것이다.'

4. 올가미에서 벗어나기

야마가 버티고 있는 자기 집에서 나온 순간부터 사비트리는 남편 샤트야완이 일터에서 집으로 돌아올 시간만을 헤아리고 있었다. 그러나 이제 사비트리의 마음은 얼마간 평온해졌다. 그건 숲의 고요함 때문만도 아니고 현자 라마나의 지혜 때문만도 아니었다. 운명은 사비트리를 위해 그만의 계획을 가지고 있었던 것이다. 운명은 사비트리가 혼자서 죽음의 신 야마와 대면할 수 있도록 그녀를 인도하고 있었다. 조금 전까지만 하더라도 그녀가 마음의 눈으로 볼 수 있었던 것은 파멸을 향해 집으로 돌아오고 있는 남편의 모습이었지만, 지금 그녀의 눈에는 아무것도 보이지 않았다. 바로 그때 라마나가 말을 시작한 것은 분명 좋은 징조였을 것이다.

"그대가 남편을 구할 수 있다고는 약속하지 않았소. 그러나 죽음의 올가미를 벗어난 사람들은 더러 있소이다."

사비트리의 마음이 다시 요동치기 시작했다.

"그럼 말씀해 주세요."

"아주 지독한 저주를 받고 태어난 한 소년이 있었소. 그 소년의 아버지는 현자로 명망이 높았소. 그 현자는 오랫동안 아들을 기다렸지만 아내는 아이를 가질 수 없었소. 하는 수 없이 그 현자는 신에게 아들을 간청했소. 인간은 신의 명령을 따르기 위해서 존재하는 것이 아니라, 오히려 신이야말로 인간의 요구를 들어주기 위해서 존재한다는 비밀을 그 현자는 알고 있었던 것이오."

"현자는 신을 청했지만 신은 나타나길 거부했소. 하지만 현자는 포기하지 않았소. 해마다 아들을 청하자 마침내 신은 그 앞에 나타나 이렇게 말했소. '내 그대가 원하는 자손을 줄 것이다. 그러나 그대가 선택하라. 오래 살지만 바보인 아들 100명을 두겠는가? 아니면 영리하지만 젊은 나이에 죽는 아들 한 명을 두겠는가?' 하고 말이오."

"그 현자는 주저하지 않고 명이 짧더라도 현명한 아들 하나를 원한다고 대답했소. 그러자 신은 그 아들은 16세 생일에 죽게 될 것이라고 말하고는 사라졌다오. 이 현자의 아내는 임신을 했고 때가 되자 아들을 낳았소. 그 아들은 신의 말대로 아주 영리했다오. 현자와 아내는 아들이 끔찍한 운명을 타고 태어났음을 알기에 아들을 무척이나 사랑했다오. 그리고 때가 되면 아들에게 자신의 운명을 알려 주리라 생각했소. 하지만 아들이 나이를 먹을수록 그들은 아들에게 말하기로 한 것을 자꾸만 미루게 되었다오."

"마침내 아들이 죽을 것이라는 16세 생일이 되었소. 아무것도 모르는 아들이 무릎을 꿇고 축복해 줄 것을 간청하자, 아버지는 아들에게 오늘 만큼은 절대로 집을 떠나서는 안 된다고 재삼재사 당부했소. 아들은 아버지가 눈물까지 흘리는 것을 보고는 의아하게 생각했지만, 아버지의 지시에 따라 하루 종일 아버지 곁을 지키고 있었소. 그러나 안타깝게도 아버지는 잠시 밖으로 나갈 일이 생기고 말았소이다. 아버지가 자리를 비우자 아들은 그 틈을 놓치지 않고 뒷문으로 나갔소. 아들은 뒷문을 나서자마자 사원의 제단 앞에 서서 신께 감사의 기도를 올려야 한다고 생각했소. 그때 뒷문 밖에서 올가미를 가지고 기다리고 있던 죽음의 신 야마는 소년을 향해 올가미를 던졌소."

라마나는 잠시 말을 멈추고 사비트리의 표정을 힐끗 살핀 후 이야기를 계속해 나갔다.

"하지만 소년은 그 순간 제단 앞에 몸을 숙여 절을 했고, 야마가 던진 올가미는 소년 대신 제단 위에 있던 신의 형상을 옭아매고 말았소이다. 신의 조각상이 바닥에 떨어져 산산조각이 나자 분노한 신은 야마를 발로 차서 사원 밖으로 내 쫓아버리고, 소년을 죽음의 올가미에서 영영 벗어나게 해 주었소. 그런데 야마가 없어지자 인간들이 죽음을 너무 가볍게 생각하기 시작했소이다. 이를 참다못한 신이 야마를 다시 살려 놓았다고 하오."

사비트리는 라마나의 말을 하나도 놓치지 않고 새겨들었다. 그리고 그 소년은 바로 자기 앞에 서 있는 현자 라마나라는 것을 직감적으로 알 수 있었다. 하지만 사비트리는 그냥 잠자코 모른 체 하기로 했다.

"소년이 그 일을 통해서 배운 것은 무엇인가요?"

그러자 라마나는 이렇게 대답했다.

"죽음이 우리를 잡으러 올 때 내가 아니라 신을 대신 잡도록 하라는 것이오. 만약 신이 당신 안에 있다면 야마의 올가미는 언제라도 당신을 비켜가게 될 것이니 말이오. 그것이야말로 죽음의 올가미를 벗어나는 유일한 비밀이라오."

이렇게 대화를 주고받던 그들은 어느 사이에 꽃들이 만발한 초원을 지나게 되었다. 사비트리가 환희에 찬 목소리로 말했다.

"여기서 잠시 머물다 갔으면 합니다. 제가 지금 이 순간 살아있다는 사실에 조금이라도 감사할 시간을 갖고 싶군요."

"좋은 생각이오, 사비트리."

사비트리와 현자 라마나는 들판을 황금빛으로 물들이는 오후의 햇살을 받으며 잠시 풀밭에 앉았다. 사비트리는 이내 깊은 명상에 빠져 들어갔다.

○ 어느 현자의 천국

그동안 천국이라는 개념이 많은 사람들에게 가까이 다가간 것은 그곳이 인간적인 특징을 지니고 있기 때문일 것이다. 죽으면 다시 본래의 고향으로 돌아가 지친 노동에서 쉬고 선행에 대해서 보상을 받는다는 논리는 그런대로 설득력을 가졌던 것도 사실이다. '부드럽고 다정하게 예수께서 부르시네. 돌아 와, 돌아 와……'라는 성가를 들으면서 눈물을 흘리지 않는다는 것은 참 힘든 일이다. 그러나 이 의심의 시대에 천국에 대한 가장 위험천만한 억측은 다음 두 가지이다.

1. 우리는 죽으면 어디론가 간다.
2. 우리가 죽어서 가는 곳은 천국 아니면 지옥인데, 그곳은 모든 사람들에게 똑같다.

삶에서 죽음으로 건너가는 징검다리 상태에서 인간은 점차 여러 단계를 거쳐가면서, 육신과 개성 그리고 여러 가지 집착을 잃어간다고 보는 사람들이 있다. 그러나 이것은 삶에서 죽음으로 옮겨가는 첫 번째 단계에서일 뿐이다. 종교인들 대다수가 생각하듯 무슨 최종 목적지가 저 앞에 있는 것이 아니다. 그것은 단순히 정신의 상태일 뿐이다.

종교인들이 생각하는 내세의 최종 목적지 중 가장 쉽게 떠올릴 수 있는 곳이 바로 천국이다. 그곳은 이승에서와 마찬가지로 육신을 갖고 저마다 변하지 않은 성격과 개성을 가지고 머무를 수 있는 곳이다. 한번은 유방절제술을 받은 유방암 환자와 대화를 나눈 적이 있었다. 그녀의 삶이 얼마 남지 않았다는 사실을 나도 알고 있었고 물론 그녀도 알고 있었지만, 독실한 기독교 신자였던 그 환자는 자신이 죽으면 천국에 갈 것이라는 사실에 추호의 의심도 없었다.

"그곳에 가면 무엇을 보게 될 것 같습니까?"

그러자 그 여성은 이렇게 대답했다.

"잘라져 나간 제 가슴이요."

그리고 얼마 후 그녀는 쇼크 상태에 빠졌다.

베단타 철학에서 보면 앞에서 말한 천국이라는 개념은 사라진다. 베단타에서 말하는 최종 목적지는 알 수 없었던 것을 만나는 일, 그 자체이다. 일반인에게 익숙한 삶에서 죽음으로의 이행과정이 사라지고, 전혀 예상치 못한 이미지들이 다가올 것이다. 의식(意識)은 창조적인 도약을 감행한다. 우리가 어려서부터 익숙하게 들어 온 천국이라는 개념은 사실 진부한 것이 되었다. 진부한 개념을 고집할 수도 있겠지만, 무엇이든 다 의심하고 보는 현실적인 삶에서 진부한 개념이 고정불변으로 계속될 수는 없을 것이다. 실제로 의심은 새로운 가능성을 여는 장점을 가지고 있다.

새로운 가능성 중 하나는 죽음도 생명만큼이나 창조적일 수 있다는 사실이다. 화가는 그가 염료의 원재료를 사용하고 있다는 것을 알고 있지만, 대다수의 사람들은 자신이 의식이라는 원재료를 사용하고 있다는 것을 모르고 있다. 의식을 생각해 보라. 그 때 정신에 나타나는 것이 의식의 내용들이다. 가구가 가득찬 방처럼 당신의 의식은 생각, 기억, 희망, 공포, 욕망, 그리고 꿈으로 가득 차 있다. 이런 내용물 중 어떤 것들은 변하기도 하지만, 또 어떤 것들은 영원히 그대로인 경우도 있다. 즉, 마음의 붙박이가구인 셈이다. 같은 내용물을 계속해서 사용하는 것은 결코 창조적이지 못할뿐더러, 그것은 곧 천국이 다시 사용된 가구가 되는 셈이다.

종이 한 장을 꺼내어서 한 칸에는 '천국'이라고 쓰고 다른 칸에는 '지옥'이라고 써보라. 그리고 가능한 한 빨리 떠오르는 개념들을 적어 내려가라. 종교인이든 회의론자이든 대개의 사람들은 다음과 같은 단어들을 떠올릴 것이다.

천국   하프

      뭉게구름

      천사

      신의 집

      영원한 평화

      영원한 축복

      영혼의 고향

      한 때는 잃어버렸지만 다시 찾은 낙원

      정의에 대한 보상

      권좌에 앉아 있는 하얀 빛의 아버지

      좋지만 지루할 것 같은 곳

      가족들이 다시 모이는 곳

집단 최면

가고 싶은 곳

지옥   악마

유황불

가시덤불

비명 소리

갈퀴

펄펄 끓는 기름 가마

단테의 인페르노

영원한 고통

믿음 너머의 두려움

공포에 떨며 줄을 선 사람들

악마의 마력

사탄

유혹하는 나쁜 소년

가고 싶지 않은 곳

   천국과 지옥을 이야기할 때 대개 떠오르는 이미지들이다. 그런데 사람들이 천국과 지옥에 대해서 갖고 있는 이미지들은 문화적인 산물이라고 할 수 있다. 천국과 지옥이라는 개념은 아주 선명하게 나뉘며 모호한 중간은 없다. 인간은 명쾌하게 구분되는 것을 선호하기 때문이다. 그렇기 때문에 이런 구도 아래에 있는 내세는 절대 창조적이지 않다. 옛날이야기에 등장하는 천국과 지옥은 절대적인 선과 절대적인 악이다. 신데렐라가 왕자와 춤을 추고 돌아오니 새엄마와 자매들이 갑자기 착한 사람이 되어 서로 잘 지내게 되었다는 이야기는 결코 존재할 수가 없는 것이다. 사탄과 신의 관계에 대해 오랜 세월 동안 벌여온 종교계의 심오한 신학적 논쟁에도 불구하고, 사람들은 신과 악마의 역할을 아주 단순하게 영웅과 악당으로 치환(置換)시켜 버린다.

가톨릭에서는 인간이 지구상에 머무르는 동안에는 신을 완벽하게 알 수 없다고 한다. 신의 형상은 거울에 비친 인간의 얼굴과 몸처럼 투사(投射)된다. 종교인들은 하나님을 인격체로 상상한다. 그리고 천국에 도착하면 신의 진짜 얼굴을 만나게 된다고 생각한다. 하지만 이런 교리는 모순점을 안고 있다. 왜냐하면 우리는 마음속에서 애매하고 모호한 신의 이미지를 보는 동시에, 하나님 류(流)의 진짜 신도 보게 되기 때문이다. 말하자면 하나님은 실재적이면서도 비실재적인 존재가 되는 것이다. 그런데 이 모순은 결코 해결되지 않는다. 이것이야말로 풀 수 없는 신비이다. 베단타 철학 역시 그 신비를 인정한다. 그러면 우리는 어떻게 천국에서 그 신비를 발견하게 되는 것일까?

○ 천국에서의 전쟁

영국의 유명한 작가인 웰즈(H. G. Wells)는 이렇게 쓰고 있다.

"소위 말하는 '하늘의 왕국'이라는 개념은 인간의 사고에 큰 영향을 미치고 또 변화를 가져온 종교 개념 중 가장 혁명적인 것이라고 할 수 있다."

천국이라는 개념이 그렇게까지 혁명적인 이유는 어디에 있을까? 그것은 속세에 대한 인간의 관심이 예수가 주관한다는 내세로 이행한 데에 있다. 사실 천국은 예수가 인류세계에 선사한 아주 독특한 선물인 셈이다.

구약성경에 보면 하나님은 여러 예언자들과 선각자들에게 하늘의 왕국을 일러, '그들이 내 이름으로 이 땅을 다스릴 것이다'라고 천명하고 있다. 그리고 구약의 하나님은 다윗과 구속력 있는 법적인 계약을 맺는다. 또, '영원히 그의 권좌에 앉힐 사람이 부족하지 않을 것이다'라고도 말했다. 그러나 예수가 하나님의 왕국이 가까이 왔다고 선포하였을 때, 그의 가르침은 표현된 것보다 훨씬 더 많은 것들을 함축하고 있었다.

예수가 말하는 천국은 어떤 곳일까? 다음과 같은 네 가지 해석이 가능하다.

첫째, 예수님의 천국은 현재의 것이다. 왜냐하면 그것은 정의로운 자만이 겪을 수 있는 내적인 체험이기 때문이다.

둘째, 예수님의 천국은 미래의 것이다. 왜냐하면 그것은 우리 모두가 하나님이 계신 영혼의 고향으로 돌아가서 정의로운 자들과 함께 마지막 날에(각자 개별적으로) 상을 받을 그런 곳이기 때문이다.

셋째, 예수님의 천국은 개인적인 것이다. 왜냐하면 그 천국은 '너희 안'에서 발견될 수 있는 곳이기 때문이다.

넷째, 예수님의 천국은 우주적인 것이다. 왜냐하면 그것은 삶과 죽음의 경계를 넘어서는, 창조의 바깥에 존재하기 때문이다.

예수는 우리들에게 영혼에 이르는 다리를 건설해 주었고 그 다리를 건너는 길을 알려주었기 때문에 그의 사건은 가히 혁명적이라고 부를 수 있다. 그 전까지만 하더라도 정의로운 것은 여호와에게 제사를 잘 지내고 사제의 말에 복종하며 신의 계명을 거역하지 않는 것이었다. 구약성경이 내세의 이야기를 함축하고 있는지는 아직도 논쟁거리이다. 말할 필요도 없이 유대인들은 신약성경이 구약보다 더 진보한 것이라고 간주하지 않는다. 그들에게 구약성경은 그 자체적으로 정교한 형이상학적 논리를 지닌 하나님의 말씀이다. 한편, 수백 만의 개혁적인 유대인들은 내세는 없다고 말한다. 이러한 주장은 그들로 하여금 현실에서 더욱 도덕적이고 정의로운 삶을 살도록 고양시키는 역할을 하기도 한다.

예수 이후에 비로소 인간은 영적인 여행을 할 수 있게 되었고, 그 여정의 급박함은 전혀 새로운 것이 되었다. 천국은 저마다 노력해서 얻어야 하는 상급이 되어버렸기 때문이다. 천국을 얻기 위해서는 현실에서 노력해야 한다는 논리야말로 오늘날 기독교가 크게 번성하는데 지대한 역할을 했고, 열성적인 기독교인들은 이 사실을 절대로 망각해서는 안 된다고 주장하고 있다. 그렇다면 과연 기독교인들은 이 모든 과정이 인간 내면에서 일어나는 사건이라고 생각하고 있을까?

현대의 문화에서 기독교는 문자적인 이미지로 고정되었고, 천국이라는 개념도 문자 그대로 특정한 장소를 가리키는 것처럼 되었다. 천국이라는 말 속에는 내면의 여행이라든가 영혼의 창조적인 탐험과 같은 개념들이 들어설 여지가 없어진 것이다. 사람들은 예수가 실제 가르친 것과는 전혀 다른 상상의 세계에 관한 격렬한 논쟁에 매달려서 살아가고 있다.

천국을 두고 벌어지는 논쟁은 세계 어디서나 존재한다. 2005년, 플로리다 주에서 뇌사상태에 빠진 41세의 테리 쉬아보(Terri Schi-avo)라는 여성은 하루아침에 신앙과 과학 사이에 벌어진 전쟁의 중심에 서게 되었다. 그녀의 육신은 영구적인 식물인간 상태(PVS)였고 두뇌는 이미 활동을 멈춘 상태였다. 간혹 보이는 얼굴 표정의 변화라든가, 눈의 깜빡임, 그리고 머리를 조금 움직이는 정도의 움직임은 있었지만, 그것은 무의식적인 반사작용일 뿐이었다. 물론 절망적인 가족들에게는 그런 정도의 징후만이라도 의식의 각성상태를 보여주는 증거로 여겨져 일말의 희망을 가질 수 있게 하기에 충분하였다. 테리 쉬아보의 부모는 그녀가 최초의 의식불명 상태에서 깨어난 후, 눈동자가 움직이는 것을 보고 자신들을 알아보는 행동으로 해석하기도 하였다.

그녀의 식물인간 상태는 1990년도에 심장발작으로 쓰러진 이후 무려 15년 동안이나 계속되었다. 하지만 테리 쉬아보가 더 이상 살아있는 존재가 아니라는 주장은 종교적인 권리를 주장하는 사람들로부터 융단폭격을 받았다. 부시 대통령은 한밤중에 텍사스 목장에서 워싱턴 D.C.로 날아가 의회의 응급법안에 서명하면서, 이 법안이

위험에 처한 한 생명을 구할 수 있게 되었노라고 자랑스러워했다. 그러한 그의 행위를 고도의 정치적인 계산이 깔린 행위라고 하는 사람들도 많았고, 마침내는 미국 전역 여기저기서 위선적인 행위라고 성토하는 목소리들이 터져나왔다. 법원의 명령에 따라서 그녀의 식도에 부착되어 있던 영양공급 장치들이 제거되었고, 그로부터 2주가 지난 2005년 3월, 그녀는 조용히 세상을 떠났다. 미국 대법원이 사례별로 보장한 안락사의 권리를 행사한 것이다.

테리 쉬아보의 사례는 우리에게 큰 혼란을 가져다주었다. 천국을 강하게 믿는 사람들은 테리 쉬아보가 계속 살아있어야 한다고 주장하지만, 다른 한편에서는 그런 사람들을 비난하면서, 그들이야말로 테리 쉬아보가 빨리 천국에 갈 기회를 막아서고 있는 자들이라고 몰아세우는 것이다.

만약 천국이 인간이 얻을 수 있는 최고의 보상이라고 한다면 안락사는 과연 범죄인가? 아니면 선물인가? 의료과학은 언제 영혼이 육신으로 들어오고 나가는지 관심이 없다. 만약 영구적인 식물인간 상태에 놓인 사람이 보고 느끼고 생각할 수 없다면, 그 사람의 생명을 지탱시켜주는 의료 서비스를 중단한다고 해도 이전과 크게 달라질 것은 없을 것이다. 그 사람은 결국 하나의 죽음에서 또 다른 죽음으로 건너가는 것일 뿐이다.

기묘하게도 여기에 기독교를 믿는 사람들의 딜레마가 있다. 테리 쉬아보가 천국에 가는 것은 지금인가? 아니면 마지막 심판의 날인가? 그녀가 더 빨리 죽거나 더 늦게 죽게 될 때 천국에 가는 것은 어느 경우가 얼마나 중요한가? 기독교 근본주의자들은 그녀의 육신은 마지막 심판의 날에 무덤에서 인간들이 모두 일어설 때까지 기다려서 하나님의 얼굴을 직접 보아야만 한다고 주장한다.

과학과 종교 간의 대립은 종교적 신앙과 물질주의 사이의 대립 그 이상의 것이다. 과학은 사실 형이상학적 질문을 하지 않는다. 그런데 대다수의 사람들은 과학은 형이상학을 논박한다고 믿는다. 물론 과학은 신, 영혼, 천국, 지옥 등, 보이지 않는 일과 관련된 현상들에 대해서 논박한다. 그러나 형이상학을 논박하는 사람들은 회의주의자들이지 결코 과학자들이 아니다. 양자물리학 시대의 과학은 보이지 않는 세계의 실존을 부인하지 않는다. 오히려 정반대이다. 그리고 우리는 예수 그리스도가 형이상학적 현상들에 대해서만 한정된 존재라고 주장할 수도 없다. 왜냐하면 예수는 이 세상에서 살아가는데 필요한 많은 가르침을 주고 갔기 때문이다. 그는 제자들에게 세상의 소유가 되지 말고 그 안에 살라고 했다.

내가 지금 아침을 먹고 있다고 가정해 보자. 형이상학적 존재라면 세상 속에 속하지 않고 물리적인 육신의 일을 행할 수 없을 것이다. 나의 물리적인 육신은 지금 여기 매 순간에 정박해 있다. 그러나 영혼은 시간과 공간의 바깥에 굳건하게 존재하면서 이 세계 안에서도 존재할 수 있는 것이다. 그러므로 예수 그리스도는 우리 안에 있는 천국에 대해 귀중한 실마리를 주고 있는 셈이다.

○ 현자들이 가는 곳

예수의 가르침은 베단타 철학의 가르침과 아주 흡사하다. 세상 밖의 존재가 아니라 세상 안의 존재가 되어야 한다는 말은 진리이다. 간단하게 말하면, 예수는 그의 제자들에게 그들 자신을 물리적 피조물로 생각하지 말라고 가르치고 있다. 예수의 진면목은 기존의 4복음서(마태-마가-누가-요한) 이외에, 예수가 십자가에 매달리고 나서 백년도 채 되지 않아서 나왔으나 나중에 성경에는 채택되지 못한 〈도마복음〉을 읽어 보면 더 생생하게 느낄 수 있다. 그 복음서에서 예수는 이렇게 말하고 있다.

"만일 너희 지도자들이 너희에게 말하길 '보라 아버지의 나라가 하늘에 있노라'고 한다면 공중의 새들이 너희를 앞설 것이요, 만일 그들이 너희에게 말하길 '보라 아버지의 나라가 바다에 있느니라'고 한다면, 바다의 물고기들이 너희를 앞설 것이라. 그러니 하늘의 왕국은 너희 안에 있으며 또 너희 바깥에도 있느니라."

이 구절은 종교의 뿌리가 얼마나 깊은지를 보여주며, 동서양을 막론하고 지혜의 전통은 그 뿌리에서 깊게 교감하고 있음을 보여준다. 예수는 천국은 어디에나 있으며 인간의 내적인 경험이면서 동시에 그 이상의 것임을 가르치고 있다. 이때 내적인 경험이라 함은 바로 의식의 경험을 말한다. 예수는 모든 곳에서 영혼을 보고 있으며 그리하여 사람들의 본질이 시간과 공간을 떠나서 존재한다는 것을 잘 이해하고 있다. 현자들과 마찬가지로 예수 역시 영원 속에서 편안함을 느끼며 살았던 성자였던 것이다. 그런데 우리는 왜 그렇게 살지 못하는가?

영원(永遠)은 우리가 보통 깨어있는 상태의 정신으로 파악할 수 있는 게 아니다. 우리의 깨어있는 상태는 시간의 지배를 받지만 영원은 그렇지 않다. 그래서 뭔가 연결통로가 필요하다. 베단타 철학에서는 연속체(Continuum)가 있다고 말한다. 즉, 우리들이 갖고 있는 온갖 특성은 사실은 영혼의 특성이라는 것이다. 아래에 있는 단어들을 생각해보라.

만족감 - 행복 - 흥분 - 기쁨 - 천복(天福 Bliss)

고대의 현자들이 마음에 두었던 연속체의 종류가 바로 이것들이다. 물론 인간은 영혼과 연결되어 있다는 것을 알지 못해도 일상에서 만족감을 느끼며 산다. 그 만족감이 커지면 행복이 되고, 또 그 행복이 커지면 흥분을 느낀다. 드문 경우이긴 하지만 더 높은 단계로 감정이 격해지면 우리는 기쁨이 넘친다고 하거나 황홀경을 맞는다고도 한다. 우리는 연속체 속을 유영(遊泳)하고 있는 것이다. 그 4차원의 세계는 눈에 보이지는 않지만 마치 달콤한 디저트를 먹는 것처럼 매우 사실적이다.

황홀경은 개개인들이 느끼는 행복의 최대치이다 황홀경을 나타내는 단어인 엑스터시(Ecstasy)의 라틴어 어원은 '바깥에 선다'라는 의미를 지니고 있다. 일상적으로 사람들은 아주 좋은 일이 있을 때는 "너무 좋아서 믿어지지 않아" 또는 "남의 일처럼 실감나지 않아"라는 표현을 쓴다. 또 사랑이 극에 달하면 "내 몸이 내 몸 같지 않아"와 같은 표현도 쓴다.

베단타 철학에서는 연속체의 마지막 한 계단을 천복이라고 부른다. 산스크리트어(고대 인도어)로 천복을 아난다(Ananda)라고 하는데 천복은 영혼의 속성이다. 일상적인 감각으로는 그런 축복을 상상할 수가 없다. 우리 혀가 달콤한 경지를 넘어서면 더 달콤한 것을 느낄 수 없듯이, 정신(마음)도 무한한 행복에 접하게 되면 더 이상 행복을 느끼지 못하게 되는 것이다. 내면에 존재하기는 하지만 천국은 단 한 번의 신앙적 도약으로 도달할 수 있는 곳이 아니다.

사람들의 마음속에는 선한 성품이 자리를 잡고 있다. 우리 모두는 이것을 본능적으로 알고 있다. 길거리 노숙자에게 작지만 뭔가 변화할 수 있는 친절을 베푸는 것과 같은 일을 하다보면, 그 선행을 베풀려는 작은 충동은 이 세상에서 도움을 필요로 하는 모든 이들에게 줄 수 있을 만큼 커진다. 물론 친절은 종교적 행동과 겹치기도 한다. 종교 재단에서 아프리카의 에이즈 환자를 위해 기금을 운영하는 것이 그 대표적인 예이다. 우리는 붓다에게서 이 충동의 정수를 본다.

우리 영혼이 가진 최고의 품성들이 더욱 더 보편성에 가깝게 다가가도록 상기시켜 주는 존재가 필요하다. 기독교인들은 예수가 절대적이라고 할 것이고, 불교도들은 붓다가 유일무이하다고 할 것이다. 아래와 같은 품성들은 영혼에게 다가가면 갈수록 더욱 더 커지고 성숙해지는 것들이다.

자비 - 강인함 - 진리 - 축복 - 아름다움 - 사랑 - 지혜 - 힘

영혼이라는 커다란 그림을 더욱 화사하고 밝게 만드는 것이 바로 자비와 친절한 행동이다. 자비는 내면을 밝혀주고 영혼의 본질에 가까이 다가가도록 길을 비추어 준다.

당신과 나는 각자의 내면에 어떻게 관련되어 있느냐에 따라 수천 가지 관점에서 차이가 날 수도 있다. 어느 날 저녁 산책길에 아름다운 노을에 감동을 받기도 할 것이고, 어린아이의 미소에서 행복을 느낄지도 모른다. 또는 어느 순간 내가 누구인지 갑작스레 깨달음을 얻을 때에 그런 기분이 들기도 할 것이다. 가난하고 약한 이들에게 자비의 손길을 내밀 때, 그런 진한 감동이 찾아올 수도 있고, 키에츠(Keats)의 시가 얼마나 아름다운지를 느낄 때 그런 감정이 들기도 할 것이다. 또는 당신이 자신을 내어준다는 것이 얼마나 아름다운지를 깨달을 때 그런 기분이 들 수도 있다.

내가 지금까지 말한 모든 것들은 결론적으로 말하자면, 나는 천국을 믿는다는 것이고, 내가 죽게 되면 그곳에 가게 되리라는 확신이다. 그곳이란 그렇게 환상적인 천상의 낙원이 아니라 엘리엇(T.S. Eliot)의 유명한 시에 묘사된 바로 그런 곳일지도 모른다.

우리는 탐험을 그만두지 않을 것이다.
우리의 탐험의 종착역은
우리가 시작한 곳으로 돌아가는 것이다.
그리고 처음으로, 그곳을 아는 것이다.

진리, 지혜, 아름다움을 포함한 영혼의 모든 특징은 물리적인 배경을 필요로 하지 않는다. 순수한 사랑은 사랑할 대상이 없어도 존재한다. 육신이 다하면 비로소 영혼이 무대의 가운데를 차지하겠지만 영혼은 오래전부터 우리에게 자신의 존재를 암시하여 왔다.

"나는 결혼한 적이 없고 한 번도 어머니였던 적이 없습니다. 나는 남자니까요."

한 번은 어느 중년의 작가가 내게 그렇게 말했다. 그는 오랫동안 영적인 진리를 추구해 왔다고 했다.

"나는 몇 년 동안 메사추세츠에 있는 사원에서 지냈죠. 그곳은 힌두교 사원이어서 어머니 하나님에 관한 이야기들이 많이 오갔습니다. 물론 내가 성모 마리아 같은 이야기에 귀가 솔깃할 사람은 아니었죠. 그렇다고 남성지향주의자도 아닙니다. 하지만 나는 여성성(女性性)이야말로 너무나도 중요한 품성이라는 사실을 깨달았습니다."

"당시 제게는 여신(Goddess) 그룹에 속한 여자 친구들이 몇 명 있었는데, 그들은 초승달이 뜨면 종교적 의례처럼 춤을 추곤 했어요. 나는 춤을 추거나 노래를 하거나 기도를 하지는 않았어요. 하루에 몇 시간씩 명상에 잠기곤 했죠. 이러한 습관을 한 5년 정도 했어요."

"그러던 어느 날 뭔가 아주 특별한 경험을 하게 되었죠. 앉아서 명상을 하는데 아주 온화한 감정이 밀려오는 겁니다. 마음이 따뜻해지기 시작했어요. 정서적으로 포근한 느낌이 들었죠. 부드러움, 달콤함, 사랑과 같은 것들 말입니다. 그 감정들이 밀려와서 더욱 강렬해졌지만 나는 물 흐르는 대로 그냥 내버려두었지요. 그러자 나 자신이 마치 그 달콤함에 녹아버리는 것 같았습니다."

"한 10여 초 되었을까요? 나는 그 순간 순수 그 자체, 사랑 그 자체였던 겁니다. 바로 성스러운 어머니가 되었던 것이지요. 뭐라고 설명해야 할까요? 영화에서 여배우가 아이를 꺼안고 뽀뽀를 합니다. 어두운 객석에 앉아 스크린을 바라보고 있는데, 그보다는 천 배 정도 강한 감정이라고 생각하면 될 거예요. 나는 어머니 그 자체였던 겁니다."

간혹 예기지 않은 때에 우리는 일상적인 시공간을 넘어 영혼 너머에 있는 것을 살짝 엿볼 수 있는 기회를 얻기도 한다. 애정, 심취, 낭만적인 사랑, 깊은 헌신 정도가 아니라, 우주적인 사랑 그 자체에 흡수되어 동화된다. 신성한 모성을 직접 체험했다는 그 작가는 그 사건 이후로 여성을 보는 눈이 예전과 아주 판이하게 달라졌노라고 고백했다.

"여성들도 물론 평범한 사람들이죠. 하지만 여성만이 개성과 이성을 뛰어넘을 수 있는 놀라운 힘을 지니고 있는 것도 사실입니다. 바로 어머니의 힘이죠. 그 우주적인 어머니의 힘이 그들을 통해서 뿜어져 나오고 있어요. 차를 운전하고 가다보면 여성 운전자들에게 더 빨리 가라고 경적을 울릴 때가 간혹 있어요. 하지만 운전자 여성이 내 쪽으로 고개를 돌리는 순간, 나는 그 여성에게서도 우주적 어머니의 모습을 보죠. 경적을 울려댄 내 자신이 얼마나 어리석고 한심하게 느껴지는지, 신을 향해서 경적을 울려댈 수는 없잖아요?"

물질적 형상 속에도 우리가 흡수 동화할 수 있는 많은 순수함이 있다. 그러나 때로는 그 발단을 이해하기 어려운 경우도 있다, 나는 지금도 16세기 스페인 아빌라의 성녀 테레사가 생각난다. 그녀는 천사가 쏜 금 화살이 자신의 가슴에 꽂혔을 때 성스러운 사랑을 경험했다고 한다. 화살이 몸에 박힌 그 순간은 테레사에게 견딜 수 없는 고통이었으나, 동시에 그녀는 황홀한 기쁨도 경험했다고 한다. 이후로 그녀의 동상은 고통 받는 사람들을 돕는 성녀의 상징이 되었다.

고통의 희열은 역설적이게도 천국의 모습을 보여준다. 신은 눈에 보이기도 하고 동시에 보이지 않기도 한다. 영혼도 마찬가지이다. 우리는 사상, 진리, 그리고 아름다움을 느끼게 하는 여러 가지 일을 통해 영혼을 만난다. 그 영혼을 담고 있는 사랑하는 사람, 아름다운 그림, 지혜로운 말들은 서서히 희미해지고 사라지지만, 영혼의 본질만은 그대로 남는다. 그리고 그 본질은 미래에 더 많은 사랑을 하도록 우리를 인도한다. 이것이 바로 천국에 이르는 길이다.

죽은 자들에게는 천국에 이르는 길이 완성되어 있다. 영혼의 영역에 도달하면 체험은 멈추게 될까? 물리적인 관점에서는 그렇다고 할 수 있다. 사랑의 대상이 사라졌기 때문이다. 사랑의 본질만이 남아 있는 것이다. 그러나 영혼의 활동은 끝나지 않았고 끝나려면 아직도 멀었다. 영혼은 그 자신이 '저 너머의 세계'를 선택하기가 더 자유롭게 된다. 그리고 그 가능성은 고대 현자들이 선언했듯이, 과거 그 어느 때보다도 더욱 흥미롭게 되는 것이다.

5. 지옥에 이르는 길

"나는 죽음의 신 야마가 인간을 속이고 있는지 알고 싶었소. 나는 그가 분명 모든 사람들을 속이고 있다고 생각했소."

스승 라마나가 말했다.

"마치 야마가 속임수라도 쓰고 있는 것처럼 말씀하시는군요."

사비트리가 말했다. 숲에 들어온 지도 꽤 오랜 시간이 지났다. 사비트리는 시간이 얼마 남지 않았음을 알았다.

"야마는 속임수를 쓴다오. 야마가 속임수를 쓴다는 걸 알았더라면 그대도 야마를 피해 달아나지는 않았을게요."

라마나는 잠시 숨을 고르며 뭔가를 생각했다.

"그 속임수가 무엇인지 알려주세요."

사비트리가 간청했다.

"좋소. 그러면 성탑 속의 작은 방안에 갇힌 한 마리 원숭이 이야기를 들려주리다. 아무 일도 일어나지 않은 방에서 원숭이 혼자 난리를 피운 이야기요."

"탑에 갇힌 원숭이의 유일한 즐거움은 창문을 통해 바깥을 구경하는 것이었고 원숭이는 한동안 그 즐거움에 빠져있었지만, 이내 왜 자신이 그곳에 있는지 궁금해졌소. 왜 내가 이 탑 속에 있을까? 왜 내가 잡혀서 여기에 갇히게 되었을까? 그러자 원숭이는 우울해졌소이다. 그곳에서는 할 일도 없고 누구랑 이야기할 수도 없었소. 우울한 생각은 꼬리에 꼬리를 물면서 계속되었소. 탑에 갇혔다고 생각하니 식은땀이 줄줄 흘렀소. '안 돼!' 원숭이는 갑자기 깨달았소. '나는 탑에 갇힌 게 아니라 지옥에 있는 거야!' 걱정이 분노가 되고 분노는 고문이 되었소."

"그때부터 자신을 벌주려고 기다리는 마귀들이 보이기 시작했소. '그래, 그런 거야! 나는 영원한 지옥에 갇혀 있는 거야.' 그렇게 스스로에 대한 고문은 계속되었고 시간이 갈수록 더 심각해졌소. 원숭이에게는 이제 아무런 희망도 없게 되었소."

"얼마나 많은 시간이 흘렀는지 원숭이는 알 수 없었소. 그런데 기분이 조금씩 나아지기 시작하는 것이었소. 자기가 탑 속의 방을 둘러보니 꼭 그렇게 끔찍한 지옥은 아닌 것 같았던 게요. 오히려 창문으로 바깥 풍경을 구경하면서 호젓하게 있을 수 있는 그런 곳이라는 생각도 들더란 말이오. 그러자 자신에게 형벌을 주려고 기다리던 마귀들도 사라져 버렸소. 마음도 더 평안해졌소. 나중에는 아주 낙관적인 마음까지 들게 되었소. 그렇게 마음이 편안해지더니……."

여기서 라마나는 잠시 말을 끊었다. 그리고 사비트리에게 말했다.

"이 이야기의 끝이 어떻게 되는지 아시겠소?"

"원숭이는 천국으로 가겠죠."

라마나가 고개를 끄덕이며 말했다.

"그렇소. 마음이 편안해지자 원숭이는 자신이 천국에 있다는 상상을 하기 시작했소. 그러자 자신을 괴롭히려 기다리던 마귀들은 사라지고 대신 천사들이 그를 에워싸기 시작했소. '나는 영원한 천복(天福) 속에 있구나!'라고 원숭이는 생각했소."

"그러다 다시 지루해지기 시작했겠군요."

사비트리가 말했다. 그러자 라마나는 고개를 끄덕였다.

"원숭이는 바로 인간의 마음이오. 머릿속의 탑에 갇힌 것은 마음의 착각일 뿐이오. 그 마음은 기쁨으로 확장되었다가 다시 두려움으로 위축되오. 그리고 그 안에서 모든 세계를 만들어 낸다오. 잠시 동안은 천국을 만들어 행복해 하다가도 이내 지루해지고, 또 다시 뭔가 만족스럽지 못하면 지옥을 만들어내기를 반복하지."

그러자 사비트리는 다소 의기소침해졌다.

"우리 모두는 덫에 걸려 있다는 말씀이로군요."

"그 덫에 걸려 있다고 인정할 때는 그렇소. 아무도 탑이 잠겨 있다고는 하지 않았소. 우리가 그 탑을 벗어나기만 하면 무한한 영역이 우리를 기다리고 있소. 우리들은 우리 마음을 성벽 밖으로 데려갈 수 있고, 밖에는 자유가 기다리고 있소. 당신이 그 자유를 얻기만 하면 두 번 다시 천국과 지옥을 왔다 갔다 하는 일은 일어나지 않을 것이오."

○ 카르마와 죄 값

지금까지 나는 내세는 열려있으며 창조적이고 무한한 선택으로 가득찬 곳임을 소개했다. 그리고 우리들은 차츰 우리의 기대를 충족시키며 그 기대치에 맞는 이미지를 바라보게 되는 것이다. 그러나 이런 시각에는 한 가지 빠진 게 있다. 바로 죄(罪)이다. 기독교에서는 인간이 지은 죄악을 가볍게 보지 않는다. 왜냐하면 하나님은 늘 우리의 선행과 악행을 다 세고 있기 때문이다. 그리고 하나님은 그래야만 하는 존재이다. 그렇지 않으면 모든 이들이 다 천국에 들어가려고 할 것이고, 그렇게 된다면 천국은 더 이상 속세와 다른 게 하나도 없는 곳이 될 것이기 때문이다.

최근 한 가톨릭 주교가 TV 인터뷰를 하는 모습을 보았다. 아나운서는 그에게 중세시대의 주교에게나 어울릴 법한 질문을 던졌다.
"기독교인들은 이 세계가 내세를 준비하기 위하여 존재한다고 보는데, 그 견해가 맞습니까?"
그러자 그 주교는 아무런 거리낌도 없이 '그렇다'고 대답했다. 그야말로 중세시대의 주교나 할 법한 말을 현대의 주교인 그 역시 하나도 틀리지 않게 대답한 것이다. 천 년이 지났는데도 '이 물질세계는 그저 눈물의 골짜기'라는 기독교의 기본 교리와 신념은 하나도 변하지 않은 것이다. 죄는 죽음을 창조하고 그로부터 벗어나는 길은 하나님을(또는 성모님을) 믿는 것 뿐이다.
"천국에 닿으면 평화를 얻을 것입니다. 그 때 비로소 우리는 안식할 수 있겠지요."

주교의 말이다. 바꾸어 말하면, 우리가 지금 여기서 겪고 있는 고난은 앞으로 다가올 미래에 대한 우리의 이미지에 큰 영향을 준다는 것이다.

지옥은 죄에 대한 값이다. 그리고 현세에 겪는 고통의 연장선이다. 만약 그 죄 값을 치르고 지옥에서 벗어나는 것이 영혼에 대한 궁극적인 보상이라면, 반대로 지옥에 머무는 것은 영원한 형벌이 될 것이다. 기독교 신앙은 기본적으로 '선한 일을 하라, 그러면 하나님이 너희에게 이 세상의 것보다 더 큰 것을 주시리라'는 사상을 밑바탕에 깔고 있다.

그런데 베다시대의 현자들은 인간이 겪는 고통을 죄 값으로 보지 않았다. 오히려 자유를 잃게 됨에 대한 결과로 보았다. 베단타 철학에서는 현세에서 우리의 자유를 제한하는 것은 죽은 후에도 계속해서 자유를 구속할 것이라고 말한다. 현세든 내세든 인간은 바로 업(業)의 손아귀에 놓여있다는 것이다.

카르마는 산스크리트어로 '행동'을 의미한다. 그러나 그 말의 의미가 계속 확장되어 지금은 선과 악의 영원한 투쟁이라는 뜻까지 함축하고 있다. 표면적으로 말하면 선한 일을 하면 좋은 카르마가 쌓이고 나쁜 일을 하면 악한 카르마가 쌓인다. 이런 도식은 선행과 악행에 따라 그에 따른 상과 벌을 받는다는 기독교적 구도와 딱 맞아 떨어진다. 동서양을 막론하고 수백만의 사람들이 이런 도식의 교리를 믿고 있다. 그러나 카르마는 결코 멈추는 것이 아니다. 그것은 쉼 없이 계속되는 영혼의 여행이기 때문에 단 한 번의 생으로 천국 또는 지옥행이 결정되는 것과는 다르다.

그렇기에 우리들이 아무리 선업을 쌓는다 해도 곧장 영혼의 자유를 얻지는 못한다. 베다에서 보는 지옥은 그 업의 속박에서 벗어나지 못하는 상태를 말하며 그런 점에서 기독교의 지옥과 비슷하다고 할 수 있다. 완전한 선은 결코 인간의 영혼이 얻을 수 있는 것이 아니며 업보는 성인의 삶을 죄인의 삶으로 바꾸어 놓을 수도 있다. 그래서 카르마는 '행동'이라기 보다는 '구속'이라는 말로 번역되는 것이 더 타당하리라.

한편 카르마는 모든 톱니바퀴가 완벽하게 맞물려 돌아가는 우주의 시계에도 비유할 수 있다. 카르마는 무엇을 창조할 때, 모든 행동에 관한 정보를 추적하는 슈퍼컴퓨터에 비유할 수도 있다. 또 모든 선하고 악한 행동과 생각을 다 저울에 달아서 비교하는 영원한 판관(判官)의 모습으로 상상해도 무방하다. 우주, 두뇌, 낮은 차원의 자아, 높은 차원의 자아, 아트만, 신, 이 모든 우주시스템은 카르마라는 보이지 않는 힘에 의해서 서로 단단히 결속되어 있다. 동양의 사상에 깔려 있는 카르마 법칙이 말하고자 하는 것은 이렇다. 인간은 빚을 다 청산하기 전까지는 자유로울 수 없고, 또 매일같이 또다른 빚을 쌓으며 살기 때문에, 지금의 삶에서 다음의 삶으로 이어질 때까지 계속해서 그 빚을 다 갚아야 한다는 것이다.

○ 죄악에서 벗어나기

베다의 현자들에 의하면 내세에 벌을 받는 이유는 바로 카르마라는 빚을 다 갚지 않았기 때문이라는 것이다. 만약 이 세상에서 죄를 저지르고 그 죄 값을 치르지 않으면 나중에 고통을 받음으로써 반드시 치르게 되어 있다. 그렇다면 카르마라는 빚은 무엇인가? 그것은 기본적으로 지금 당장은 결과를 얻지 못하는 원인을 말한다. 인도에는 '카르마는 문 밖에서 기다린다'라는 속담이 있다. 사람이 아무리 과거의 행동의 결과에서부터 벗어나려고 노력할지라도, 카르마는 마치 문밖에서 주인이 돌아오기만을 기다리는 충견처럼 무한한 인내심으로 기다린다는 뜻이다. 이 우주는 끊임없이 선으로 악의 불균형을 맞추어 나가려려기 때문이다.

카르마의 과(果)가 바로 지옥이다. 임사체험자의 대다수는 내세의 긍정적인 면을 경험하지만 그와는 반대의 경우도 종종 있다. 자비롭고 온화한 빛을 향해 나아가는 체험도 있지만 지옥의 모습을 경험하는 사람도 없지는 않다는 말이다. 그들은 악마와 사탄을 보기도 한다. 사람들이 지옥의 고통 속에서 울부짖는 소리를 듣기도 하고, 칠흑같이 어두운 깜깜함 속에 내던져지기도 한다. 임사체험 연구자들이 '이승의 영혼'이라고 분류하는 존재들도 있다고 증언하는데, 그들이 바로 악행과 좌절의 욕망에 사로잡힌 영혼들이라는 것이다.

이런 진술을 최초로 한 사람은 조지 리치(George Richie)라는 사람으로, 그는 죽음으로 건너가는 징검다리에서 예수를 만난다. 예수는 그를 거대한 도시로 데려가는데 그곳에 있는 이승의 세속에 얽매인 영혼들은 무슨 이유에서인지 삶을 구걸하고 있었다. 이승에서 자살을 선택한 젊은 남자의 영혼은 자신의 부모에게 용서를 구하고 있었다. 그리고 어느 가정집에서는 한 소년의 영혼이 그 소년의 존재를 전혀 의식하지도 못하는 10대 소녀를 향하여 간절하게 용서를 청하는 모습을 보기도 했다. 예수는 리치에게 말하길, 소녀에게 용서를 구하는 소년은 자살을 했기 때문에 자신이 선택한 행동의 결과에 얽매어 이승을 헤매고 있다고 했다. 이들이 카르마라는 빚을 갚지 못한 영혼들이다. 그러므로 우리가 지옥을 겪는 것은 결코 죽음 때문이 아니다. 사람들은 꿈에서, 환상에서, 상상 속에서 육신을 가진 형상의 모습으로 사탄을 보아 왔다. 사탄은 육신 안에 존재할 수도 있다. 인간의 몸을 빌어서 잠시 머무를 수도 있고 인간의 영혼을 소유할 수도 있는 것이 사탄이다.

임사체험 연구자들은 우리 사회에서 내세에 대해 생각하는 것을 업으로 삼는 소수의 사람들 중에도 있다. 그들은 고통 받는 영혼들의 체험을 이런 고통의 환상을 만들어내는 어떤 요소라고 여기고 있다. 우리를 지옥으로 가두는 것은 우리의 정신이며, 그 지옥으로부터 빠져 나올 수 있도록 해주는 것도 우리의 정신이다. 지옥의 고통이 여기 이승에서 일어나는 육체적 고통이든 아니면 내세에서 일어나는 정신적 고통이든 그 지옥을 만들어내는 원인은 똑같다. 바로 카르마인 것이다. 악행은 내세에서도 그 대가를 지불해야 한다는 생각은 동서양을 막론하고 누구나가 수긍하는 점이다. 그러나 베다의 현자들은 우리들에게 카르마로 인한 고통으로부터 벗어날 수 있는 방법에 대해서 큰 그림을 보여주었다.

이 세계는 '뿌린 대로 거둔다'는 금언이 통하는 물리적인 세계와는 다르다. 악행을 하고서도 다른 사람들의 눈에 뜨이지 않을 수도 있고 징벌을 받지 않을 수도 있다. 그런 일은 언제나 있어 왔다. 우리들은 언제나 그런 환상을 꿈꾸며 살아왔다. 예를 들면 은행 강도가 영웅이 되는 그런 경우 말이다. 적어도 영화에서만이라도.

나쁜 일을 저지르는 사람은 반드시 내세에 그 징벌을 받게 된다고 하면 우리의 소망을 만족시켰다는 이유로 유죄가 될까? 왜냐하면 자신이 지은 악행에 대해 이 물질 세계에서 징벌을 받지 않는다면 그것은 결국 영원히 죄값을 치르지 않아도 된다는 말이나 마찬가지이기 때문이다. 이렇듯 카르마의 문제에 관해서는 누구나 쉽게 동의하지 못할 것이다. 그러나 영적인 용어로 우리는 성숙한 사람(빚을 갚은 사람)과 그렇지 못한 사람(빚을 갚지 못한 사람) 사이에서 여러 가지 차이점을 발견할 수 있다.

영적으로 성숙한 사람은 값진 삶을 추구하기 위하여 다음과 같은 덕목들을 키운다.

*자신의 가치: 나는 신성한 계획에서 중요한 사람이며, 이 우주에서 유일한 존재이다.

*사랑: 나는 타인들로부터 항상 보살핌을 받고 있으며, 나 또한 남들

을 진심으로 배려한다.

　*진실: 나는 과거의 환상이나 잘못들을 되돌아 볼 수 있다.

　*감사: 나는 창조섭리를 매우 귀하고 감사하게 생각한다.

　*경외: 나는 성스러운 것을 느끼고 이해할 수 있다.

　*비폭력: 나는 모든 형태의 생명을 존중한다.

　이러한 가치들을 등한시하고 산다는 것은 고통스러운 일이다. 지나치게 등한시하면 아마도 그 고통이 그를 지옥으로 몰아넣을지도 모른다. 그러므로 의미 있는 삶의 진정한 가치는 카르마의 숨겨져 있는 다른 면이라고 할 수도 있다. 만약 당신이 그 빚을 다 갚고 자유로워진다면 당신의 인생은 더욱 충만하고 가치 있는 삶이 될 것이기 때문이다.

○ 사탄(Satan)은 무엇인가?

신앙심이 깊은 기독교인들은 사탄이 없는 심리적인 지옥이라는 개념을 거부할 것이다. 사탄이라는 개념을 없애버린다는 것은 바로 성경의 말씀에 위배되기 때문이다. 성경에서는 다른 천사들보다도 더 하나님에 가까운 존재였던 천사 루시퍼가 자만에 빠져 하나님의 말씀에 복종하지 않다가 아주 먼 지옥에 떨어졌다고 말하고 있다. 수백만 명의 기독교인들은 이런 성경의 말씀을 문자 그대로 믿는다. 내세란 결국 우리의 책임이라는 말을 그들은 거부한다. 그리고 하나님의 권위에 도전하는 어둠의 왕자가 악의 화신이 된다는 것을 객관화시킨다. 지옥은 우리가 만드는 것이고 우리 책임이라는 이론은 사실 받아들이기 힘든 말이다. 그러나 반대로, 그 책임을 포기한다는 것은 우리 자신을 포기한다는 것이나 마찬가지이다. 지옥은 하나님으로부터 가장 멀리 떨어진 곳에 존재한다. 지옥은 의식이 부재하는 곳을 상징하기 때문이다. 그러므로 이승에서 경험하는 지옥의 체험은 그저 단순한 좌절과 죄의식 뿐이 아니다. 지옥은 우리 자신이 스스로 대가를 치러야한다고 생각하는 정도의 고통이다. 그리고 순수의식과의 유대가 다시 복원되는 순간 우리는 더 이상 우리가 정죄 받아야 한다고 믿지 않게 된다. 우리는 삶의 흐름 속으로 다시 복귀하게 되는 것이다.

사탄이 의미하는 모든 것들은 우리 자아의 판단 속에 모두 포함돼 있다. 실제로 사탄은 우리 자아의 판단을 그대로 반영한다. 사탄은 의식의 창조물로써 그 나름으로 커지기도 하고 작아지기도 하고, 진화하기도 하고 그 의미가 변화하기도 한다. 사탄은 다음과 같은 조건에서 실재한다.

*인간은 자신이 저지른 악행에 대해서 벌을 받아야 한다고 생각한다.
*사탄의 신화를 믿는 문화가 존재한다.
*사탄의 존재를 믿는 사람들은 그 신화에 주목하고 가치를 부여한다.
*죄의식은 치유된 내면 대신에 외부의 사탄에게 투사된다.
*용서, 속죄, 혹은 정화를 위한 수단을 찾지 않고, 그저 악행만이 계속 누적된다.

*아이들은 악마에 대한 두려움 속에 놓이게 되고, 악마는 초자연적인 힘을 갖고 있다고 들으며 자란다.

사탄은 다음과 같은 상황에서는 실재하지 않는다.

*용서, 치유, 보상에 대한 믿음이 있다.
*영혼은 죄값을 치르는 게 아니라 치유되어야 한다고 생각한다.
*사탄의 신화가 어떻게 만들어졌는지를 아는 문화가 존재한다.
*자아를 자각하고 자신의 감정에 대한 책임을 질 줄 아는 사람들이 많다.
*부정적인 에너지의 배출구가 존재한다. 예를 들면 치료요법, 스포츠, 개방적인 대화, 건강한 가족관계, 교육 등이다.
*아이들에게 악마의 존재나 다른 초자연적인 힘의 존재가 없다는 것을 가르친다.
*사회는 의식의 발전과 진화를 장려한다.

종교적 신화를 문자 그대로 해석하는 사람들이 많이 있지만 이미 현대사회가 상당히 현실화되었기 때문에 사탄의 이야기도 한물 간 것이 사실이다. 그 원인이 어디에 있든지 현세주의 문화는 실제 치유를 고양시키고, 초자연적 미신에 대한 믿음을 없애고, 자신의 운명에 대한 책임을 갖도록 했으며, 예전에는 금기사항으로 치부되어 왔던 것들에 대해서 아주 개방적인 대화를 모색하게 되었다. 이는 괄목할만한 인류문화의 성취가 분명하며, 더불어 의식 전체의 성숙의 결과이기도 하다. 그러나 사람들이 악마를 어떻게 정의하든 우리의 주의를 악마로부터 돌리는 것은 악마의 존재를 현저히 사라지게 하는 효과가 있다. 그것은 마치 한 때 세상의 모든 자연현상을 설명하던 준거였던 올림푸스 신들이 이제는 한낱 신화적이고 역사적인 이야깃거리가 되어버린 현상과도 비슷하다고 할 것이다.

고대 그리스의 신들처럼 사탄도 그 유용성을 다 했다고 볼 수 있다. 예전에는 초자연적인 신의 장난으로 여겨졌던 자연 현상들이 새로운 설명의 틀을 빌어 해석되고 있다. 그 옛날 바람의 신 아에올루스가 하던 역할을 이제는 기상학이 대신하고 있으며, 불의 신 프로메테우스가 하던 역할을 이제는 열역학이 대신하고 있다. 사탄이라는 존재를 힘이 세게 하거나, 아니면 아무것도 아닌 존재로 만드는 것은 바로 우리들 자신이다. 인간의 정신만이 그를 실질적인 존재로 만들기도 하고 아무것도 아닌 존재로 만들기도 한다. 이것은 우리가 기억해야 할 중요한 사실이다.

의식이 더 진화해나가면 사탄이라는 존재는 더욱 더 비실재적인 존재가 된다. 현재 수백만 명의 사람들은 더 이상 악마, 사탄, 죄악, 등등이 고통의 원인이라고 생각하지 않는다. 이제 그들은 의식의 관점에서 우주를 보기 시작했다. 내면과의 유대(紐帶)의 끈에 대해서 말하기 시작했다. 우리는 지난 수 세기 동안 악마로부터 우리를 구원해주길 신 앞에 간절히 기도해 왔다. 이런 과정은 어쩌면 우리의 진화에 필수적인 과정이었는지도 모른다. 그러나 지금 우리는 더 깊은 단계까지 와 있어 천국과 지옥이라는 양 극단이 아니라, 하나의 실재(Reality)를 말하는 현자들의 더 깊고 더 인간적인 지혜에 귀를 기울이게 되었다.

현자들은 말한다. 선과 악은 영혼에 연결되는 하나의 직접 기능이라고. 영혼은 자아의 가장 리얼한 모습이다. 우리가 영혼과의 끈을 놓치게 될 때, 우리는 실재와의 끈도 놓치는 셈이 된다. 다음과 같은 때에 영혼은 자신의 모습을 잘 보여주지 않는다.

*당신이 너무 지치고 스트레스를 받을 때.
*당신이 주의를 밖으로 향하고 있을 때.
*당신의 주의가 외부의 힘에 의지할 때.
*당신이 남들에게 당신을 생각하도록 할 때.
*당신아 강제로 행동할 때.
*당신이 두려움과 염려에 영향 받을 때.
*당신이 고통 속에서 분투할 때.

당신과의 연결이 다시 이루어지기 전에 이런 조건들을 변화시켜야 한다. 죽음이 영혼의 영역으로 인도한다고 생각하겠지만, 베단타 철학에서는 영혼은 죽음을 맞기 전에 나타날 기회가 많다고 주장한다. 삶은 영혼의 눈길 아래에서 이루어진다. 순수의식(Pure Consciousness)은 다음과 같은 우주적 특징들을 지닌다.

*그것은 지속적이다.
*그것은 항상 당신 곁에 존재한다.

*그것은 모든 영혼을 연결시킨다.

*그것은 신의 전지전능함을 공유한다.

*그것은 변화에 의해 손상되지 않는다.

*그것은 시간과 공간을 넘어선 곳에 존재한다.

영혼을 드러내는 때는 사랑, 온유함, 고요의 순간들만이 아니다. 오히려 영혼 자신의 특성들이 그 표면으로 나올 때가 그런 순간들이라는 점, 그것이 가장 중요하다. 현대의 삶에서 그런 순간들이란 사랑, 온유함, 고요함, 등등인데, 문제는 그런 순간들을 만나기가 좀체로 쉽지 않다는 데에 있다. 사실을 말하자면, 영혼은 결코 자신의 모습을 드러내기를 중단한 적이 없다. 다음과 같은 때에 영혼은 자신의 존재를 드러낸다.

*당신 자신이 중심을 잡고 있음을 느낄 때.

*당신의 마음이 맑을 때.

*시간이 멈추었다는 감각을 가질 때.

*당신이 분명하게 자아를 인식할 때.

*당신이 갑자기 경계선에서 해방된 느낌을 가질 때.

*시간과 변화가 당신을 비켜간다고 생각할 때.

*당신에게 무엇이 일어날지를 알 때.

*당신이 진리를 감각할 때.

*당신이 행복과 황홀감을 느낄 때.

*당신이 다른 사람과 침묵하며 서로 하나됨을 느낄 때.

*당신의 직관이 진실로 판명될 때.

*당신이 무한한 사랑을 받고 있다고 느낄 때.

*당신이 절대적으로 안전하다고 생각할 때.

　베다의 현자들이 말한 것처럼 오로지 단 하나의 실재만이 존재한다면 인생은 선과 악의 대결이 아닌 전혀 새로운 장이 될 것인데, 그것은 모든 선과 악이 우리를 실재, 혹은 환상에 더 깊이 데려가는 복잡한 그물과 같지 않을까 싶다.

　카르마는 복잡하게 얽힌 그물을 짠다. 카르마는 감옥이 아니다. 그것은 선택의 장이다. 카르마는 우리가 정직하게 선택하도록 한다. 우리는 수확을 기대하며 씨앗을 뿌린다. 이것은 우주적 선악에 의해 잡혀있다는 말과는 다르다. 지옥은 의식에 있어서의 다른 모든 장소와 같이 궁극적으로 우리 자신의 자각상태를 반영한다. 지옥으로부터의 자유는 다른 모든 성취처럼 영혼의 실재에 더 가까이 다가감으로써 쟁취된다.

6. 유령들

날이 저물어가면서 집으로 돌아갈 희망도 점차 기울어져 가는 것만 같았다. 사비트리가 말했다.

"남편 없이 혼자 살아야겠지요. 또 가르침을 청하러 올지도 모르겠네요."

"혼자인 사람이 누가 있나요?"

라마나가 물었다. 숲이 점점 짙은 그림자로 뒤덮여 갔기 때문에 사비트리는 스승 라마나의 표정을 선명하게 읽을 수가 없었다.

"지금 제 자신이 혼자처럼 느껴져요."

사비트리가 말했다.

"그런 감정은 때로는 믿을 만한 게 아닐 수도 있소."

라마나는 냉정하게 말했다.

그때 숲속 길가 덤불에서 뭔가 바스락거리는 소리가 났다. 그 소리에 사비트리가 깜짝 놀라서 뒤로 물러섰다.

"저게 뭐죠?"

"유령들이오."

라마나가 짧게 대답했다.

"이제 그대가 그들을 만나야 할 시간이오. 그들은 내세를 여행한 존재들이기에 배울 점이 많을 것이오."

라마나는 미동도 없이 서서 사비트리에게 조용히 하라는 시늉으로 손짓을 했다. 사비트리는 그 자리에 얼어붙은 듯 움직이지 않았다. 살갗에 소름이 돋았다. 잠시 후 세 살 정도 되어 보이는 작은 여자 아이가 어두운 숲속으로부터 라마나와 사비트리가 있는 쪽으로 아장아장 걸어 왔다. 하지만 아이의 눈은 다른 곳을 쳐다보고 있었다.

"그만 두오!"

라마나는 사비트리가 아이에게 달려가 안아주려는 마음을 알아채고는 재빨리 경고했다. 그러자 아이는 주변을 둘러보고는 길을 가로질러서 숲속으로 들어갔다.

"누군지 알아보시겠소?"

사비트리는 금방 자신이 본 아이 때문에 마음이 편치 않았고 내심 혼란스럽기까지 했다. 라마나는 사비트리가 묻는 말에 대답이 없자 이렇게 말했다.

"더 많은 유령들이 있소. 당신이 그들을 끌어들이고 있는 것이오."

그 순간 두 번째 아이가 등장했다. 이번에는 다섯 살 정도의 여자 아이였다. 사비트리는 순간 정신이 멍해졌다.

"누군지 알겠소?"

라마나가 말했다.

"바로 저예요."

그러자 다섯 살 난 아이는 주위를 힐끗 둘러보더니 자신이 가던 길로 다시 가버렸다.

"그러면 아까 그 어린아이도 저였나요?"

라마나가 고개를 끄덕였다.

"과거에 남겨둔 자아가 바로 유령이오. 그대의 육신은 더 이상 어린아이의 육신은 아니오. 나이를 먹으면서 인간의 생각, 욕망, 두려움, 그리고 희망이 바뀌지. 그런데도 이미 죽어버린 자아를 뒤에 달고 걸어다니는 것은 참 끔찍한 일이 아니겠소? 자, 이제 그들이 제 갈 길을 가도록 내버려둡시다."

사비트리는 아무 말도 하지 못했다. 계속해서 그녀의 죽은 유령들이 나타났다. 부엌에서 어머니의 옆에 앉아 있던 열 살 적의 자신, 남자아이에게 말을 거는데 얼굴이 빨개지던 열두 살의 자신, 지금의 남편이자 첫사랑인 샤트야완에게 빠져있던 처녀 적의 자신 등, 사비트리는 여러 가지 헛된 존재들이 나타나는 것을 지켜보았다. 마지막으로 나타난 유령은 야마의 방문에 놀라 급하게 오두막을 떠나던 모습으로 지금의 자신과 별반 다를 게 없었다.

"보다시피 지금 당신 자신의 자아조차도 유령이오."

라마나가 말했다. 그녀의 마지막 유령이 숲속으로 희미하게 사라지자 시비트리가 드디어 입을 열었다.

"그들이 제게 가르치려는 게 무엇인가요?"

그러자 라마나가 대답했다.

"그건 바로 죽음은 그대 인생의 매 순간마다 함께 했었다는 것이오. 그대는 매일 수천 번의 죽음에서 살아남았고, 당신의 생각, 오래전의 세포, 예전의 감정, 그리고 자아조차도 당신 곁을 무수히 스쳐지나갔소. 인간은 모두 현재의 내세 속에서 살고 있소. 그러니 내세를 두려워하거나 의심할 이유가 무엇이오?"

사비트리가 변명하듯 말했다.

"하지만 그들을 그냥 유령이라고 부르기에는 너무나도 제 자신과 흡사해 보여요."

라마나가 대답했다.

"그렇소. 하지만 지난 시간과 꿈은 같은 것이오. 그대는 지금 이 순간에 존재하는 것이지 과거를 살고 있는 것이 아니지 않소."

사비트리는 한 번도 그런 식으로 생각해 본 적이 없었다. 현자 라마나의 가르침은 점점 그녀에게 용기를 불어넣어주고 있었다.

"솔직히 말하면 전 아직도 죽음을 물리치고 싶어요. 전 남편 없인 살 수 없어요. 하지만 죽음의 신 야마를 물리칠 수 없다고 해서 헛된 유령에게 매달려 살지는 않을 거예요. 적어도 오늘 제가 그 정도의 지혜는 얻은 것 같군요."

○ 꿈들의 장(場)

많은 사람들은 우리가 죽어서도 저마다의 인격 혹은 개성을 유지할 수 있는지 궁금해 한다. 그 해답은 이렇다. 개성이란 우리가 살아있는 동안에도 결코 일관되고 실재적인 것이 아니라는 사실이다. 다섯 살, 열 살, 또는 15년 전의 나와 지금의 나는 똑같은 사람이 아니다. 우리의 개성은 늘 확장되고, 변형되고, 성숙해 나간다. 만약 위의 질문이 '개인은 과연 죽음을 극복할 수 있는가?'라는 물음이 되면, 그 대답은 '어떤 개인'이 될 것이다. 실제로 우리가 '나'라고 부르는 존재는 매일 매일 다르며, 해마다 다르다. 그러므로 '나'라고 지칭할 때 과연 어떤 '나'를 말하는 것일까? 사랑에 빠져있고 낭만과 욕정으로 가득한 젊은 날의 '나'를 말하는가? 아니면 천진난만하고 호기심 가득했던 어린아이 시절의 '나'를 말하는가? 아니면 죽음 직전의 '나'일까?

과연 세상의 마지막 날에 살아남을 '나'는 어떤 존재일까? 아마도 그 어떤 자아도 '나'는 아닐 것이다. 내세는 창조적 도약의 기회를 가져다준다고 베단타 철학은 말한다. 내세는 선택의 폭이 더 확장되기 때문에 일반인이 생각하는 천국보다 훨씬 더 풍요롭고 광범위하며 새로운 실재를 경험할 수 있는 곳이다. 천국은 존재를 규정하는 일도 끝나고 무엇인가 변형되는 일체의 작업들이 모두 끝나는 하나의 결승선(Finish Line)이다. 영혼은 천복(天福)의 영토에서 빈둥빈둥 어슬렁거린다. 왜 의식은 활기가 없게 될까? 내세에서 이 질문에 응답하지 않고 생존하는 것은 아무런 의미가 없는 일이 될 것이다.

　내세에서의 가장 큰 차이점은 다섯 가지 감각기관으로 느끼는 자극들이 더 이상 우리를 자극하지 않는다는 사실이다. 가구들은 다 치워지고 내면과 외면 양면으로 된, 우리들 자신인 하나의 공간만이 남을 뿐이다. 예수는 천국이 우리 안에 있으면서 또한 하나님과 함께 있다는 역설적인 가르침을 주었지만, 이것이 바로 그의 말은 진리라고 할 수밖에 없는 이유이기도 하다. 가구가 가득찬 방에서 가구를 다 치우면 물리적으로 텅 빈 공간만이 남지만 정신의 공간만큼은 무한한 가능성으로 오히려 더 충만해진다. 그 안에서 모든 것이 새로 태어난다. 현자들은 이렇게 새로운 가능성을 탄생시킬 수 있는 가임공간(可姙空間)을 일러 아카샤(Akasha)라고 불렀다. 산스크리트어인 아카샤를 다른 말로 옮기자면 '꿈의 공간' 또는 '새로 시작하기 좋은 장소'라는 단어가 적당할 것이다.

　꿈이란 사람, 사건, 장소는 물론 그 어떤 것도 투사될 수 있는 텅 빈 스크린과도 같은 것이다. 아카샤도 마찬가지이다. 베단타 철학은 말하길, 모든 세계는 마음이 만들어 낸 것이라고 한다. 이 세계가 바로 꿈인 셈이다.

　"세계는 태양빛에 부유하는 무수한 먼지 알갱이들처럼 오고 간다."

　베다의 유명한 구절이다. 아카샤에서 우리는 존재하는 것들의 무상함과 미처 알지 못하는 실재가 지닌 광대함을 깨닫는다. 아카샤의 꿈은 우주적인 꿈이다. 그러나 그것은 우리가 매일 밤 꾸는 그런 꿈과는 다르다.

임사체험자들은 '건너 감'의 단계는 아직도 개인적 상태인 것 같다고 말한다. 임사체험을 해 본 사람들은 곧잘 내세에서 이미 앞서 죽은 친구나 친척을 보았다는 진술을 하기도 하고, 유체이탈 체험을 말하기도 하며, 생전의 기억과 연상의 도움으로 다시 육신으로 되돌아 올 수 있었다고 말하기도 한다. 하지만 그들도 내세가 갖는 창조적인 도약의 가능성은 쉽게 깨닫지 못한다. 과거의 자신처럼 여전히 느끼지만 미지의 세계를 체험할 수는 없는 것이다.

몇 년 전, 한 강연회에서 제럴드라는 남성을 만나게 되었다. 그는 뉴멕시코 지역 근처에서 샤만(Shaman - 무당)을 만나고 그가 가진 치유의 힘을 목격하고 크게 매료되었노라고 말했다. 나는 그에게 어떤 종류의 치유가 필요했는지를 물었다.

"상황설명을 제대로 다 하기는 힘들어요. 어찌됐든 저는 뉴멕시코의 산타페 외곽 지역에서 여러 사람들과 동행을 하게 되었습니다. 한 스무 명 쯤 되었을까요? 그 전에는 샤만을 만나본 적이 없었죠. 우리가 만난 샤만은 호피라는 이름을 가진 남자였는데, 무슨 종교적 표식 같은 걸 전혀 갖고 있지 않았고 머리칼은 어깨까지 내려오는 멋쟁이 노인이었죠. 게다가 매우 유쾌한 성품을 갖고 있었어요. 그는 모텔에 모인 사람들 한 사람, 한 사람에게 먼저 인사를 했죠. 인사가 다 끝나자 우리더러 각자 파트너를 고르라고 하더군요.

그래서 그곳에 모인 사람들은 자기 나름대로 가장 친근하게 느껴지는 사람에게 다가가 파트너가 되어 줄 것을 부탁했어요. 저는 바로 옆에 서 있는 제 또래의 남자와 짝이 되었습니다. 짝을 고르는 게 사실 좀 어색했지만 그 사람이 그나마 편안하게 느껴졌기 때문이었죠."

제럴드는 전립선암에 걸려서 수술을 하고 화학요법을 받았으며 이후로도 오랫동안 항암 치료를 받아왔다고 밝혔다. 그리고 최근 2년 동안 암이 재발되지는 않았지만 항상 재발할지도 모른다는 두려움에 사로잡혔었다고 말했다. 그런 두려움은 갈수록 더 심해져 암이 완치되었다는 선고를 받고도 한동안 계속되었다. 그러던 중 한 친구의 도움으로 샤만을 찾게 되었다는 것이다.

"그 모텔에 있던 사람들은 저마다 짝을 정하고 나서 동그랗게 섰죠. 그러자 샤만이 원 한가운데로 들어오더니 뭔가 읊어대기 시작했어요. 한 15분 정도 지났을까요? 샤만은 남자와 여자가 짝을 이룬 곳으로 가더니 남자의 눈을 들여다보고는 뭐라고 중얼거렸습니다. 그러자 그 남자는 몸을 떨기 시작하더니 바닥으로 쓰러졌죠. 샤만은 계속해서 아주 강렬하고 다그치는 목소리로 '말해' 하고 소리쳤습니다. 그러자 남자의 눈이 아주 멍하게 되더니, 아주 춥다고, 겨울인데 땅바닥에 누워있다고 중얼거리는 겁니다. 술에 취해 죽어가는 사람의 모습이었어요. 그러자 샤만은 고개를 끄덕이고는 옆에 서 있던 여자를 쳐다보았죠. 그 여성은 아주 충격을 받은 표정이었어요. 샤만은 그녀에게 '알코올 중독이오?'라고 묻고는 또 '그것 때문에 여기에 오셨소?'하고 다그쳤습니다. 그러자 그 여성은 얼굴이 빨개져서는 그렇다고 고개를 끄덕였어요. '당신의 조상 중에 술 때문에 죽은 영혼이 하나 있군요. 그 영혼의 맺힌 한을 풀어주어야 합니다.' 그러고 나서 샤만은 바닥에 쓰러진 남자가 일어서도록 도와주고는 그에게 아주 잘했다고 칭찬했어요. 샤만의 의식은 그런 식으로 한 번에 한 쌍씩 원을 돌면서 진행되었습니다."

짝이 하는 역할은 바로 영매(靈媒)의 역할이었던 것이다. 상대방과 관련된 영혼이 짝의 몸을 빌어서 그가 겪고 있는 현실의 문제들, 즉, 심리적인 좌절이나 암, 혹은 물질 중독과 같은 일들을 알려주었던 것이다. 그리고 영매가 한 말은 실제 상대방이 겪고 있는 문제와 정확하게 일치했다고 한다. 그 모텔에 오기 전에 어느 누구도 샤만에게 자신의 이야기를 한 사람은 없었다. 제랄드의 짝은 제랄드가 아주 어렸을 때 폐암으로 돌아가신 할아버지의 영혼을 불러 들였다고 한다.

"하지만 모든 사람들이 다 불러들인 영혼을 알아보는 건 아니었어요. 가까운 친척이나 가족의 영혼 외에 다른 영혼들도 더러 있었죠. 저의 경우는 제 친할아버지가 살아 생전 훌륭한 분이셨다는 이야기를 듣고 자랐죠. 제 짝을 통해서 자신을 고통에서 벗어나게 해 달라고 간청하는 할아버지의 소리를 듣는 것은 너무나도 무시무시하고 고통스러운 일이었어요. 도무지 믿겨지지 않았죠."

저마다 갖고 있는 고민거리가 드러나자 치유가 시작되었다. 샤만이 죽은 영혼을 떨쳐버리는 것으로 치유가 끝난 사람도 있었지만 제랄드는 그 치유의 오두막에서 몇 가지 의식을 더 치러야만 했다. 주로 샤만의 의식은 주문(呪文)과 관계된 것들이었다. 몇 주가 지나자 샤만은 제랄드에게 그의 할아버지의 영혼이 안식을 찾게 되었노라고 말했다.

"집으로 돌아와서는 곧장 정기검진을 받으러 갔습니다. 하지만 예전처럼 두렵거나 걱정이 되지는 않았죠. 악몽에 시달리는 일도 없고 한밤중에 땀 흘리며 잠에서 깨어나는 일도 없어졌죠. 다 끝난 겁니다. 샤만이 말한 대로 말이죠."

나는 우리의 안목을 넓히기 위해서 이 이야기를 자세히 했다. 가톨릭 문화권에서 성장했다는 사실이 곧 죽어가는 사람이 진주문에 도착하여 성바오로로부터 환영을 받는다는 말은 아니다. 이것은 거의 죽어가는 사람들이 보통 보고하는 그런 시나리오도 아니다. 오히려 내세는 미국 인디언들이 묘사하는 그런 세계와 더 가까울지도 모른다. 영혼이 가는 길은 우리가 미리 보지 못하는 연결통로를 따라 간다.

제랄드의 그 후 스토리는 더욱 흥미롭다. 집으로 돌아온 지 한 달 후, 그는 자기 가문의 고향인 중서부 지역으로 아내와 휴가를 떠났다.

"새로 단장한 빅토리아 풍의 호텔로 들어갔죠. 호텔 방은 꽃무늬가 그려진 벽지에 기둥이 네 개인 침대가 놓여있는 고전적인 분위기였죠. 그때 벽에 걸린 신문기사 액자가 제 시선을 끌더군요. 100년도 넘은 그 신문기사는 자원 소방대원에 관한 것이었는데, 사진 한 가운데에서 나를 쳐다보고 있는 사람이 바로 할아버지셨죠. 아주 젊은 시절의 할아버지였어요."

"두렵거나 놀라지는 않았나요?"

내가 물었다.

"아뇨. 오히려 샤만이 한 말이 맞구나, 하는 걸 느꼈어요. 어디에 계시든 할아버지의 영혼이 안식을 얻었다고 생각하니 저는 오히려 기분이 더 좋아졌습니다."

○ 아카샤(Akasha)

자유롭기를 원하는 유령들의 이야기들 가운데 그들을 방해하는 것은 기억이다. 그들은 과거 육체적인 삶은 어땠는지, 그리고 그 기억들이 움켜잡고 있는 성취하지 못한 사업들에 대해서 끊임없이 기억하고 있다. 이렇게 이승에서의 삶과 그 기억에서 자유롭지 못한 영혼은 그곳에서 탈출하려고 다음 단계로 넘어갈 수가 없다. 이상한 소리처럼 들리겠지만, 내세가 진짜 현실이 되면 우리가 사는 이 물리적인 세계는 꿈이 된다. 바로 관점의 문제이다. 우리가 물리적인 상태인 육신으로 있으면 시각과 관점 역시 물리적인 것을 사실로 느낀다. 하지만 밤에 꿈을 꾸고 있을 때는 그 꿈의 현실이 진짜인 것이다. 영혼이 삶에서 죽음으로 건너가는 징검다리 상태에 있을 때는 깨어 있음과 꿈, 둘 다 비현실이다. 아카샤(의식의 장)만이 실재이다.

이렇게 실재가 변하는 것은 무엇 때문일까? 베단타 철학에서는, 의식은 의식이 창조한 것만을 믿는다고 말한다. 그러므로 깨어 있든 꿈을 꾸든 아니면 그 두 가지 다 초월한 상태이든, 지금 우리가 보고 듣고 만지는 것은 모두 절대로 실재가 아니다. 관점이 달라지면 그들의 실재도 변한다는 것이다.

완전하고 자유로워진다는 것은 모든 꿈같은 상태로부터 깨어나는 것을 뜻하며, 당신이 실재(Reality)의 창조자라는 신분을 회복함을 뜻한다. 이 세상을 떠나는 사람들 모두가 이러한 절대적인 자유를 성취하는 것이라고는 말할 수 없다. 어떤 사람은 아주 짧은 순간 동안만 맛 볼 수도 있고, 다른 사람은 꿈에서 깨어날 수 있는 가능성을 느낄 수도 있을 것이며, 또 다른 사람은 마음에 찾아오는 그 다음 단계로 유인되어 갈 수도 있을 것이다.

어느 여자아이가 학교에서 돌아와 자기 방으로 들어갔다가 시카고에 사는 사촌이 방 한 구석에서 자기를 기다리고 있는 것을 보았다. 그때는 모두 여덟 살이었는데, 사촌 아이는 가만히 서 있기만 할 뿐 아무 말도 없었다. 그러자 여자 아이는 엄마에게 사촌이 놀러왔다고 말하려고 부엌으로 달려갔다. 그런데 엄마는 부엌에서 울고 있었다. 아이가 그 이유를 묻자 엄마는 시카고에 사는 친척 아이가 그날 아침에 사고로 죽었다는 소식을 전해 주었다. 그럼 소녀가 자신의 방에서 본 사촌은 환상이었을까? 아니면 어떤 징후였을까? 아니면 단순한 연상 작용이었을까? 소녀는 자기 엄마에게 사촌이 정말로 자기 방에 있었다고 말했다. 아이의 표정은 너무나도 진지했다. '정말로'라는 표현은 무언가 확신할 때 쓰는 말이 아닌가? 그날 아침에 죽은 사촌 아이를 만난 것은 아이의 환상이거나 아니면 깊은 영적인 사건으로 해석될 수 있다. 사건 그 자체가 아니라 그 사건을 바라보는 사람의 관점이 어떤가에 따라서 해석은 판이하게 달라질 수 있다.

내세에서는 매우 설득력 있는 관점, 즉 물리적 존재에서 깨어나 자유의 가능성과 마주할 것이다. 그러나 의식의 장이라고 할 수 있는 아카샤는 어떤 특정한 시각이나 관점이 아니다. 아카샤는 마치 운동선수들을 기다리며 활짝 열려있는 운동장과도 같다. 그러면 과연 그 운동장에서 뛸 운동선수들은 누구일까?

*그들은 우리에게 익숙하고 또 우리가 잘 아는 사람들이다.
*그들은 우리가 늘 상상해 왔고 또 다시 보기를 간절하게 바라는 사람들이다.
*그들은 다른 세상(저승)의 존재들일 수도 있다.
*그들은 그저 우리 자신의 투영일 수도 있다.
*그들은 우리의 추상적인 이상이 구체화된 존재일지도 모른다.

세계의 각기 다른 문화권마다 여러 가지 변형된 아카샤의 사례들이 무수하게 보고되고 있다. 기독교에서 말하는 천국은 일종의 아카샤적인 연극인데, 그곳에는 과거 우리가 잘 알았던 사람들이 있고, 우리가 하나님이라고 부르는 추상적인 존재도 있다. 이런 모든 이미지와 형상이 인간의 정신 속에서 구체화되어 있기 때문에 기독교인은 죽어서도 자기의 영혼이 도달하는 곳이 자신이 이승에서 생각한 바로 그 천국이라고 믿는 것이다. 그런데 베단타 철학은 이와는 다르다. 인간이 죽으면 창조적인 공간 자체인 아카샤에 도착하는데, 그 아카샤는 죽은 영혼이 소망하는 세계를 만들어 낸다는 것이다.

그렇다면 인간은 내세에 자신이 원하는 것이 무엇인지 어떻게 알 수 있을까? 이에 대한 대답은 아주 복잡하다. 질문을 이 세상의 일로 돌려보자. 지금 당장 내가 원하는 것이 무엇인지를 어떻게 아는가? 앞으로 새로운 욕망거리가 생길 때까지 우린 알 수 없다. 다만 늘 무언가 새로운 것을 욕망할 것만은 틀림없는 사실이다. 인간의 마음은 끊임없이 흐르는 욕망의 강물과 같기 때문이다. 하지만 무엇을 욕망하고 원하는지 미리 알 수는 없다. 아침 식사로 늘 스크램블 에그 두 개를 습관처럼 먹기도 하고, 나만의 독특한 식단을 짤 수도 있을 것이며, 아예 아침 식사를 생각하지 못할 정도로 바쁘게 살 수도 있을 것이다. 그러나 가족의 죽음, 실업, 심장질환과 같은 갑작스러운 사건을 겪으면 평소 익숙했던 패턴이 바뀌기도 한다. 때가 되어도 배는 전혀 고프지 않고 마음은 온통 슬픔으로만 가득할 뿐이다.

이렇게 예전의 패턴과 새로운 상황 사이에는 예측할 수 없는 변수가 있기 때문에 고정된 욕망을 추측할 수가 없다. 아카샤도 마찬가지이다. 아카샤의 끝이 열려있기 때문이다. 그것은 꿈처럼 예측할 수 없는 것이다. 그럼에도 불구하고 그 아카샤가 어떠한 곳인지 우리가 한 번 탐험해 볼 수는 있다. 내세가 우리에게 열려있는 공간이라는 창조적 도약을 이용한다면 우리는 그곳을 항해해 볼 수가 있는 것이다.

○ 아카샤 항해하기

세계의 여러 문화권에는 내세의 새로운 가능성을 설명하는 저마다의 논리가 있다. 물론 그 논리가 하나같이 다 맞아 떨어지는 것은 아니다. 인간의 눈은 미리 기대하고 예상하는 것만을 본다. 영혼의 눈도 마찬가지이다. 아카샤의 장은 닥치는대로 아무 이미지나 소용돌이치는 영역이 아니다. 오히려 꿈보다 더욱 체계적이고 구조적이며 일종의 보이지 않는 풍경을 가지고 있는 것이다. 아카샤의 구조를 물리적 세계의 용어로 설명하기는 힘들다. 그렇지만 우리 자신의 내면을 들여다보면 되는대로 흐르는 듯 보이는 우리 마음 역시 아카샤의 보이지 않는 구조를 따르고 있다는 것을 알 수 있다.

누군가 당신의 이름을 부르며 다가와 인사를 한다. 그녀는 웃고 있다. 그녀의 얼굴은 뭔가 기대하는 표정이다. 당신은 어떻게 반응하겠는가? 당신의 정신은 몇 가지 일을 동시에 한다. 머릿속에 저장된 앨범을 바쁘게 들춰내기 시작하고 각 앨범에 담긴 얼굴과 현재 당신 앞에 있는 여자의 얼굴을 비교하면서 이름을 찾는다. 단번에 찾아지지 않는다고 해서 금방 포기하지는 않는다. 당신의 두뇌 속에는 저장된 자료가 많다. 이제 기억의 창고를 뒤진다. 현재 앞에 서 있는 사람과 맞는 얼굴을 과거의 기억 창고에서 바쁘게 찾는다. 여러 가지 샘플을 찾아내 비교한다. 최근 일어난 일, 만난 사람에 관한 파일을 열어본다. 그래도 찾을 수 없으면 시원찮은 기억력을 옹호하기 위해 변명거리를 찾는다.

우리는 이런 상황에 익숙하고 이름과 얼굴을 맞추는데 습관이 되

116

어 있다. 이처럼 정신은 믿을 수 없을 정도로 기민하게 정보를 검색할 뿐만 아니라, 만약 그 검색이 실패할 경우와 그 이후의 일까지도 계획한다. 말 그대로 멀티플 기능을 수행한다.

죽음 이후의 삶에서도 같은 패턴이 계속 진행된다. 임사체험에서 죽어가는 사람들은 전혀 모르는 상황에 직면하게 되고, 그 안에서 그나마 익숙한 징표들을 식별하고자 노력한다. 죽은 친척, 익숙한 목소리, 신성한 빛, 아버지 혹은 어머니의 모습을 한 신의 존재 등, 다른 말로 하자면 인간에게는 모두가 참고할 만한 붙박이 지도가 있는 셈이다. 이 지도는 우리가 그동안 미처 알지 못했던 경험을 의미 있는 것으로 변형시킬 수 있도록 도와준다.

이 글을 쓰고 있는 지금 TV에서는 천국에 관한 특별 프로그램을 방송하고 있다. 어떤 여성이 나와서 자신은 실제 천국에 갔다 왔노라고 인터뷰를 하고 있는데, 그녀가 임사체험을 하게 된 것은 출산 직후였다고 한다. 출산 직후 그녀는 의학적으로 심각한 위기에 빠졌고 이후 잠시 동안이지만 코마 상태에 들어갔다고 한다. 인터뷰를 진행하는 사람은 그녀에게 천국은 어떤 곳인지 설명해달라고 부탁했다. 그러자 그 여성은 환희에 찬 얼굴 표정을 하고는 천국을 회상하기 시작했다. 그녀에 따르면, 그곳은 하늘까지 계단이 끝없이 이어져 있었고, 계단 주위로는 행복에 겨운 동물들이 노닐고 있었다. 그리고 하늘빛은 지구상에서는 전혀 볼 수 없었던 종류의 푸른 빛이었노라고 했다. 내가 보기에 그 여성은, 아동용 그림책에서나 등장하는 그림을 통해 평소에 천국에 대한 이미지를 갖고 있지 않았나 싶다.

심리학자들은 인간이 얼마나 자동적이고 즉각적으로 의미를 만들어내는지에 관한 실험을 해 보았다. 먼저 피 실험자 그룹을 녹음기가 있는 방에 앉도록 하고는 테이프에서 들은 내용을 기억해서 적어 내도록 했다. 그리고 실험 전에 '테이프에서 들리는 목소리는 약간 웅얼거릴 것'이라는 정보를 주었다. 실제 그 실험은 인간의 두뇌가 어렴풋하게 들리는 말을 어떻게 기억하는지를 알아보는 실험이었다.

녹음기를 틀자 들릴락말락한 목소리가 흘러나왔다. 피 실험자들은 앞으로 몸을 숙여 집중하며 들리는 내용을 적기 시작했다. 하지만 녹음기에서 나온 소리는 아무런 의미도 없는 음향으로, 간혹 중간 중간에 의미 있는 단어가 들어가 있도록 녹음된 것이었다. 그러나 놀랍게도 피 실험자들은 의미가 통하는 문장들을 만들어 냈다. 뭔가 의미가 있는 말을 들을 것이라는 예상과 기대가 그렇게 의미 있는 문장을 창조하도록 촉발한 것이다.

내세(Afterlife)에 존재하는 창조적 가능성은 엄청나게 확장된다.

'저 테이프에서 들려오는 목소리는 무엇을 말하고 있지?'하는 하나의 질문 대신에, '내가 있는 곳은 어디인가?', '나에게 지금 무슨 일이 일어나고 있지?', '나는 누구로 다시 태어날까?' 또는 '내 앞에는 무엇이 기다리고 있을까?'와 같은 '마음'이 물어 볼 질문의 주인 역할을 하고 있는 것이다.

내세에서 존재하는 마음은 다차원적이다. 아카샤는 우리를 시공간이 제한된 차원으로부터 벗어나게 해준다. 사실 우리는 늘 다차원적이다. 단지 물질세계에 거주하고 있으면서 물질세계의 법칙에 너무 설득되어서 그 법칙에 순응하게 되었을 뿐이다. 이제 우리는 우리 자신을 아카샤에 적응시킬 필요가 있다. 그곳은 고정된 규칙도 없고 문화적인 도그마도 없고, 오직 창조적인 가능성만이 존재하는 그런 곳이다.

7. 보이지 않는 실타래

솔직히 사비트리는 라마나의 말에 그다지 놀라지 않았다. 그녀 역시 영혼의 존재를 믿는 환경에서 자랐기 때문이다. 사비트리는 크리쉬나 신이 '내면의 거주자'라고 부른 고차원적인 자아가 왜 영원 불멸한 것인지 수도 없이 들으면서 자라왔던 것이다. 그러나 그 가르침들은 당장 이해하기에는 너무나도 요원해 보였다.

"내게 영혼이 있다는 것을 어떻게 알 수 있나요?"

사비트리가 물었다.

"영혼은 보거나 만져서 알 수 있는 게 아니오."

라마나가 말했다.

"그대의 영혼이 그대에게 속삭일지도 모르오. 허나, 그 때조차도 그대는 다만 그대 자신의 목소리의 메아리를 들을 수 있을 뿐이오."

"그러면 그 영혼이 하나의 허구일 수도 있지 않을까요?"

사비트리는 마음을 차분히 가라앉히며 물었다.

"영혼이 보이지 않는다는 이유로 허구가 될 수는 없소. 보시오."

그때 한줄기 빛이 나뭇가지에 걸린 거미줄을 비추고 있었다. 거미줄은 햇빛을 받아 반짝거리며 미풍에 살랑거렸다. 라마나가 거미줄을 가리키며 계속 말을 이었다.

"거미줄을 보시오. 거미줄만 보이지 거미는 보이질 않지요? 하지만 거미는 자신이 만든 거미줄에 무엇인가가 앉으면 바로 나타나오. 영혼이 보이지 않는다면 어디로 사라졌겠소? 영혼과 우리 자신과의 끈이 존재하는 한 영혼이 어디에 있든 그건 전혀 문제되지 않는 것이오."

그러나 사비트리는 흔쾌히 동의하는 표정이 아니었다.

"하지만 저는 아직도 제게 영혼이 있을 거라고 상상하고 있어요."

순간 라마나의 얼굴이 어떤 영감으로 반짝거렸다.

"자연은 거미를 상상하오. 큰 거미를 상상하고, 작은 거미를 상상하고, 부드러운 것, 털 많은 것, 공기 중에 사는 것, 물에 사는 것, 땅에 사는 것, 나무 위에 사는 것, 하얀 것, 검정 것, 그리고 그 중간 것, 등등……. 온갖 종류의 거미를 꿈꾸오. 아기 거미를 상상해 보시오. 봄날에 야들야들한 거미줄을 타고 날아다니는 아기 거미, 그리고 연못으로 들어가 물고기를 잡는 큰 물거미를 떠올려 보시오. 우리는 어리석게도 거미가 하나의 사물이라고 생각하오. 오히려 거미는 여러 가지 품성과 특징의 이동하는 소용돌이로 늘 변하고 또 우리를 매혹시키는 것이오. 영혼도 그와 마찬가지라오. '내 영혼이 어디 있는가?' 하고 물으면, 그 대답은 어떤 특정한 장소가 아니라 하나의 가능성일 뿐이오. 영혼은 어디에나 있고, 어디에나 있어 왔고,

또 어디에나 있을 것이오."

라마나는 햇빛에 반짝이는 거미줄을 한동안 응시했다. 그런 라마
나를 보자 사비트리도 거미줄의 신비에 매료되기 시작했다. 자신이
보는 거미줄을 만든 거미가 검정색 거미인지, 노란색 거미인지, 아
니면 다른 색깔의 거미인지 알 수 없었고, 또 수컷인지 암컷인지도
몰랐지만 거미는 그녀에게 생생한 존재로 다가왔다. 자신의 영혼이
어떻게 생겼는지, 죽음의 경계 너머에는 무엇이 있는지 사비트리는
알 수 없었다. 보이는 것이라고는 맺힌 물방울로 가늠할 수 있는 거
미줄 뿐이었다. 그것만으로 충분한 것인가?
"그렇소."
라마나가 사비트리의 생각을 읽은 듯 말했다.
"오늘 그대는 아주 많은 것을 배웠소. 지혜의 가르침을 제대로 배
우고 있는 셈이오."
사비트리는 웃었지만 모든 의혹이 다 가신 것은 아니었다. 갑자
기 피곤이 몰려 왔다. 사비트리는 옆에 있던 이끼 덩어리 위에 쓰러
지듯 누워 잠이 들었다. 의식은 자꾸만 밑으로 가라앉았다. 자신이
어디에 있는지, 닥쳐 올 위험에 대한 걱정마저도 모두 잊은 채, 아주
천천히…… 사비트리는 그렇게 잠이 들었다.

○ 세계의 거미줄

세계 여러 문화권마다 내세의 아카샤를 다양하게 해석해 왔다. 아카샤의 장(場)은 그 자체로 순수한 가능성이다. 예로부터 영적인 스승들은 아카샤가 단순히 텅 빈 공간이 아니라는 사실을 설명하려고 무던히도 애를 썼다. 그리고 이제는 평범한 우리들조차도 이 사실을 다 안다. 왜냐하면 우리의 내적 침묵은 결코 공허한 것이 아니라는 사실을 잘 알기 때문이다. 아주 깊게 명상하면 생각은 사라지고 침묵의 경험만이 남는다는 것을 우리는 안다. 그런 상태를 무(無) 혹은 공(空)이라고 치부할 사람도 있겠지만, 베다시대 현자들은 그것이야말로 가장 충만하고 풍요로운 침묵이라는 혜안을 우리에게 보여주었다.

이제까지 영혼이 얻을 수 있는 최고 단계까지의 여정을 따라왔다. 그곳이 아카샤 그 자체이며 창조성의 근원이다. 다른 영적 전통들은 이것을 다른 방식으로 이해하여 '종점'이라고 할 것이다. 여기 사람들이 떠나는 영적 여행에 관한 일곱 가지 설명이 있다.

*천국

*하나님

*영적 세계

*초월

*환생

*깨달음

*소멸

이것들이 영혼에 관계되는 일곱 가지 개념들인데, 그 각각의 가능성들은 스스로 창조된 것들이다. 지상에서 시작된 꿈은 그 종말에 도달할 때까지 계속된다. 그리고 그 꿈을 이루는 구성요소들은 정신이 지닌 보이지 않는 구조에서 가져오고, 그 다음에 아카샤의 장을 의미 있게 만드는 방식으로 조합되었다.

○ 영혼의 최종 목적 일곱 가지

1. 천국: 그대의 영혼은 신이 창조한 완벽한 세계에 도달한다. 그대는 이승의 선행으로 인하여 천국을 그 상으로 받게 되는데, 만약 그대가 악행만을 일삼았다면 사탄의 지옥으로 가서 영원한 형벌을 받을 것이다.

2. 하나님: 그대의 영혼은 신(神)의 영역으로 돌아가지만 그곳은 특정한 공간이나 장소가 아니다. 그대는 신의 현존으로 충만한 무시간의 영토로 된 신의 거소를 발견하게 된다.

3. 영적 세계: 그대의 영혼은 앞서 죽은 영혼이 거주하는 세계에서 안식한다. 그곳에서 당신의 조상과 그대에 앞서 세상을 등진 사람들을 만나게 되며, 그들의 영혼들과 함께 거주한다.

4. 초월: 그대의 영혼은 갑작스럽거나 점진적인 방식으로 인간의 특징이 해소되는 행동을 한다. 순수 영혼은 그 자신이 태어난 의식

의 바다 속에 합류한다.

5. 환생: 그대의 영혼은 환생의 수레바퀴에 갇혀 있다. 그리고 그대가 행한 업보(業報)에 따라 그대의 영혼은 낮은 생명 형태에서 더 높은 생명 형태로 환생할 것이다. 이 윤회의 바퀴는 영원히 계속되는데, 만약 당신이 지고한 깨달음을 얻는다면 수레바퀴를 멈출 수도 있다.

6. 깨달음: 그대의 영혼은 빛에 도달한다. 처음으로 영혼은 완전한 빛을 보게 되며 물리적인 육신으로 존재하는 동안 가려졌던 실존의 진리를 비로소 깨닫는다.

7. 소멸: 영원은 무(無)다. 육신을 구성하는 화학적 구성요소가 다시 원자와 분자로 돌아가듯이 두뇌에 의해서 창조된 의식도 죽음과 함께 완전히 사라지고 만다.

아카샤에 대한 이런 해석에는 상당한 문화적인 교차점이 존재하고 한 가지 해석이 또 다른 해석을 낳기도 한다. 이슬람교에서 보는 아카샤는 천국의 정원(庭園)으로 묘사되는데, 그곳은 성적이고 쾌락적인 희열로 완성된다. 이슬람의 천국정원은 기독교의 에덴동산에서 파생된 개념이다. 이렇게 여러 문화권에서 말하는 영적 세계는 사실 많은 공통점들을 지니고 있다. 고대 그리스인들은 스틱스 강을 건너면 망자(亡者)를 만날 수 있다고 믿었다. 그런데 시간이 지나면서 스틱스 강이라는 개념은 기독교의 신학에 의해 새롭게 변모한다. 망자를 만날 수 있다는 그 강은 사탄이 기거하며 악한 자들을 벌주는 지옥으로 변했고, 축복받은 영혼들이 간다는 땅 엘리지

안(Elysian Fields)은 천국이라는 개념으로 새롭게 태어났다.

중국이나 일본에서도 조상 경배에서 발견되는 보이지 않는 영적 세계가 있다. 선사시대에 남아시아에서 오스트레일리아와 남태평양의 여러 섬으로 건너갔다는 남아시아의 선조들 역시 오랜 영적 전통을 고스란히 간직하고 갔다. 그들이 말하는 '꿈의 시간'은 물리적인 시간과 달리 그 속에서 벌어지는 물질적 사건들은 영적인 사건들과 연결되어 있다. 인도 문화에는 영(靈)의 세계가 존재하지 않는다. 대신 내세에 관해 널리 퍼진 개념으로 초월(의식의 바다에 합류), 깨달음(진정한 본성이 아트만이라는 것을 앎), 그리고 윤회(영원한 환생의 수레바퀴) 등이 있다.

그러나 인간은 특정한 문화권에 태어나므로 이 세계에서 다른 세계로 '건너간 후'에 영혼이 어디로 가는지에 대해 해석이 분분할 수밖에 없다. 영원한 생명이 변해 가는 것 또한 매우 개인적인 것이다.

○ 의식의 확장

죽음 이후의 삶에 관해 이야기 할 때, 대개의 사람들은 '죽은 후에 어떤 일이 일어날지는 아무도 모른다'는 전제를 단다. 그러나 베다 시대의 현자들은 우리에게 '왜 알려고 하지 않는가?'하고 묻는다. 어쩌면 죽음 이후의 삶은 이제껏 우리가 충분히 생각하고 또 들여다보지 않았던 세상인지도 모른다. 만약 그렇다면, 왜 내세에 대해서 이제껏 충분히 들여다보지 않았던 것일까?

한 가지 이유로 들 수 있는 것은 인간정신은 반복적인 것에 매우 쉽게 매몰된다는 사실이다. 우리 인간들은 오늘도 어제 추구했던 것과 비슷한 욕망을 추구한다. 오늘 내 생각은 어제 가졌던 생각과 약 90% 정도 비슷하다. 이것은 실제 연구에 의한 결과수치이다. 습관이 우리의 행동을 통제한다. 좋아하고 싫어하는 기호가 우리의 입맛을 지배한다. 가난하게 사는 걸 싫어하는 사람이라면 어려서 겪은 가난 때문에 지금도 그 가난을 싫어할 확률이 높다. 몸무게를 줄이는 일에 몰두하는 사람이 있는가? 아마도 그는 지금껏 몸무게 때문에 큰 스트레스를 받아왔을 것이다.

즐거움을 찾고 고통을 피하는 것은 일상을 규정하는 가장 중요한 동기일 수도 있다. 그것은 습관의 긍정적인 측면이라고 할 수 있다. 인간은 자신이 알고 있는 과거의 지식에 입각해서 판단한다. 실제 베다시대의 현자들은 말하길, 인간은 습관을 통해 세상을 더욱 더 실재적인 것으로 느낀다고 했다. 비즈니스 세계를 보라. 누구나 직장을 잃게 되면 커다란 상실감을 겪고 심리적으로 큰 충격을 받는다. 갑작스런 해고와 실직이 심장마비, 암, 그리고 뇌졸중과 같은 심각한 질병의 위험성을 배가시킨다는 것은 두말할 필요도 없다.

또 한편으로는 반복된 습관은 우리를 무감각하게 만들기도 한다. 습관은 새로운 것을 거부하고, 낡고 오래된 것들을 견고하게 보호하면서 실재(Reality)를 벽 속에 가두어 둔다. 우리는 그 벽 속에 살면서 그 벽 너머에 있는 알려지지 않은 무한한 가능성에 대해서는 눈길 한 번 주지 않는다. 설령 그 벽에 조그만 문이 나 있어 새로운 자각과 체험이 들어올라치면 스스로 습관의 지킴이가 되어 그들의 진입을 가로 막아선다. 그 벽 앞에서 영혼의 자유는 너무나도 요원할 뿐이다.

이런 점에서 죽음은 위대한 선물이다. 왜냐하면 죽음은 모든 문을 다 열어주기 때문이다. 죽음은 우리가 만들어 놓은 벽을 부수어 준다. 벽이 사라지면 그동안 주도면밀하게 수집해 놓은 것들, 실재라고 이름을 붙였던 익숙한 것들은 모두 사라지고 새로운 세상이 시작된다. 그렇다고 해서 빈손으로 내세에 들어가는 것은 아니다. 베다 시대 현자들은, 인간의 의식은 죽어서 수천 가지 낡은 기억, 습관, 그리고 호(好) 불호(不好)와 같은 관계의 그물에 연결되어 있다고 말한다.

사람들이 내세에 관한 말을 할 때마다 나는 이런 질문을 던진다. "당신은 누구입니까?"

죽음 이후의 세계를 알고자 한다면 지금 현재 내가 어디에 존재하고 있는지를 알아야 한다. 오늘의 나를 알아야 내일의 나를 알 수 있기 때문이다.

여기 '내가 누구인가?'라는 질문에 대답하기 위해서 먼저 내가 알아야 하는 몇 가지 항목들이 있다.

1. 당신의 이야기는 무엇인가?: 당신의 이야기는 당신이 살면서 겪은 여러 가지 일들의 덧셈만은 아닐 것이다. 오히려 그 이상일 수 있다. 그것은 가치관과 인간의 정신을 형성하고 있는 것과 내면에

각인된 기억들까지도 모두 포함하는 총체적인 것이다. 그 총제척인 모습을 살펴보면 당신이 현재 인생의 사이클 어디쯤에 있는지 알 수 있다.

2. 당신의 기대는 무엇인가?: 기대는 씨앗과 같다. 일단 씨앗이 뿌려지면 삶에서 얻거나 잃을 수 있는 뭔가로 변화한다. 만약 당신이 당신만의 기대치를 잘 인식한다면 이제까지 자신에게 가했던 한계들도 제대로 볼 수 있게 될 것이다. 그러므로 위대한 것을 기대하는 자와 그렇지 않은 자 사이에는 엄청난 차이가 존재한다.

3. 당신의 목적은 무엇인가?: 이것은 각자가 찾아야 하는 '의미'이다. 목적이란 우리가 세속의 삶에서 얻고자 하는 재산, 명예, 그리고 편안함보다 더 심오한 것이다. 만약 인생의 목적을 제대로 안다면 그 인생이 지향하는 더 깊은 계획도 알게 될 것이다.

4. 당신의 지향점은 무엇인가?: 이것은 만족과 관련된다. 인간이 갈망하는 목적지는 끝이 없다. 그 욕심은 끝이 있는 도로가 아니라 바다를 향해 쉼 없이 흐르는 강과도 같다. 그러므로 욕심의 시내는 흐르면 흐를수록 더 큰 강이 된다. 만약 우리가 그 목적지를 안다면 우리는 자신만의 온전한 충만감을 맛볼 수 있을 것이다.

5. 당신의 길은 무엇인가?: 일단 자신의 목적과 지향점을 정하고 나면 그곳에 도착할 수 있는 길은 반드시 있기 마련이다. 길(Road)이라는 말이 영적인 용어로 사용된다면, 사람은 누구나 영적이든 아니든, 자기의 길을 따라 가기 마련이다.

6. 당신의 적은 어디에 있는가?: 앞으로 나아가는데 장애가 전혀 없을 수는 없다. 우리가 만나게 될 무수한 장애물들은 물론 외부적

인 것들도 있을 수 있다. 그러나 우리의 내면을 깊이 들여다보면 그것들은 늘 우리 주변에 있었다는 사실을 이해하게 될 것이다.

7. 당신의 동맹군은 누구인가?: 삶의 여정에는 늘 동반자가 있다. 결국 당신의 약점이 당신의 적군이듯이 아군 역시 바깥에 존재하는 게 아니다. 당신이 가진 강인함, 그것이 바로 당신의 동반자요, 아군이다.

위의 일곱 가지 질문 중 내세에 관해서 직접적으로 묻고 있는 항목은 아무 것도 없다. 또한 당신이 가진 천국, 영혼, 신념에 대해 말하고 있지도 않다. 이유는 간단하다. 우리가 현재 알고 있는 것은 즉각적이고 지극히 개인적인 것들 뿐이기 때문이다. 우리가 어떻게 느끼고 무엇을 원하고 누구를 사랑하는지, 지극히 개인적인 일들만을 알 수 있기 때문이다. 그리고 그것만으로 충분하다.

우리가 현재 내리는 선택과 결정은 바로 우리의 인생이 어떻게 진행되어 나갈지를 결정한다. 그저 단순하게 좋은 선택 혹은 나쁜 선택을 하면서 인생을 사는 게 아니다. 우리는 우리를 만들면서 인생을 살아간다. 선택이라는 물레는 개인의 실존을 원재료로 해서 나라는 존재를 빚어내는 것이다. 즉, '내 선택이 나를 만든다'고 할 것이다. 선택은 진흙 재료로 사람을 빚는 손이다.

만약 우리들 자신에 대하여 잠시만 생각해 본다면, 우리들은 모두 내가 어떤 존재인지 또는 우리의 인생 목적이 무엇인지에 대하여 쉽게 대답할 수 있다. 아카샤에서 일어난 일이 무엇인가 선택하기 위해서는 육신의 죽음이 갖는 비밀의 단초에 관한 질문을 더욱 확장시켜야 한다. 아래의 질문들은 그에 대한 대답이 되어 줄 것이다.

*당신은 죽은 후에 당신의 이야기가 어떻게 진행되기를 바라는가?

*내세에는 어떤 일이 일어나리라 예상하는가?

*내세가 당신에게 개인적으로 의미하는 것은 무엇인가?

*마지막 숨을 쉬고 나면 어디로 가게 될 것인가?

*그곳에 어떻게 도달할 것인가?

*당신이 가는 길을 누가 막을 것인가?

*당신이 가는 길을 누가 도울 것인가?

당신이 만약 일상의 삶 속에서 이런 질문을 던져본 적이 없다면 이 질문들은 참으로 낯설고 난감한 질문들이 될 것이다. 우리는 두 가지 단계의 실존 사이에 끼어 있다. 내가 한 가지 예를 들어 주겠다.

최근에 나는 선불교(仙佛敎)에 심취해 온 리디아라는 여성을 만난 적이 있다. 나이가 지긋한 그녀는 30년 넘게 참선을 실행했다. 그녀의 스승은 일본인이 아니라 이탈리아인 여성이었다. 리디아는 스승에 대해 이렇게 설명했다.

"아주 친하게 지냈어요. 머리로 어떻게 설명할 수 있는 그런 관계가 아닙니다. 뭐랄까? 그것은 여기서 나오는 거라고 할까요?"

그녀는 자신의 가슴께를 가리켰다.

"로마에 머물면서 늘 스승과 함께 시간을 보냈어요. 그분과 오랜 세월 동안 수행을 하는 것이 내 인생의 중심이었죠. 겨울이면 로마에 가서 스승과 함께 조그만 그룹으로 모여 선을 수행했어요."

"그래서 길을 찾으셨군요."

내가 말했다. 그러자 그녀는 알 듯 말 듯한 표정을 지었다.

"글세요. 작년 겨울에도 로마에 가려고 짐을 쌌죠. 그런데 자꾸만 마음이 흔들리는 거예요. '왜 이런 일을 하지?' 또는 '도대체 뭘 위해서?'와 같은 질문들이 끊임없이 내 머릿속에서 맴돌았어요. 처음에는 그런 의심들이 어리석어 보이기도 했죠. 그런데 날이 갈수록 심해지더니 한밤중에도 패닉 상태에 빠지며 잠을 잘 수가 없게 되었어요. 갈피를 잡을 수가 없었던 겁니다."

나는 그녀에게 정신적인 공황상태에 빠지게 된 생각들이 어떤 것이었는지를 물었다.

"항상 같은 거예요. 언젠가는 내가 지금 하고 있는 일들에 대해 자신감을 잃고 그냥 외롭고 쓸쓸하게 남겨질 거라는 두려움이었죠. 하지만 일단 로마에 가서 다시 수행하면 모든 게 잘 될 거라는 생각이 들 때가 있어요. 그렇게 마음을 다독이면 잠자리에 들 수가 있었죠."

몇십 년 동안의 명상과 여러 가지 영적 수행을 해 온 터라 리디아는 그녀 자신을 잘 알고 있었다. 하지만 그녀는 자신의 방황이 최근에 더욱 심해졌다고 하면서 솔직하게 내 의견을 물어왔다.

"가능성은 여러 가지라고 생각합니다. 우선 로마를 왔다 갔다 하는 것이 습관처럼 되었을 수도 있고, 선에 몰두하는 집중력이 막바

지에 이르렀을 수도 있어요. 혹은 불교와 선에 대해 기대했던 결과를 아직 얻지 못했을 수도 있어요. 앞으로 나아가는 걸 방해하는 어떤 완고한 저항의 단계에 도달했을 수도 있겠죠."

그러자 리디아는 그렇다는 듯이 고개를 끄덕였다.

"당신이 말한 전부예요. 가끔은 내 자신과 오래된 습관에 대해서 참을 수 없는 감정을 느껴요. 얻은 게 무엇인가라는 의구심이 들기도 하죠. 과연 그럴까요?"

"물론 당신은 얻는 것이 있어요."

나는 그녀에게 확신을 주었다. 사실 리디아가 내 방에 들어서는 순간, 나는 어떤 강한 인품 내지 성숙한 영혼의 존재를 느낄 수 있었다.

"우리가 영적으로 성취한 것들이 클지라도 식탁보에 묻은 작은 얼룩이 시선을 확 잡아끈다면 나머지 깨끗한 부분을 잊게 만드는 것과 똑같은 현상입니다."

리디아는 나의 비유를 좋아했다.

"아마도 제 안의 무언가가 판단하려고 하는 것 같아요. 현재 상황이 아무리 부정적이어도 저는 과거로 돌아갈 수는 없습니다. 부정적인 것의 정체가 과연 무엇일까요? 어떻게 해야 하죠?"

나는 그녀에게 현재 상황을 이해할 수 있는 몇 가지 방법들을 제시해 주었다. 그 방법들은 일반적으로 실존적인 우울상태나 정체상태에 작용할 수 있는 그런 것들이었다.

"당신은 아주 영적인 사람입니다. 그리고 당신 내면의 깊은 곳에서 일어나는 문제를 감추기보다는 표면으로 드러내는 사람이죠. 영적인 사람이라고 해서 아무런 갈등상황도 없이 살 수 있다는 의미는 아닙니다. 제가 보기에 당신은 일종의 전이(轉移) 상태에 있는 듯합니다. 영적 여행에서 새로운 단계로 가기 위해 어떤 징검다리를 건너고 있는데, 그것이 염려를 유발하고 있는 듯해요."

그러자 리디아가 이렇게 말했다.

"제 방황이 그렇게 여러 가지 의미를 가질 수 있다는 것은 생각하지도 못했어요. 저는 그냥……."

"영적 수행이 실패했다고 생각하신 거죠? 아닙니다. 그건 절대로 아니고요. 대부분의 사람들이 자신의 시간과 노력의 상당부분을 주로 한 가지 일에 쏟지요. 자신에 관한 고통스런 진실을 회피하는 일 말입니다. 그런데 당신은 그 반대로 하고 있잖아요."

리디아는 다소 마음이 평안해졌는지 깊은 생각에 잠겼다. 많은 사람들은 감정적으로 동요가 일어나면 영적인 수행을 중도에 포기한다. 정작 중요하고 어려운 일은 뒤로 미룬다. 죽을 때까지 미루는 사람도 있다. 그러나 예로부터 현자들은 자아를 탐험하는 일이야말로 내세를 준비하기 위해 우리가 할 수 있는 일들 중에서 가장 중요한 일이라고 설파했다. 그 진실을 회피하기 위해 여러 가지 평계와 전략을 구사한다. 하지만 당장 취소해야 한다. 리디아는 아카샤의 영역을 그녀 자신의 내면에서 침묵으로 경험하고 있었다. 불교는 이런 수행을 '의식의 죽음'이라고 표현한다. 오래전 기억이나 자기부정 따위가 자신을 있는 그대로 보지 못하도록 방해하기 때문이다.

아카샤를 경험하기 위해서는 의식의 확장이 필요하다. 위축된 의식은 일상에서 벗어나지 못하도록 하는 재갈과 같다. 나는 리디아에게 그녀의 감정적인 상태가 흔들리고 단호하게 결정하지 못하는 것은 바로 확장된 의식과 위축된 의식 사이의 일시적 동요상태라고 설명했다. 그녀의 의식은 아카샤에 있지 않고 에고(Ego)에 집중되어 있었다. 매일의 욕망과 충동은 통제해 나갔지만 그렇지 못한 순간에 정신은 바로 그 경계 밖으로 미끄러져 나갔던 것이다. 그리고 그런 의식의 확장은 누구에게라도 가능하다.

내가 말했다.

"그것이 바로 당신이 지불해야 하는 대가입니다. 당신처럼 헌신적으로 내면의 의식을 확장시키는 사람들도 간혹 불안감을 느끼곤 하지요."

리디아는 사실 운이 좋은 사람이었다. 확장된 의식과 수축된 의식 사이에서 흔들리는 현상에 어느 정도 익숙해 있었다는 점에서 운이 좋았다고 할 수 있다는 말이다. 많은 사람들이 의식의 확장에 대해서 부정적인 말을 한다.

"이상해요."

"더 이상 못 참겠어요."

"내가 누구인지 도무지 모르겠어요."

간혹 그런 표현이 적절한 경우도 있겠지만, 그것은 의식의 초월적 순간을 미처 못 보고 지나친 경우일 수도 있다. 우리의 대화가 끝나갈 때, 리디아는 수련을 통한 오랜 명상 수행으로부터 배운 것을 확인하였다. 우리가 살아가는 삶의 드라마는 예기치 않은 반전과 반전을 거듭한다. 그리고 우리가 새로운 선택을 함으로써 영혼의 삶 역시 새롭게 만들어진다. 무엇보다 중요한 것은 영혼의 삶을 갖는 것이고, 그리고 그것은 오직 의식의 확장을 통해서만 이루어진다는 것이다.

○ 선택, 그 다양함

아카샤는 영혼의 집이다. 그러므로 그 어떤 방식으로도 제한이 있을 수 없다. 그런데 이상하게도 우리는 우리 마음의 무한한 가능성을 제한하고 있는 것이다. 도저히 이해하기 어려운 일이지만 우리는 그렇게 한다. 우리가 하는 선택들이 우리만이 부술 수 있는 보이지 않는 장애물을 만들고 있다. 우리가 선택하는 길에 따라서 보이지 않는 마음의 구조를 만들어가는 길 위에는 끊임없이 갈림길이 나타난다. 그러한 선택들을 나타내는 중요 어휘들은 다음과 같다.

확장 - 축소
표현 - 억제
자기인식 - 부인
개의치 않는 편안함 - 안전에 대한 갈망
개인적인 통찰력 - 기존의 견해
영혼 중심주의 - 물질 중심주의
자아인정 - 자기부정
개인주의 - 일치

이타주의 – 에고중심

이런 특성들은 사람의 유형을 나타내는 것이 아니라 정신의 특성을 나타내는 것인데, 정신은 위에서 양쪽으로 대립되는 어휘들에서 보듯이 한쪽 방향으로만 움직이는 것이 아니다. 우리는 젊어서는 좀 더 표현적이지만 나이가 들면 스스로를 억제하는 경향을 나누어 가진다. 우리는 또한 젊은 사람들에게 소속감을 주기 위해서 기존의 견해를 바꾸는 체제순응적인 통찰력도 획득해 왔다. 정신은 날마다 변한다. 한 가지 길을 가고 있다고 생각할지라도 마음은 그 안에서도 들쭉날쭉 하기 마련이다. 인생이란 본질적으로 개방되어 있다. 그것이 죽음 이후에도 계속된다. 아카샤에서 우리는 양면을 지닌 자신을 만난다. 하나는 자유로워지기를 원하는 개인주의적인 자아요, 다른 하나는 안전하게 존재하고 싶은 체제순응적인 자아이다. 아카샤는 우리 자신이 가진 가능성 그 이상도 이하도 아니다. 이런 주장은 어디에 근거한 것일까?

수백 년 동안 동양 사상은 서양에 대해서 그다지 큰 영향을 미치지 못했다. 구약성경조차도 환생이 가능하다고 본 증거가 있지만, 환생을 자체적인 교리로 채택했던 초기 기독교파인 영지주의자들은 이단으로 몰려 처형되었다. 예수 자신도 이를 언급했던 증거가 있다. 요한을 따르는 침례교파들은 세례요한이 메시아 또는 예언자 엘리야의 환생이라고 생각했으며, 실제로 신약성경에서는 그를 엘리야라고 부르기도 했다. 엘리야는 메시아가 오기 전에 '먼저 오는 인물'이다. 제자들이 예수님께 물었다.

"율법 학자들은 어찌하여 엘리야가 먼저 와야 한다고 말합니까?"

그러자 예수님이 대답하셨다.

"과연 엘리야가 와서 모든 것을 바로잡을 것이다. 내가 너희에게 말한다. 엘리야는 이미 왔지만 사람들은 그를 알아보지 못하고 제멋대로 다루었다. 그처럼 사람의 아들도 그들에게 고난을 받을 것이다." 그제야 제자들은 그것이 세례 요한을 두고 하신 말씀인 것을 깨달았다. (마태복음 17:10 ~ 13)

그러나 AD 553년 가톨릭 신학에서 환생은 이단의 교리로 유죄선고를 받았다. 사실이든 아니든 동양적 사상은 철저하게 배척되었다고 볼 수 있다.

베다의 경전이 19세기 초부터 번역되기 시작하자 베단타 철학은 대중들의 관심을 받기 시작한다. 미국에서 남북전쟁이 있기 전에, 뉴잉글랜드 지역에 아트만이라는 개념을 널리 퍼트린 사람은 랄프 왈도 에머슨(Ralph Waldo Emerson)이었다. 에머슨 교파는 인도의 전통 사상을 이용해 정통 청교도 신앙을 더욱 세련되게 만들었다. 죄의 사함, 지옥, 그리고 예수에 대한 신앙을 통해서만 건널 수 있다는 삶과 죽음 사이의 절대적인 경계선 등은 베단타 사상의 영향을 받은 것으로, 이런 새로운 사상적 움직임이 초월적 기독교라는 전통을 만들어내기에 이른 것이다.

현대에는 동서양 사상의 혼합만 해도 수만 가지가 있다. 뉴 에이지(New Age) 운동은 여러 종교 전통을 토대로 새롭게 자라난 것으로 그 중 테오소피(Theosophy)라는 영성 운동이 가장 눈에 띈다. 그 운동은 빅토리아풍의 거실에서 진행된 강령회로 출발해서 힌두교의 영향을 받아 변화해 나간다. 실제로 마하트마 간디는 인도의 테오소피 소사이어티가 출간한 영어판 베다 경전을 통해 베다 사상을 알게 되었다. 그리고 윤회 사상이 현대 대중에게 익숙하게 된 것도 일차적으로는 19세기 말의 영성주의를 통해서였다.

물론 이런 동양적 윤회관을 단호히 거부하는 사람들도 있다. 멜 깁슨이 더 패션 오브 크라이스트(The Passion of Christ)라는 영화를 찍고 나서 한 인터뷰에서, 누군가가 그 영화가 매우 폭력적이며 기독교적 사랑을 많이 보여주지 못했다고 평하자, 멜 깁슨은 천국유일주의에 관한 자신의 신앙을 솔직하게 피력했다. 멜 깁슨은 호주의 헤럴드 선(Herald Sun)지와의 인터뷰에서 이렇게 말했다.

"교회 밖에서 구원을 얻을 수는 없습니다. 이렇게 생각해 봅시다. 제 아내는 거의 성인(聖人)입니다. 그녀는 나보다 훨씬 괜찮은 사람이죠. 솔직하게 말입니다. 제 아내는 말하자면 영국교회의 종파인 에피스코팔리안(미국 성공회 회원 - 옮긴이)입니다. 아내는 기독교를 믿고 신을 믿습니다. 예수님을 알고 또 성경을 믿지요. 그런데도 아내가 천국에 가지 못한다면 그건 공평하지 않은 것 아닌가요? 아내는 저보다 훨씬 훌륭하니까요. 저는 그것을 믿습니다."

기독교 근본주의는 성경을 문자 그대로 해석하는 완고한 성향 때문에 종종 비판의 도마에 오르곤 한다. 수백만의 기독교인, 이슬람교인, 유대교인들이 자신들의 종교에 대해서 배타적인 이유는 그

배타성을 통해 순수성을 얻기 때문이다. 그들에게 죽음이란 그저 축구경기에서 이기거나 지는 것처럼 아주 명료하고 분명한 사실이다. 그리고 그것은 물릴 수 없는 것이다. 저마다 영혼에 선행과 악행의 무게가 더해지고, 그 무게만큼 죄 값을 치러야만 한다. 살인죄처럼 극악무도한 악행을 저질렀다면 그가 그때까지 쌓아 온 모든 선행은 다 물거품이 될 것이며, 그는 그 행위로 인하여 영원한 지옥으로 떨어지게 될 것이다.

반면에 전통 힌두교에서 계산하는 선행과 악행의 계산법은 그 융통성이 아주 무한하다. 다음 세상에서 다시 태어날 때, 영혼을 낮은 쪽으로 내려 보내는 악업(惡業 - Bad Karma)을 많이 저지른 사람에게도 선업(善業 - Good Karma)을 통해 그 균형을 맞출 기회가 주어진다. 환생을 통해서 인간은 하나의 천국 혹은 하나의 지옥을 경험하고, 이어 또 다른 지옥과 천국을 반복하여 경험하는 것이다. 이런 환생은 영혼의 자유인 모크샤(해탈 또는 열반)를 얻을 때까지 무제한으로 계속된다. 그때 영혼은 천복의 바다에 한 방울의 점이 되어 순수한 의식 상태로 돌아간다. 여기에 이르면 종교 간의 분쟁과 다툼은 종식된다. 이승에서 얻은 그 어떤 성취와 마찬가지로 그런 다툼들 역시 사라진다.

베단타 철학에 따르면, 영원은 이것저것 들어간 잡동사니가 아니다. 만약 여러 가지 종교 교파가 주장하듯이 '신은 하나'라면, 거기엔 틀림없이 분분한 서로 다른 의견과 선택들이 모두 해소되는 아카샤의 심원한 층이 존재할 것이다. 의식은 누가 해석하고 이해하든 그저 의식일 뿐이다. 아카샤는 선택을 넘어선 곳에 존재하고 정신을 넘어선 곳에 존재한다. 이런 통일성이 죽은 자를 그 안으로 끌어당기는 것이다. 영혼이 지닌 자력(磁力)으로 인하여 영혼은 우주적이면서 근원에 닿아 있는 개인적인 꿈의 다음 단계로 끌려 들어간다.

8. 영혼을 보는 것

사비트리는 자기가 반얀 나무 발치에서 그대로 잠들어 버렸다는 것을 알게 되었다. 사비트리는 얼굴 위로 비치는 밝은 해에 눈살을 찌푸렸다. 해는 도대체 얼마나 오랫동안 저렇게 떠 있었던 것일까? 곁에는 스승 라마나가 팔장을 낀 채 알 수 없는 표정으로 서 있었다.

"우린 아직도 출발하지 않았소. 그대의 남편 샤트야완이 집으로 돌아오기까지는 아직도 시간이 좀 남아 있소이다."

사비트리는 힘에 겨운 듯 겨우 일어나 마치 마술사를 쳐다보듯 라마나를 바라보았다.

"어떻게 하신 거예요?"

라마나가 어깨를 으쓱했다.

"피곤에 지쳐 잠들었던 것뿐이오. 그대가 아기를 낳는 꿈을 꾸었다 해도 난 책임이 없소."

그리고 그는 아무 말도 없이 처음에 그랬던 것처럼 피리를 주위들고는 가 버렸다. 그러자 사비트리도 아무 망설임 없이 그를 따라갔다. 이번에는 산 위쪽으로 가지 않고 아래쪽으로 내려갔다. 잠시 후 라마나가 이렇게 말했다.

"내가 어렸을 적, 한 예언자가 갠지스 강가에 천막을 치고 살았었소. 신심(信心)이 깊은 사람들의 마지막 소원은 성지 베나레스에 와서 죽는 것이었소. 그렇게 사람들이 베나레스에 와서 임종을 맞으면 가족들이 장례를 치렀고, 예언자는 그들을 상대로 먹을 것을 얻거나 돈을 받을 수 있었소. 그 예언자에게는 사람이 언제 죽을지 알아맞히는 예지력(叡智力)이 있었기 때문이오. 하지만 난 그 예언자에게 가지 않았소."

"왜요?"

사비트리가 묻자 라마나는 웃으며 대답했다.

"나는 달랐소. 어려서부터 말이오. 나는 늘 미래를 내다보는 건 쉽다고 말하곤 했소. 나는 미래가 아니라 현재를 볼 수 있는 예언자가 있다면 그를 만날 것이라고 했소. 현재 존재하는 것이 무엇인지를 알아내는 능력이야말로 가장 탁월한 능력이 아니겠소?"

"설명을 좀 해주시겠어요?"

사비트리가 물었다.

"마야가 무엇인자 아시오?"

라마나가 되물었다.

"물론이죠. 환상의 여신이죠."

"그렇소. 그런데 환상이란 게 무엇이오? 실재를 감추고 있는 마술이 환상이오? 마야는 그것보다 더 미묘한 것이라오. 자, 지금 내가 여기서 얼음 한 덩이, 눈송이 하나, 그리고 수증기 한 줄기를 당신에게 보여주고 있다고 합시다. 그대의 눈에 물이 보이오? 만약 그렇게 말한다면 그대는 마야를 극복한 것이오. 얼음, 눈송이, 혹은 수증기는 형태는 다르지만 그 본질은 물이오. 당신이 이걸 볼 수 있다면 마야는 당신을 속이지 못할 것이오. 그러나 만약 물을 보지 못한다면 그대는 미망(迷妄)에 걸려든 게요. 얼음, 눈송이, 수증기가 그대의 눈을 가려 본질인 물을 보지 못하도록 한 것이라오. 본질을 못보게 하는 것은 거창한 마법이 아니라오. 얼음과 눈송이, 그리고 수증기가 그대의 마음을 흩어 놓는 것이오. 그러므로 문제는 영혼이오. 우리는 사람들의 겉모습을 보고 그 사람을 판단하오. 이 사람은 못생겼고, 저 사람은 예쁘고, 이 사람은 가난하고, 저 사람은 부자고, 이 사람은 내가 사랑하는 사람이고, 저 사람은 내가 싫어하는 사람이고, 등등……. 그러나 형태만 다를 뿐, 그들 모두는 본질적으로 아트만을 가지고 있소.”

“그것이 스승님께서 얻은 깨달음입니까?”

사비트리가 물었다.

“그렇소. 그리고 그것은 그대가 샤트야완과 사랑에 빠지면서 얻은 깨달음이기도 하오.”

라마나는 깊고 고요한 눈길로 사비트리를 쳐다보았다.

“나는 그대의 모든 것을 다 알고 있다오, 사비트리 공주!”

사비트리의 얼굴이 갑자기 붉어졌다. 라마나가 자신의 비밀을 모두 알고 있었다니!

사실 사비트리는 이 세상에서 제일 막강한 권력을 가진 왕의 귀한 딸로 태어났다. 결혼할 나이가 되자 사비트리는 자신이 직접 짝을 찾겠노라고 선언했다. 왕과 가족들은 모두 반대했지만 완강한 공주의 고집을 꺾을 수는 없었다. 결국 공주는 남편감을 찾으려고 몇 명의 호위 무사들을 데리고 왕궁을 나섰다. 사비트리와 일행은 세상의 모든 도시와 숲을 돌아 다녔다. 그러다 어느 날 깊은 산 속에서 오두막을 하나 발견했다. 그곳에서 샤트야완과 눈이 마주친 사비트리는 그가 비록 가난하고 초라하지만 선량한 심성을 가진 사람이라는 것을 한눈에 알고는 그와 결혼하기로 마음을 굳혔다. 그 어떤 장애물도 그녀의 결심을 막을 수는 없었다.

왕궁으로 돌아 온 사비트리는 자신의 결심을 아버지에게 알렸다. 임금은 크게 낙담할 수밖에 없었지만, 샤트야완을 보자 그가 선한 성품과 온화한 마음씨의 청년으로 자신의 딸을 죽도록 사랑한다는 사실도 알게 되었다. 왕은 둘의 결혼을 허락했다. 그러나 사랑에는 늘 시기하는 운명이 함께 하는 것인가? 결혼식을 하루 앞둔 저녁, 사비트리는 죽음의 신 야마에 관한 꿈을 꾸었다. 야마 신은 사비트리에게 결혼하고 1년이 되면 남편이 죽을 것이라는 예언을 했던 것이다.

"그러니 그대는 이미 사랑하는 남편이 곧 죽을 것이란 사실을 알고 있었군요."

라마나가 말했다.

"왜냐하면 그를 너무나도 사랑했기 때문이죠."

사비트리는 기운 없는 목소리로 대답했다.

"고귀한 영혼을 알아 본 참된 사랑이었나요? 만약 마야가 그대 앞에 드리운 환영의 과거를 볼 수 있다면, 언제라도 샤트야완의 영혼과 소통할 수 있을 것이오. 그대와 남편과의 끈은 절대로 끊어지는 일이 없을 것이오. 그의 육신이 이 세상에 더 이상 남아있지 않을 때라도 말이오."

그렇게 말한 라마나는 사비트리의 이마를 가볍게 건드렸다. 순간 사비트리의 눈앞에는 갠지스 강가의 장작더미에서 죽은 육신이 불타고 있는 광경이 펼쳐졌다. 육신은 곧 재가 되었고 바람에 날아가 버렸다.

"눈은 이걸 보고 있지만 무엇보다도 중요한 영혼을 볼 수는 없소. 그래서 사람들은 죽음을 믿게 되는 것이오."

라마나는 다짐을 받듯 물었다.

"이제부터는 그대의 눈을 믿지 않을 수 있겠소?"

사비트리는 고개를 끄덕였다. 그리고 잠시 동안 샤트야완의 영혼이 나타나 자기의 영혼과 함께 있는 것을 느꼈다. 마치 그들이 만났던 그날 그랬듯이.

○ 삶과 죽음의 차이

인간은 본 것을 믿는다. 그리고 그 믿음은 중독적이다. 보지 않고는 아무것도 할 수가 없다. 내가 아는 한 60대 남성은 은퇴한 증권거래인으로 비극적인 사고로 아내를 잃었다. 저녁 무렵 집으로 돌아오던 아내의 차가 커브에서 미끄러지면서 마주 오는 트럭을 들이 받았다. 세 시간 후에 응급실로 실려간 아내는 과도한 내부출혈로 그만 사망하고 말았다. 아내를 잃은 그는 심한 충격에 빠졌다. 우리가 하루아침에 아내를 잃은 사람의 심정을 이해하기란 쉽지 않다. 그의 슬픔과 충격은 몇 달 동안 계속되었다. 영원히 슬픔이 계속될 것만 같았다. 그렇게 살든지 아니면 죽은 아내를 만나 대화라도 해야 문제가 해결될 것만 같았다.

"누군가를 너무나도 사랑하면 그 사람이 자신의 일부가 된다는 말이 있더군요."

그가 말했다.

"저도 그렇게 생각합니다."

나는 이런 말로 대답하면서 그를 위로했다.

"아내인 루스가 제 곁을 떠나던 날, 제 가슴에는 커다란 구멍이 하나 생긴 셈이죠. 너무 고통스러워서 죽을 것만 같았습니다."

그의 집은 혼자 살기에는 너무나 큰 저택이었다. 그래서 그는 몇 개의 침실은 아예 문을 폐쇄해 버리고 주로 서재에 있는 의자에 앉아서 생활하고 있었다.

"마치 열병을 앓는 강아지처럼 몇 달 동안 그렇게 슬퍼하며 지냈습니다. 너무나도 괴로운 나머지 마음 한 쪽에서는 '루스는 실제로 떠난 게 아니다'라고 외치는 소리가 들리더군요. 저는 아내와 대화를 하려고 했어요. 물론 죽은 사람을 다시 만나는 그런 운은 없었고요. 뭐랄까? 혼잣말처럼 중얼거렸다고 할까요? 허공에 대고 기억과 상상으로 내뱉는 독백 말입니다."

그는 잠시 말을 끊고는 생각에 잠겼다.

"그러다 이런 일에 정통한 영매(靈媒)를 찾아가기로 마음을 먹었죠. 캘리포니아 남부로 가면 죽은 사람을 불러내서 대화를 할 줄 안다는 사람들이 널리고 널렸잖아요."

나는 그에게, 사랑하는 사람에게 일어난 일을 감당하기 위해 남은 자들이 알아야 할 것들에 대해서 몇 가지 주섬주섬 말해 주었다.

"맞아요. 제가 찾은 영매는 좋아 보였습니다. 저는 다소 긴장된 마음으로 그녀의 집을 찾았는데, 그녀는 일반 사람들의 편견과는 달리 집시 텐트라든가 그런 곳에 살지 않고 그냥 평범한 주택에 살고 있었죠. 동네 슈퍼에 가면 흔하게 만나는 보통의 가정주부 같은 그런 인상이었어요."

영매는 자신을 찾아온 손님에게 쿠션이 있는 편안한 의자를 권하고는 그 옆에 물병도 갖다 놓았다. 그러더니 상대방의 맞은편에 자리를 잡고 앉았다. 그녀는 눈을 감고 한동안 조용히 앉아 있으라고 했다. 남자는 명상이 무언지도 잘 모르지만 어쨌든 명상하는 심정으로 앉아 있었다. 눈을 감고 오랫동안 아무 말도 않는 영매를 가끔씩 실눈을 뜨고 쳐다보기도 했다.

"그러다 무슨일이 일어났나요?"

내가 물었다.

"그 영매는 어떤 여성이 내게 말을 하고 싶어 한다고 했습니다. 그리고 떠오르는 몇 개의 이미지를 말해 주었죠. 지금은 멀리 떨어져 있는 두 명의 아이와, 산속 오두막과 하얀 들판을 이야기하더군요. 그런 말을 들으니 아내 루스와 제가 스키를 좋아해서 가끔 스키장 근처의 오두막을 빌려 생활했던 때가 떠오르면서 그 영매가 한층 더 신뢰가 가는 겁니다. 그러면서 온 정신이 그 영매에게로 집중되더군요."

"스키를 좋아하는 사람들은 많지요."

내가 맞장구를 쳐주자 그 남성은 내게로 더욱 바짝 다가앉으며 이렇게 말했다.

"저도 압니다, 바로 그런 식이었어요. 그 영매는 저한테 생생하게 느껴지는 일들을 하나씩 얘기했죠."

"아내 루스가 말을 하는 거라고 생각했군요."

내가 말했다.

"맞아요. 당시에는 그랬어요. 아내이기를 너무나도 간절히 소원했기 때문일지도 모르죠."

그는 누구나 그런 상황이 되면 자기와 똑같이 생각했을 거라며 실제 영매는 여러 가지 세세한 것들을 맞추더라는 이야기를 덧붙였다. 누구든지 영매와 접촉하는 사람은 자기가 사랑하던 애완동물의 이름을 맞춘다거나 자기 마음속에 담고 있는 사연을 알아맞히기라도 하면, 그 자리에서 전체적인 그림을 그리게 되어 있다.

내가 말했다.

"아내 루스는 좋은 곳에 있으며 걱정하지 말라고 말했겠죠. 자기는 괜찮으며 당신을 사랑한다고 말이죠, 그렇죠?"

"물론 저도 그런 얘기가 진부하다는 정도는 압니다."

그는 주저하듯 말했다.

"그러나 사실 너무나 그럴듯하게 들린 건 사실입니다. 저는 내내 감정적인 상태였고 금방이라도 눈물이 쏟아져 나올 것 같았죠. 영매와 45분 정도 대화를 나누었는데, 마지막에 영매가 나를 안아주더군요. 그녀 역시 자기감정을 주체할 수 없었나 봐요. 한 시간 전까지만 하더라도 우린 전혀 모르는 남남이었다는 것이 아주 이상하게 생각될 정도로 친밀감을 느꼈죠."

"그래서 결과가 어땠나요?"

내가 물었다. 그는 어깨를 으쓱하고는 이렇게 대답했다.

"단번에 기분이 좋아졌습니다. 하지만 곧 의심이 들기 시작했죠. 왜 루스는 이미 알고 있는 일들만 얘기하는 것일까? 영매가 그냥 내 마음을 혹은 내게서 풍기는 분위기를 읽은 것은 아닐까? 절망적인 나의 소망을 이리 저리 조율한 것은 아닌가? 하는 생각이 들었습니다. 지금 와서 생각하면 그게 얼마나 효과가 있었는지 의문이 들기도 합니다."

사실 그에게는 말을 하지 않았지만 나도 그와 유사한 경험을 가지고 있다.

몇 년 전, 나는 한 대학이 주최하는 '죽은 자와 과연 대화할 수 있을까?'라는 주제의 실험에 초대받아 간 적이 있었다. 나는 아무 말도 하지 말라는 요청을 받고 출입이 통제된 방에 혼자 앉아 있었다. 영매와 접촉하는 사람은 그 실험을 주관하는 책임자에 한정되어 있었다. 서로 다른 나라에 사는 세 명의 영매가 실험 대상이었고 그들끼리 대화를 하는 게 불가능한 조건이었다.

세 명의 영매 중 두 명이 "그 방에 디팩 초프라가 있나요?"라고 물었다. 그들은 내가 그곳에 있는지 사전에 그 누구로부터도 들은 적이 없었으며, 내 목소리를 들을 수도 없었고, 또 나중에 말하길, 내가 남자인지 여자인지도 몰랐다고 증언했다. 세 명의 영매는 내 세에 있는 사람이 내게 말을 걸고 싶어한다고 말했다. 그 중 두 명의 영매는 그 사람이 내 아버지라고 했다. 아버지는 2년 전에 돌아가셨다. 한 영매는 더 많은 시간을 할애하여 내 아버지인양 말하기 시작했다. 그 '아버지'는 내가 어렸을 때 나의 힌디어 이름을 알고 있었다. 그는 말하길 자신은 행복하며 전혀 걱정할 일이 없노라고 했다. 세 명의 영매들은 일반적이고 긍정적인 이야기들을 해주었다. 그 실험은 약 두 시간 정도 진행되었다.

죽은 아내를 만났다는 그 남자와 마찬가지로 나 역시 그 경험이 아주 진실한 경험이라고 생각했다. 물론 한동안 이런 저런 의심을 하기도 했다. 아버지는 내가 알고 있는 사실들을 알고 있었지만 그게 전부였다. 내가 참가한 그 실험은 질문을 해서도 안 되고, 영매의 말에 이런 저런 응답을 해서도 안 된다는 엄격한 지침을 가지고 있었기에, 지금 생각하면 그 점이 못내 아쉽다. 왜 죽은 사람에게 죽음이 무엇인지에 대해서 물어보지 못하게 했던 것일까? 증권거래인의 아내와 내 아버지는 과연 유령일까? 내세로 간 영혼일까? 아니면 이도 저도 아닐까? 의문이 계속 일어났다.

베다시대의 현자들에 따르면, 그들은 아카샤에 있던 기억의 편린(片鱗)이자 안착할 곳을 찾지 못한 채 주변을 떠도는 정보일 뿐이라고 말한다. '루스'와 '나의 아버지'는 아카샤에 있는 무엇처럼 너무나 사실 같았다. 그러나 그것들을 물리적 상태와 유사한 존재로 생각한다면 그것은 문제가 있다. 나는 나에게 말을 걸었던 그 '아버지'를 아직도 의사소통을 할 수 있는, 그 정도로 가까운 친밀감을 가진 존재로 보고 싶다.

회의론자들은 아마도 인간은 살아 생전 남에게서 보고 들은 것을 통해 얻은 습관 속에서 존재한다고 말할 것이다. 죽은 뒤에도 그만두지 못하는 지긋지긋한 습관 말이다. 그들에게 유령이란 정신이 만들어낸 유물에 불과하다. 그러나 내세를 믿는 신앙인들은 그 반대의 주장을 할 것이다. 즉, 유령은 실제로 존재하며 물리적인 성질과 거의 유사한 성격을 지니며, 이 세계를 떠날 방도를 찾지 못한 사람의 영적 그림자와 같은 것이라고. 회의론자들의 주장이든 영적인 존재를 믿는 사람들의 주장이든 공통점이 한 가지 있다. 습관과 기억이 죽어서도 작동을 한다는 전제이다. 아버지와 나를 만나게 해 준 것은 습관이었을까? 아니면 아버지 기억의 잔영(殘影)이었을까? 나는 둘 다 일정 부분 관여되어 있다고 생각한다. 왜냐하면 사랑과 친밀감으로 맺어진 사람들은 서로가 그 의식을 공유하기 때문이다.

우리는 서로 서로 존재의 안쪽에 거주한다. 그렇기에 나는 쉽게 아버지의 목소리, 얼굴, 태도, 말투, 그리고 사고방식까지 떠올릴 수 있었던 것이다. 아버지의 그런 특징들을 어느 정도 내 기억의 일부로 받아들였고, 그 결과 아버지와 나 사이의 어떤 경계가 순식간에 무너져 내린 것이라고 볼 수 있다.

죽은 자에게 대화를 걸 때는 친숙한 유대감을 이용한다. 그 때 그 유대감은 강할 수도 있고 약할 수도 있는데, 유대가 약하면 우리 마음속에 존재하는 죽은 사람의 모습을 보고 듣는 정도에 그치는 반면, 유대가 강하면 바깥에 있는 우리들처럼 아주 생생하게 그들의 존재감을 느끼게 된다. 나도 아버지도 장(場 - Field)의 바깥에 있지 않았다. 그것이 바로 고대의 현자들이 계속해서 강조하고 또 강조한 것인데, 내 경험상 그것은 진실이다.

○ 당신에게 필요한 힘

삶의 '저 곳'을 성공적으로 항해한다는 것은 그곳에서 필요한 능력을 숙련시킨다는 의미이기도 하다. 만약 '저 곳'이 '이 곳'의 단순한 모방이 아니라면 그 힘은 이 세상에서 통용되는 권력, 의지, 물리적 힘, 그리고 그 외 여러 가지와는 분명 다를 것이다. 그러나 미묘하고 또 이해하기 어려운 그 힘은 사실 우리 내부의 일부로써 낯선 것이 전혀 아니다. 인간에게 일차적인 세계는 물리적인 세계이지만, 그 세계에서도 인간은 내세의 우리를 지탱시켜주는 미묘한 힘을 사용하며 살고 있다. 고대 인도의 현자들이 말했듯이, 인간이 현세와 내세를 모두 포함하는 아카샤의 장에 거주하고 있다면, 그 두 세계를 통합하는 것은 바로 의식이라는 신비한 힘일 것이다.

*자아인식(自我認識): 당신 자신을 아는 힘이다. 이 힘은 당신이 중심을 잡도록 도와준다.

*의향(意向): 마음을 여는 힘이다. 이 힘은 습관화된 신념에도 불구하고 실재를 볼 수 있게 한다.

*의도(意圖): 욕망을 명백히 하는 힘이다. 이 힘은 당신과 당신의 목적을 연결시켜 준다.

*식별(識別): 미세한 차이를 알아내는 힘이다. 이 힘은 당신을 미묘한 이해의 세계로 인도한다.

*수용(收容): 저항하지 않는 힘이다. 이 힘은 당신 자신 속에 있는 실재를 통합시켜 나간다.

죽음 이후에 일어날 일을 깊이 이해하기 위해서 당신의 정신은 반드시 이런 힘들을 구비하고 있어야 한다. 베다 시대의 현자들과 우리가 다른 점은 그들은 의식의 미묘한 힘을 온전하게 최대치로 구현하는 방법을 알았다는 사실이다. 그들에 비해 우리는 의식의 힘을 아주 조금만 사용하고 있다. 죽을 때까지 영혼의 여행을 계속해서 미루고만 있다. 그러나 의식의 미묘한 힘은 우리 자신을 위해, 그리고 우리 인식의 지평을 확장시키는 경계를 위해 매일 매일의 순간에 필요하다.

당신은 중심을 잡고 자아를 의식하고 있어야 한다. 그래야 다른 사람을 속이지 않고 스스로도 속아 넘어가지 않는다. 에고 너머를 보고자 하는 당신의 의향은 관계가 더 성숙할 수 있는 열린 공간을 창조한다. 의도는 기분이 지시하는 대로 왔다갔다 흔들리는 관계를 허용하는 대신에, 당신은 그 관계가 더 풍부하고 더 깊어지도록 유도한다. 당신의 동반자 에고는 끊임없이 욕망, 필요, 그리고 주장의 강물로 출렁인다. 이런 외적인 영향이 얼마나 긍정적인지, 중성적인지 또는 부정적인지를 식별해야 한다. 당신에게 필요한 위에 열거한 모든 힘과 능력을 제대로 이해했다면, 이제 당신은 자신의 고결함과 개인적 성장에 위협을 가함이 없이 전적으로 당신의 동반자 에고를 수용할 수 있다.

이제 관계라는 단어 대신에 영혼이라는 단어를 사용하자. 관계를 이루는 모든 기법들은 당신의 영혼에 적용된다. 이런 기법들은 만약 내세가 당신을 영혼의 영역으로 인도한다면, 아주 결정적인 역할을 할 것이다. 우리는 내세에서 일어날 모든 체험을 미리 알 수 있다. 왜냐하면 내세의 경험은 우리에게 이미 너무나도 익숙한 것들이기 때문이다.

내가 자랄 때 내 힘도 자란다. '나'와 '나 아닌 것' 사이의 경계가 무너질 때 자아인식은 더욱 더 커진다. 경계가 무너질 때 자아는 더 많은 실재를 포섭하기 시작한다. 그리고 나는 자유를 느낀다. 나는 계속해서 변하고 진화해 나가려고 할 것이다. 낡은 전망과 신념은 시험대에 오를 것이고, 변화가 필요할 때도 있을 것이다. 나는 호기심을 느끼고 매혹됨을 느낄 것이다. 미묘한 세계는 나로부터 숨지 못할 것이다. 왜냐하면 세계의 본질은 이미 내 안에 존재하고 있기 때문이다. 나는 연결되어 있음을 느낄 것이다. 나는 나의 진실 그대로의 모습을 받아들일 것이다. 더 이상의 의혹과 두려움은 사라지고 나는 스스로 충만함을 느낄 것이다.

이제까지 느낌에 많은 강조를 두어 논의한 이유는, 우리 자아가 생생하게 살아있기에 안전, 사랑, 행복, 그리고 만족감을 추가할 수 있다는 사실을 말하기 위함이다. 이런 욕망을 통해 우리는 영혼과 연결된다. 그리고 같은 이유로 영혼의 신비한 영역으로 다가갈 수 있는 동기를 얻는다. 어떤 이들은 그런 동기로도 충분하지만, 대다수의 사람들은 미묘한 영혼과의 연대가 제대로 작동할 수 있기 전까지는 어떤 돌파구나 전환점이 필요하다.

케이트라는 40대의 여성이 있었다.

"남편과 저는 문제가 있었어요. 남편은 일은 덜하고 가족과 함께 보내는 시간을 많이 갖겠다고 약속했지만 전혀 그 약속을 지키지 않았어요. 늘 집에서도 종종거리며 바쁘게 움직였죠. 남들은 밖에서 술 한 잔 하려고 은근 슬쩍 빠져나가지만, 제 남편은 업무상 온 음성메일을 확인하려고 슬쩍 빠져나가곤 했죠. 저는 하는 수 없이 제 친구의 제안대로 요가를 시작했어요. 마음을 가라앉히는 데는 요가가 최고라고 하더군요."

그녀는 조용한 방에 혼자 앉아서 하루에 두 번씩 10분에서 20분 정도 만트라를 암송했다. 처음 몇 번은 그대로 앉아서 잠들기도 했지만 요가 선생은 나름대로 괜찮은 징조라고 그녀를 다독거려 주었다. 시간이 지날수록 몸이 이완되고 스트레스가 풀리는 것을 느낄 수 있었다.

"두 번째 주가 되자 더욱 좋아졌어요. 마음이 고요해지더니 어느 날부터는 의식이 또렷해지는 겁니다. 호흡도 부드러워지고 리듬을 타게 되었지요. 그러던 어느 날, 내가 숨조차 쉬지 않는 건 아닌가 싶어 깜짝 놀란 적이 있었어요. 그보다 더 놀라운 것은 어느 날 아침에는 문득 연꽃가부좌로 앉고 싶은 충동을 느끼게 된 겁니다. 전에는 한 번도 그런 생각을 해 본 적이 없었거든요. 제 몸 스스로가 무엇이 필요한지를 아는 거 같았죠."

그녀는 요가를 통해 많은 것을 개선할 수 있었고 일상의 중심도 더 굳건하게 잡아나갔다. 남편에 대한 분노도 점점 수그러들면서 결혼생활이 눈에 띄게 안정적으로 변해갔다.

"그러던 어느 날 밤 살짝 잠이 들었어요. 그런데 아주 희미한 푸른빛이 보이더군요. 저는 눈을 감고 있었는데 처음에는 침대 램프 빛의 잔영이라고 생각했어요. 왜 카메라 플래시가 터지면 한동안 눈가에 그 빛의 잔영이 남는 것처럼 말예요. 그러나 그날 밤의 경우는 좀 달랐어요. 희미하지만 푸른빛은 무슨 자력을 가진 듯 제 의식을 잡아당기더군요. 그러다 어둠 속에서 눈을 떴어요. 둘러보니 온 방이 푸른빛으로 가득 차 있는 겁니다. 푸른빛 안쪽으로는 황금빛 불꽃도 보였죠."

나는 요가를 수행하는 사람들은 간혹 그런 빛의 체험을 한다고 말해주었다. 그녀가 본 것은 인간의 지각이 가진 아주 미묘하고 오묘한 단계에서 뻗어 나오는 그런 빛이었다. 그때의 느낌이 어땠는 지를 물었다.

"뭐랄까? 특별했어요. 편안하다고 할까요? 물론 그 빛은 아주 매혹적이었어요. 그 빛이 저를 끌어들이는 것 같았어요. 영원히 그 빛 속에 있고 싶었죠."

"제가 보기에 당신은 자신의 의식에 당신 스스로가 매혹된 것 같습니다. 왜냐하면 저마다의 영혼은 그런 빛으로 우리에게 나타나기도 하거든요."

"그런 경험을 계속해야 할까요?"

케이트가 물었다.

"별로 실질적이지 못해요. 왜냐하면 당신의 경험은 아주 즉흥적이고 순간적인 것이죠. 처음 가졌던 인상이나 첫 키스의 느낌과 같은 것인데, 그걸 다시 반복해서 체험하려고 하는 건 아무런 의미도 없어요."

내 말을 들은 그녀는 다소 풀이 죽은 모습을 보였다. 그러나 나는 그녀에게 '아주 특별한 경험을 다시 반복하고 싶은 욕망에 사로잡히는 것은 영적인 수행자들이 자주 겪는 덫'이라고 말해 주었다. 우리는 그 충동을 붙잡아 매어두어야 한다.

당신은 이런 걸 경험해 본 적이 있는가? 숨이 막힐 정도로 아름다운 석양, 친밀한 순간의 경험, 아주 멋진 식사 등, 솔직히 다시 겪어 보고 싶은 순간적인 체험들 말이다. 그러나 우리가 그런 경험을 반복한다고 해서 반드시 처음 경험과 똑같은 것을 느끼지는 못한다. 왜냐하면 그 순간을 특별하게 만드는 것은 석양도 아니고, 사랑하는 사람의 모습도 아니고, 좋은 음식 그 자체도 아니기 때문이다. 그것은 아주 미묘하고 오묘한 세계로 진입한 순간적인 도약과 같은 것이기 때문이다.

나는 그녀에게 행복에서 천복(Bliss)으로, 신체적 친밀감에서 영혼의 하나 됨으로 나아가는 경험의 연속성에 대해서 이야기해 주었다. 실제 그녀 역시 체험의 연속선상으로 유연하게 미끄러져 들어가고 있었다. 명상은 욕망이라는 덫에 걸린 영혼을 풀어준다. 그리고 온전하게 인간의 지각이 새로운 영역에 닿을 수 있도록 도와준다. 나는 영혼의 빛을 보게 된 그녀에게 축하의 말을 건네면서 앞으로도 매혹적인 일과 영혼의 새로운 돌파구를 만나게 될 것이라고 말해 주었다.

이처럼 짧지만 미묘한 세계로의 항해를 통해 죽음 이후의 삶이 얼마나 황홀할지 예상할 수 있다. 내세에서는 오묘하고 미세한 힘이 아주 자연스럽게 느껴질 것이다. 평화와 만족은 영혼과의 직접적인 소통을 통해서 온다.

9. 두 개의 마술 세계

"자 보시오. 그대 눈에 보이시오?"

라마나가 숲 저쪽에서 피어오르는 한줄기 연기를 가리키면서 물었다.

"밥 짓는 연기가 아닐까요?"

사비트리가 짐작으로 말했다.

"그럼 가서 알아보고 오시오. 당신이 올 때까지 나는 여기서 기다리겠소."

그렇게 말하며 라마나는 그루터기에 앉았다. 하는 수 없이 사비트리는 혼자서 연기가 나는 쪽으로 걸어갔다. 잠시 후 그녀는 나무들이 모두 불타 없어지고 달구지가 망가져서 뒹구는 황폐한 마을을 발견했다. 이웃 나라의 군사들이 쳐들어와 마을을 완전히 파괴하고 불살라 버린 것이었다. 모든 집들이 다 불에 타서 재가 되었는데 오직 한 집만이 부서지지 않은 채 온전히 남아 있었다.

사비트리는 그 집 쪽으로 다가갔다. 집 앞에는 노파가 한 명 앉아 있었다. 사비트리는 공손하게 예를 갖추어 인사한 후 물었다.

"마을 전부가 다 타버렸는데 어떻게 해서 이 집만 온전하게 남을 수 있었나요?"

그러자 그 노파는 이렇게 대답했다.

"마을에 사는 남자들이 모두 전쟁터로 나간 사이 이웃나라 병사들이 마을로 쳐들어왔지요. 우리 집도 불을 지르려 했지만 내가 이렇게 말했다오. '들어올 테면 들어와 보시오. 그렇게까지 용감한 사람이 있을라고? 저 안에 있는 사람들은 모두 열병환자들이오.' 그러자 병사들은 겁에 질려서 더는 가까이 오지 못하고 그대로 도망갔다오."

사비트리는 사리 옷 안쪽에서 동전을 꺼내 노파에게 주고는 다시 스승 라마나가 기다리고 있는 숲으로 돌아왔다.

"스승이시여, 왜 저를 그곳으로 보내셨나요?"

사비트리가 물었다.

"그 노파는 열병이라는 단 한마디의 말로 병사들을 물리쳤소. 현자는 죽음도 '나는 존재한다'라는 말 한마디로 물리칠 수 있다는 것을 알고 있소?"

"글쎄요. 잘 모르겠는데요."

사비트리가 그렇게 말하면서 마을 쪽을 보자 마을에서는 더 이상 연기가 오르지 않고 있었다.

"마을은 그저 하나의 상징에 불과하오."

라마나가 말했다.

"우리가 겪은 어려움과 슬픔의 상징인가요?"

"아니오. 무상(無常)을 상징하는 것이오. 잘 들으시오, 사비트리. 인생에는 변하지 않는 것이 없소이다. 우리가 소유하는 것도 한번 왔다가 다시 돌아가오. 그건 다른 사람들도 마찬가지요. 어쨌든 우리는 크나큰 상실에 대처해야 하오. 그대는 상실감에 어떻게 대처하오? 대부분의 사람들은 우리가 사는 세계가 영원하다고 믿으면서 그 상실감을 무마시키려 한단 말이오. 하지만 그것은 잘못된 것이오. 죽음은 평화로운 마을을 단 한순간에 도륙 내는 적군의 병사들처럼 동정심이나 자비란 추호도 없는 것이오. 그러니 죽음의 군사들이 쳐들어오거든 팔짱을 끼고 '내가 존재한다'라고 말하시오. 그러면 죽음의 군사들은 쳐부술 게 하나도 없으므로 그냥 돌아갈 것이오. 내가 존재한다는 것은 아무런 소유도 없고, 기대도 없고, 또 집착도 없다는 의미라오. 그대가 존재한다는 것은 지금 이승과 내세에 필요한 모든 것이며 또 존재하는 모든 것 그 자체라오."

라마나는 부드럽지만 위엄이 서린 목소리로 말했다. 사비트리는 왠지 마음이 편안해지면서 믿음이 생기기 시작했다.

"노파는 안에 열병을 앓는 사람들이 있다고 거짓말을 했소. 그러나 '나는 존재한다'라고 말할 때는 진실대로 말해야 하오. 그리고 그대는 이미 그 말을 할 준비가 되어 있소."

라마나가 친절한 목소리로 말했다.

"어떻게 그 진실을 진실대로 말할까요?"

사비트리가 물었다.

"그건 어렵지 않소. 만약 행복하다고 느끼면 그대의 내면으로 들어가서 그 행복을 체험하는 주체가 누구인지를 알아보시오. 슬플 때도 마찬가지요. 누가 그 슬픔을 체험하는 주체인지 바라보시오. 그 주체는 모두 똑같을 것이오. 모든 것을 보고 목격하는 하나의 무언가가 있을 터이니, 언제라도 그 고요함과 함께 하시오. 그냥 지나치지 말고 주목하시오. 영혼과의 친근함이야말로 그대의 가장 든든한 동맹군이 되어 줄 것이오. 그대는 존재하오. 아주 단순하고도 분명하게 존재하오. 존재함에 낯선 것이 있을 수는 없소이다. 처음에는 조그맣던 그 고요한 한 점은 아무런 제약도 받지 않고 성장해 나갈 것이오. 그대가 죽고 마침내 집착하거나 짊어질 짐이 없게 되면 그대의 존재는 우주 전체를 채우게 된다오. 현자들이 이 진리를 모든 시대에 걸쳐 반복하고 또 반복해서 깨우쳐 왔던 것이오. 그러나 그대는 이 진리를 중개인에게 사서는 안 되오. 직접 당신 안에 있는 '나의 존재'를 찾으시오. 그러면 그것은 확장되어 당신을 채울 것이오. 그렇게 될 때 그대는 안전하오. 그대의 존재는 그대의 영혼과 하나가 될 것이오."

○ 영원(永遠)

모든 이미지들이 오묘하고 신비한 단계에 이르러 다 사라지면 죽는 자는 영원에 도착한다. 영원(Eternity)은 영혼의 원천이다. 고대의 현자들은 말하길 마지막 환상이 끝나면 실재가 시작된다고 했다. 영원이 우리 주변에서 전 방향으로 뻗어있을 때에도 우리가 살아있는 동안에는 그 영원을 볼 수 없다는 사실, 이것이 현자들이 극복하려고 애썼던 한계이다. 고대의 현자들은 살아서 보기 힘든 그 영원의 한계를 극복하려고 노력한 사람들이다.

'시야에 경계가 없으면 없을수록 당신은 더욱 더 생생하게 존재한다.'

사실 이 말은 고무적일지도 모르지만 편안한 느낌을 주는 말은 아니다. 왜냐하면 우리 모두는 늘 경계 안에서 사는 일에 익숙하기 때문이다. 어떤 여성은 내게 이런 말을 했다.
"몇 년 전부터 영성에 관심을 갖기 시작했죠. 하지만 한 가지, 진리라는 말은 좀처럼 미덥지 않더라고요. 저는 거기에 적응할 수가 없었어요. 제가 그렇게 자라온 걸 알아요. 저는 할아버지와 같이 인자한 하나님이 천국의 권자에 앉아 있다는 교리를 믿고 자랐습니다. 그런 믿음이 아주 편협하다는 것도 잘 압니다. 하지만 모든 것이 하나로 통한다는 개념만은 영 이해할 수가 없었답니다."
이런 반응은 아주 자연스러운 것이다. 그대가 영원에 가까워지면 죽은 존재와 산 존재를 경험하지 못할 것이다. 그대는 남성도 아니고 여성도 아닐 것이다. 한 순간은 100년과도 같을 것이다. 앞의 것은 뒤의 것과 함께 나타난다. 우리가 이해하기에는 너무나 난해한 차원에서 끝내고 있는가?

영원은 정신이 인식할 수 있는 것보다 더 많은 자유를 준다. 형상의 부재는 곧 더 이상 어떤 형상이 필요치 않다는 것을 의미한다. 사랑하는 이의 부재는 곧 그런 인간적인 관계가 더 이상 의미 없다는 뜻이다. 우리는 그것을 모두 경험했다. 고대의 현자들은 이 단계를 모크샤(Moksha), 즉, 지고한 해방이라 부르며 찬미했다. 오로지 자유로운 영혼만이 모든 것을 선택할 수 있다는 것이다. 거기에는 위아래로 밀고 당기는 싸움도 없다. 기쁨과 고통의 모든 메커니즘이 마침내 그 움직임을 멈춘 것이다.

자유로워지는 상태란 과연 어떤 것일까? 무한한 것일까? 이름도 붙일 수 없는 것일까? 영원한 영혼 앞에는 대개 선하다, 성스럽다, 사랑스럽다, 혹은 진실하다 등등의 수식어들이 붙는다. 그러나 베다의 현자들은 이런 수식어를 붙이고자 하는 우리의 노력에 대해 '네티(Netti)'라는 단 한 마디로 교통정리를 해 준다. 네티는 산스크리트어로 '그것이 아니다'라는 뜻이다. 실제로 몇몇 베단타 학파에서는 영적인 길을 가리켜 '네티', '네티'라고 부르는데, 그것을 반복한 이유는 '이게 아니다. 이게 아니다'라는 뜻이다. 벗겨 없애는 과정을 통하여 본질에 도달할 때까지는 '이게 아니다'라는 뜻이다. 이 말은 또한 내세의 여정은 어떤 것인가에 대한 암시이기도 하다. 죽는 자는 단계적으로 '이것은 나였으나 이제는 더 이상 내가 아니다'

하고 깨닫는다.

○ 베네딕트의 임사체험

임사체험을 겪은 어떤 사람의 케이스를 살펴보면, 이상 묘사한 영원에 아주 근접해 있음을 알 수 있다.

예술가 멜렌 토마스 베네딕트(Melen Thomas Benedict)는 1982년에 뇌종양으로 임사체험을 겪는다. 그는 의학적으로 사망선고를 받은 지 1시간 30분 후에 다시 살아나는데, 이는 서양의학의 기준으로는 도저히 설명할 수 없는 사례였다. 그러나 티베트 불교에서 볼 때 그는 델록(Delog), 즉, 죽었다 살아난 사람일 뿐이다. 그럼에도 불구하고 그의 케이스가 중요한 이유는, 베네딕트의 체험은 다른 델록들의 체험보다 훨씬 더 자세하고 중요한 것이었기 때문이다. 다시 말해 그가 경험한 내세가 바로 '내세의 백과사전'이라고 할 만큼 실질적인 내용들을 가득 담고 있다는 사실이다.

베네딕트는 죽자마자 유체이탈을 경험한다. 자신의 죽은 육신은 침대에 누워 있었지만 오히려 그의 지각은 놀랄 만큼 확장되어 있었다. 그는 위, 아래, 주변, 심지어 자신이 사는 집의 지하까지 두루 다 꿰뚫어 볼 수 있었다. 그는 자신이 어둠 속에 둘러싸여 있다는 느낌을 받았는데 얼마 지나지 않아 눈부신 빛이 나타났다. 하지만 그 순간에도 빛 속으로 들어가면 그것이 곧 죽음일 것이라는 생각이 떠올랐다. 그래서 속으로 자신에게 멈추라고, 빛을 향하여 가지 말라고 중얼거렸다. 그러자 그의 생각처럼 되었다.

내세에 일어날 일을 통제하는 방법을 발견한 그는 이어 빛을 향해 말을 걸 수도 있었다. 빛을 향해 말을 걸자 빛은 계속해서 모양을 바꾸며 응답했다. 예수의 모습, 붓다의 모습, 죽은 만달라의 형상 등, 빛은 여러 가지 이미지와 상징들을 만들었다. 빛은 베네딕트에게, 죽은 자는 그가 살아서 가졌던 마음에 걸맞는 형상과 이미지를 보게 된다고 말했다. 엄밀하게 말하자면 그의 정신에 어떤 정보가 전달되었던 것이다.

기독교인들은 예수를 보고 불교도들은 붓다를 보면서 죽은 자는 고리가 되어 그 현시(顯示) 속으로 들어간다고 했다. 실제 베네딕트 자신도 여러 가지 변하는 현시 속으로 들어가고 있었다. (빛은 설명하기를, 대다수의 사람들은 아무런 의심도 없이 그 현시 속으로 들어가는데, 베네딕트의 경우는 아주 드문 케이스라고 했다) 이때, 베네딕트는 놀라운 결정을 내렸다. 그는 속으로 중단하라고 요청했고 그의 체험은 곧 중단되었다.

베네딕트가 죽음의 문턱에서 여러 가지 종교적 상징들을 두루두루 보게 된 것은 아마도 그가 암 진단을 받고나서 세계의 여러 종교와 영적 전통들에 몰입한 탓이라고 말할 수도 있다. 베네딕트는 자신이 보고 있는 것은 아주 지고한 자아의 매트릭스(Matrix)라는 사실을 알 수 있게 되었으며, 그는 자아의 매트릭스란 인간 영혼들의 만다라(曼荼羅: 부처가 증험한 것을 나타내는 그림)라고 설명한다. 그것은 의식의 우주적 양식이다. 사람들은 각자 대영혼(Oversoul) 역할을 하며, 또한 근원으로 돌아가는 도관(導管: Pipeline) 역할을 하는 지고한 자아를 가지고 있다는 것이다. 그의 설명은 베다의 철학과 너무나도 닮아있다. 그가 죽기 전에 인도의 여러 경전들을 읽었기 때문에 그럴 것이라고 의심할 수도 있다.

영혼들의 매트릭스를 쳐다보면서 베네딕트는 그 영혼들이 모두 서로 연결되어 있으며, 인간성이 하나의 존재를 형성하고, 우리 각자는 그 전체의 일부가 되고 있음을 알게 되었다. 그는 매트릭스로 인도되었는데 그곳은 말로 형언할 수 없을 정도로 아름다웠다고 설명한다. 매트릭스에서는 질병을 치유하는 생산적인 사랑이 발산되어 그를 압도하였다. 그 빛은 베네딕트에게 영혼의 미묘한 에너지 층을 형성하고 있다고 알려주었다. 그 에너지 층은 지구를 둘러싸고 있으며 사람들을 서로 묶고 있다고 하였다. 평상시 핵무장 폐기와 환경 문제에 많은 관심을 갖고 있었던 그로서는 어쩌면 당연한 경험이었는지도 모른다. 베네딕트는 인간 영혼의 순수한 아름다움과 말로 표현할 수 없는 경이로움 앞에 서는 체험을 한 것이다.

베네딕트는 그 어떤 영혼도 악을 지니고 있지 않다는 사실에 놀랐으며, 빛은 그에게 다음 세 가지를 특별히 명심하라고 하였다고 한다.

첫째, 영혼은 본래부터 악이 될 수 없는 것이다.
둘째, 모든 인간 행동의 토대에는 사랑에 대한 추구가 있다.
셋째, 인간이 악행을 저지르는 이유는 바로 그 사랑의 추구가 부족하기 때문이다.

베네딕트는 인간은 구원될 수 있는 존재인가를 빛에게 물었다고 한다. 그러자 빛은 소용돌이와 함께 트럼펫 소리를 내면서 인간 존재는 이미 구원을 받았으며, 현재의 어려움이 아무리 참기 힘들더라도 인간은 이미 구원받은 존재임을 결코 잊지 말라는 말을 남겼다고 한다.

베네딕트는 더 깊이 몰입하면서 심오한 황홀감을 체험하였다. 깊이 들어가면 들어갈수록 더 주체할 수 없는 황홀감을 체험하게 되었다. 마침내 더 깊고 오묘한 영역에까지 이르렀다. 그는 삶의 심장부 깊숙한 곳까지 도달하여 엄청난 양의 빛의 흐름을 보았다.

무한한 호기심이 발동한 그는 빛에게 인간이 갖고 있던 환상이 아닌 진정한 우주의 실체를 보여 달라고 말했다. 그러자 빛은 삶의 물결 위에 올라타라고 했다. 순간 아주 부드러운 초음파 소리가 들리는가 싶더니 이내 어떤 터널을 지나게 되었다. 베네딕트는 태양계를 지나고 은하계의 심장부를 지나서 수많은 세계와 수많은 생명체들을 보았다. 모두 어지러운 속도로 그의 곁을 지나쳤다. 여기서 베네딕트는 아주 중요한 점을 발견했다. 공간을 여행하는 것처럼 느꼈던 것은 사실은 그의 의식이 확장된 결과였으며, 빠르게 지나친 은하계 성단들의 모습은 다름 아닌 그 자신의 의식의 흐름이었다. 결과적으로 베네딕트의 의식이 하나의 시공간에서 다른 시공간으로 지나간 것뿐이었다.

두 번째 빛 속으로 들어가면서 그는 침묵과 정적으로의 의미심장한 이동을 경험하였다. 무한의 영역으로 들어간 것이다. 그는 공허에 들어가 있었으며, 그의 표현대로 창조 이전 상태에 있었던 것이다. 그의 의식은 무제한이었다. 그는 종교적인 경험이 아니라 아무런 구속이 없는 인식의 하나인 절대적 의식과 교감했다. 시작도 끝도 없이 그저 창조 그 자체를 생성해내는 창조의 모든 것을 지각한 것이다. 우주를 창조한 기괴한 사건인 빅뱅 대신에 베네딕트는 끊임없이 새로운 우주를 생성해내는 수백만 개의 빅뱅을 지각하였다. 그는 시간을 초월해 있었기 때문에 모든 차원에서 동시에 일어나는 창조의 역사를 목격할 수가 있었다.

이 우주적 통찰에 도달한 후에 베네딕트의 여행은 다시 역순의 과정을 거쳐 현실세계로 돌아왔다. 마침내 그는 자신의 침대에서 깨어났다. 그러나 그의 깨달음과 기억에는 한 치의 흐트러짐도 없었다. 이제는 임사체험에 하도 익숙해져서 그에게 죽음이란 하나의 환상에 불과했던 것이다.

베네딕트는 자신이 다시 지상의 삶으로 귀환한 것은 아기로 환생한 것과는 다르다고 했다. 물론 눈을 떴을 때는 1시간 30분 전에 떠났던 그 육신으로 돌아왔다. 그가 임사체험을 하는 동안에 그의 상태를 확인하는 의료적 장비나 의사가 있었던 것은 아니다. 그의 곁에는 호스피스가 있었다. 베네딕트가 죽었을 당시 그의 곁에서 눈물을 흘리고 있었던 호스피스는, 약 1시간 30분 동안 그는 대개 죽은 사람들이 보여주는 모든 의학적 징후들을 다 보여주었다고 증언했다. 몸은 죽은 사람처럼 뻣뻣하고 차가왔으며, 청진기를 갖다 대었을 때 심장박동은 멈춘 상태였다고 한다. 베네딕트의 의학적 상태를 들어 그의 경험을 평가 절하하는 회의론자들도 있다.

죽었다 살아난 베네딕트는 처음에는 뭐가 뭔지 제대로 알지 못했지만 시간이 지날수록 예전보다 훨씬 더 자신의 인생에 대해서 좋은 느낌을 가지게 되었다. 석 달 후 그는 뇌종양 검사를 받았는데 놀랍게도 예전의 악성종양들이 깨끗이 사라졌다는 진단을 받은 것이다!

그의 주치의도 한꺼번에 종양이 사라지는 것은 아주 예외적인 사례라면서 놀라움을 금치 못하였다. 임사체험을 통해 종양이 한꺼번에 사라지는 사례가 많지 않기에, 그의 경우는 임사체험 사례 중에서도 아주 특이한 사례에 속한다고 할 수 있다.

베네딕트의 케이스에 대한 나의 견해는 이렇다. 모든 종점은 그 자체가 하나의 출발점이다. 베네딕트의 경우, 그의 순수의식이 환상적인 여행의 궁극적 목적이 되었다. 고대의 현자들은 의식이야말로 현재의 삶의 출발점이라고 보았다. 베네딕트기 임사체험을 하고 보여준 변화 중 가장 중요하고 참된 것은 지금 현재가 지닌 위대한 가치를 발견해 냈다는 것이다. 그는 말한다.

"사람들은 신이 되려고 하는 데에 너무 바쁩니다. 그들은 우리가 이미 신이고, 또 신은 우리가 되어가고 있다는 것을 깨닫지 않으면 안 됩니다. 그것이 중요합니다."

공허(Void)가 모든 곳에 존재하고, 보이지 않은 영역이야말로 모든 것을 포함하고 있으며, 신은 인간에게 가능한 모든 장점을 주었다는 그의 깨달음은 우리에게 영적으로 진리를 이야기해 주고 있다.

○ 세 개의 의식세계 여행하기

완고한 물질주의자라면 비물질적인 세계를 여행하는 것은 불가능
하다고 생각할 것이다. 그러나 인간은 늘 의식의 여러 가지 상태를
여행한다. 베단타의 현자들에 따르면 인간의 체험은 다음과 같은
세 가지 의식 단계를 넘나든다고 한다.

*물질적 대상으로 중요한 의식
*미묘한 대상으로 충만한 의식
*순수한 의식 그 자체로 충만한 의식

각 상태에서 영혼은 다르게 보인다. 물질적 세계에서 영혼은 주
로 감정과 정신이 둘러싼 가운데서 자리한다. 그리고 따뜻한 마음,
사랑, 신에 대한 헌신을 내포한다. 우리는 영혼을 보면서 우리 안에
신성한 빛이 있다는 것을 알지만, 우리의 삶 자체를 거기에 맞추지
는 않는다. 그래서 영혼은 때때로 빛을 발하기도 하고 어떤 때는 그
빛을 발하지 못하기도 한다.

미묘하고 오묘한 세계에서 영혼은 영적이고 신성하며 신에 가깝
고 물질적 실존이라는 짐으로부터 자유롭다. 영혼은 단순한 안락함
을 주지는 않는다. 오히려 영혼은 고통이라는 가면을 쓴 축복으로
존재한다.

죽음과 동시에 사람은 자동적으로 미묘한 차원의 세계를 체험한
다. 그러나 현자의 눈에는 모든 의식의 차원은 서로 서로 겹쳐 보인

다. 그러므로 미묘한 세계에 속한 천사가 속세인의 눈에 보이는 일도 가능하다. 하얀 말을 타고 예언자 모하메드가 나타날 수도 있다. 동시에 의식의 세 가지 상태는 저마다의 고유한 특질을 가지고 있고 그것들은 각각 의식의 이동을 필요로 한다.

1. 물질적 대상으로의 의식: 이 세계는 인간이 다섯 가지 감각기관을 통해 그 실재를 검증할 수 있는 물질의 세계이다. 그 세계는 일직선상에 있는 시간에 종속되어 있다. 우리는 자신을 시공간상에 견고한 육신을 가진 존재로 본다. 그리고 인생이란 삶과 죽음이라는 전혀 다른 두 가지 사건 사이에 존재하는 한정된 시간이다, 물질적인 대상으로 이루어진 이 세계를 통제하는 법칙은 아주 완고하고 엄격하다. 중력, 빛의 속도, 그리고 물질과 에너지 보존 법칙 등의 자연법칙들이 이 세계를 지배한다.

대다수의 사람들에게 이 세계는 일차적인 세계이며 우리는 이 세계를 헤쳐 나갈 수 있는 힘을 지닌다. 물리적 힘, 의지, 합리성, 정서적 감정표현, 섹슈얼리티, 그리고 개인적인 권위 등을 지니고 산다. 이런 힘을 온전하게 사용할수록 성공적인 삶을 산다고 말한다. 그러나 이런 물질 대상으로 가득 찬 의식 세계를 유일한 실재로 보고 집착한다면, 그것 또한 무의미하다.

물질적 대상으로 가득찬 세계에는 역시 물질적인 우주처럼 느껴지는 아카샤가 존재한다. 간혹 영혼은 인격적이고 개인적인 것으로 느껴지지만, 그 모습조차도 아주 짧은 순간에만 볼 수 있다.

2. 미묘한 대상으로의 의식: 이 세계는 꿈, 상상력, 그리고 모든 종류의 영감이 존재하는 세계이다. 우리는 이 세계를 직관으로 확인한다. 사랑과 아름다움을 알아보고 발견하며, 미묘한 존재의 안팎은 다섯 가지 감각기관으로는 닿을 수 없다는 것을 느낀다. 이 차원에서 삶의 영역은 상상력이 닿은 만큼 지속된다.

미묘한 세계의 법칙은 유동적이다. 사건은 앞으로도 가고 뒤로도 움직인다. 보이지 않는 구조는 오랫동안 지속된다. 예를 들면 신화와 같은 것들이다. 그럼에도 불구하고 시간은 물리적 세계에서처럼 그렇게 엄격하게 사건들을 옭아매지는 않는다. 중력과 빛의 속도는 더 이상 절대적이지 않다.

만약 당신의 일차적인 목표가 이런 미묘한 세계라면 당신은 그 세계를 탐험할 만한 능력을 지니고 있을 것이다. 상상력, 기억, 예술적 능력, 영적 감수성, 치유의 능력, 그리고 직관 등이 여기에 속한다. 이런 힘을 경험하면 할수록 미묘한 세계의 의식은 성장한다. 그러나 간혹 물리적인 세계와 괴리감을 느낄 수도 있으며, 당신만큼 직관이나 감수성을 가지지 않은 사람보다 물리적 세계를 제대로 항해하지 못할 수도 있다. 그렇기에 미묘한 세계가 물리적 세계를 지탱시켜주는 근간이라는 것을 제대로 이해하지 못한다면 우리는 그로 인한 두려움 때문에 제대로 된 영혼여행을 할 수가 없게 된다.

아카샤는 기억, 형상, 원형, 신, 영혼들, 그리고 에테르의 존재로 가득 찬 꿈과 같다. 영혼은 영원의 근원으로 돌아가게 인도해주는 힘과 같다. 미묘한 세계에서 아카샤의 존재는 항상 느껴진다.

3. 순수의식: 이것은 인식이 그 자체를 인식하는 세계이다. 여기에는 어떤 물질적 대상도 미묘한 것도 존재하지 않는다. 우리는 이 세계를 '나는 존재한다'라는 사실을 통해서 확인한다. 실존은 그것의 목적이 되고 그것의 보상이 된다. 순수의식은 고요한 정신에서 시작된다. 그리고 이 순수의식은 사람이 체험하면 할수록 성장하여 그 풍부함과 의미가 더해진다.

이 세계의 법칙들은 창조 그 자체에 적용된다. 모든 대상물과 사건의 씨앗은 여기서 잉태된다. 시간, 공간, 그리고 물리적 사물의 가능성도 여기에 있다. 정신의 가능성은 있으나 아직 이미지나 생각은 없다. 순수의식은 비록 눈에 보이는 것들로부터 완전히 자유롭지만 생산하기를 열망하고 있다. 즉, 순수의식은 '존재하는 모든 것'을 잉태한다고 말한다.

만약 이것이 당신의 1차적인 세계라면 그곳을 항해하는 데는 아무 힘도 필요가 없다. 시간의 흐름이나 공간의 확장은 당신에게 분명히 느낄 수 없는 흐릿한 일이며 그것들은 그저 당신의 존재 안에서 오고 갈 뿐이다. 당신은 아무런 집착도 없이 그저 그것들을 바라본다. 사랑, 자비, 강인함, 진리, 이런 품성들은 당신이 원한다면 얼마든지 불러올 수도 있고 또 온전히 경험할 수도 있다. 이 세계에서는 아카샤는 아직 창조되지 않은 것처럼 느껴진다. 탄생과 죽음, 그리고 삶과 죽음이라는 개념들은 아무런 관련이 없다. 오로지 실존만이 있을 뿐이다. 존재한다는 것은 모든 것을 다 포함하는 하나의 체험이다.

우리가 늘 마음속에 새겨야 하는 것은, 내세는 우리가 생각하는 것처럼 다음의 삶(After Life)이 아니라는 점이다. 의식의 세 가지 차원 모두는 영원히 현재의 공간인 것이다.

물리적 대상의 세계를 감싸고 있는 아카샤는 3차원이다. 우리의 눈은 풍경을 보면서 우리가 현재 어디에 있는지를 말해준다. 위와 아래는 우리들에게 물리적으로 위치를 알려주는 고정된 방향들이다. 앞과 뒤는 우리들에게 인생 여정에서 우리가 어디쯤 있는가를 알려주는 시간상의 고정된 점들이다.

미묘한 대상의 세계를 감싸는 아카샤는 이보다 더 모호한 경계선들을 가진다. 이 경계선들은 눈 깜빡할 사이에 자유롭게 부유하는 꿈의 공간으로 변하기도 한다. 고정된 차원이 부재하기에 체험은 그 강도 면에서 측정된다. 감정은 더 높아지고, 꿈은 더 생생해지며, 그리고 천사들과 다른 에테르적 존재들이 직접적으로 느껴진다. 이곳은 마치 예술가, 직관자, 그리고 영성이 풍부한 사람들을 위해 만들어진 것 같은 아주 편안한 공간이 된다.

그 자신을 감싸고 있는 아카샤는 순수한 실존이다. 그것이 믿을 수 없을 정도로 안정감을 주는 이유는, 그곳에서는 모든 것이 서로 통합되는 통일성이 존재하기 때문이다. 어떤 체험도 그 내부의 단 한 점, 즉, 창조가 마치 에너지빔이나 무한하게 만개하는 꽃처럼 방사되는 그 지점으로부터 유래한다. 영혼은 개인적이지 않다. 그것은 어떤 특성도 첨가되지 않은 '존재' 그 자체일 뿐이다.

○ 의식이 충성심을 바꿀 때

이제까지 내세에 일어나는 일이 어떤 것인지 여행의 비유를 들어 살펴보았다. 많은 사람들은 물리적인 세계보다 더 고차원의 세계를 이해하기 위해서는 물리적인 세계를 포기해야만 하는 줄로 알고 있다. 하지만 베다의 현자들이 지적한 바, 진정한 변화는 우리의 충성심을 바꾸는 것이다. 인간은 죽으면 '물리적 사물로 가득 찬 의식'에 대한 충성을 포기한다. 그리고 '미묘한 대상으로 가득 찬 의식'의 세계로 옮겨간다. 베단타 철학에서는 이것이 바로 천국으로 올라간다는 말이 의미하는 바라고 한다.

충성심을 바꾸는 일은 현자들의 관점에서는 그리 어려워 보이지 않는다. 그러나 동서양을 막론하고 대다수의 사람들에게는 너무나도 어려운 일이다. 물리적 세계가 너무나도 설득력이 있기 때문이다. 물리적 세계 이외의 다른 세계를 생각할 때는 의구심이 일어날 수밖에 없다. 이런 의심과 염려를 완벽하게 보여주는 사례가 바로 셰익스피어의 햄릿이다.

"사느냐 죽느냐 그것이 문제로다."

햄릿의 유명한 독백이다. 햄릿은 자신을 압도하는 비극에 절망해 자살할 것인지, 말 것인지를 놓고 고뇌한다. 아버지 유령이 명령한 대로 왕위를 빼앗은 삼촌 클라우디우스를 죽일 수가 없었다. 그는 고뇌에 빠진다. 양심, 소심함, 실패의 두려움, 어머니의 배신, 그리고 미칠 것 같은 좌절 때문에 아무것도 결정할 수가 없다. 물론 자살을 한다면 그의 고통은 끝나겠지만, 햄릿은 사물을 논리적으로 바라보기 위해서 추론(推論)하기를 잠시 멈추고 그 문제들을 냉철하게 분석하기 시작한다. 그리고 합리적 정신으로 갈등의 소지를 해소시킨다.

　죽는 것은 잠자는 것,
　잠자는 것은 꿈을 꾸는 것
　꿈이 실현되는 죽음의 잠 속에서
　운명의 소용돌이에 비틀거릴 때
　잠시 숨 돌릴 수 있기를……

　내가 이 시를 인용하는 이유는 셰익스피어의 위대함을 말하려는데에 있지 않다. 덴마크의 왕자 햄릿은 물리적 세계와 미묘한 의식의 세계 사이에 갇혀 있다. 어느 쪽을 선택해야 할지 갈피를 잡지 못하고 있다. 그의 시를 현대적 언어로 다시 해석하면 아마도 다음과 같이 될 것이다.

　죽음은 과연 끝인가, 아니면 잠을 자는 것과 같은 상태일까
　만약 죽음이 잠드는 것과 같다면
　그걸로 내 문제는 끝이 나는 걸까
　아니면 악몽에 가라앉고 마는 것일까
　아마도 이 꿈은 내가 살아있는 것보다 더 나쁜 것일 수도 있다
　내게는 이 문제를 해결할 능력이 없다
　내게 남겨진 것은 오직 의심뿐

그리고 그 의심이 나를 삶에 집착하게 만들고 있구나

충성심(지향점)을 전환시키라는 베단타의 의미가 여기에 있다. 만약 한 가지 세계에서 성공하지 못하면 이리저리 휘둘리는 의심에 갇히게 된다.

비밀은 이렇다. 당신은 물리적 세계에 대한 과도한 집착을 내려놓기 위해서라도 미묘한 세계를 제대로 알아야만 한다. 지금 이 순간 그대를 지배하는 것은 논리적이고 합리적인 생각이다. 인생은 한 가지 사건에서 다른 사건으로 순차적으로 이어진다. 사람은 물리적이고 육체적인 능력과 힘을 가지고 있기에 물리적 대상에게 영향력을 행사할 수 있고 자신을 방어할 수 있다는 편안함을 느낀다. 그리고 특정한 의지와 개성을 지닌 자신은 장기적인 목적을 이루는 데 어려움이 없다고 자신한다.

그러나 이런 능력과 힘은 미묘한 세계에서는 아무런 쓸모가 없으며 내세에 아무런 도움도 되지 않는다. 물리적 세계와 미묘한 세계인 내세 사이의 경계는 불분명하고 모호하다. 밤마다 꾸는 꿈을 생각해 보라. 꿈속에서는 집을 마치 깃털인양 가볍게 들어올리기도 하고, 시간을 거슬러 올라가기도 하고, 아무리 빠져나오려고 발버둥 쳐도 어찌해 볼 도리가 없는 그런 상황을 겪기도 하지 않는가.

돈 후안과 카를로스 카스타네다의 오랜 된 영웅담은 우리에게 미묘한 세계를 어떻게 항해해야 할지 알려주는 지침서라고 할 수 있다.

한 이야기에서 돈 후안은 카스타네다의 손을 잡고 함께 커다란 나무 위로 올라간다. 땅위로 내려왔을 때 카스타네다는 어지럼증을 느낀다. 어지럼증은 두려움을 느끼는 사람이 자신을 발견할 때 생기는 가장 흔한 증상이기도 하다. 돈 후안은 지금 나무 위로 뛰어오르는 것과 꿈에서 나무 위로 뛰어오르는 것의 차이는 무엇이냐고 묻는다. 그러고 나서 그는 자신이 던진 질문에 스스로 답한다.

꿈에서 나무 위로 뛰어오르는 데는 아무런 문제가 없다. 왜냐하면 꿈에서는 그게 자연스럽기 때문이다. 꿈속에서 일어나는 모든 사건은 두뇌 속 신경세포의 충동질일 뿐이라는 자각이 드는 순간, 우리는 다시 깨어날 것을 안다. 거기 '진짜 나무'는 없다. 우리는 하나의 환상으로 그 꿈을 되돌아 본 것이다.

물리적인 세계에서 나무 위로 뛰어오를 수 없는 이유는 우리가 깨어날 수 있다는 것을 깨닫지 못하기 때문이다. 마법사는 누구인가? 완전하게 깨어날 수 있는 방법을 터득한 사람이다. 그래서 나무 위로 뛰어오르는 일이 마법사에게는 특별한 일이 아니다. 오히려 자연스럽다. 가치 판단을 배제한 신경세포의 활동임을 알기 때문이다. '진짜 나무'는 없다. 그러나 만약 그 나무가 진짜라고 생각한다면, 당신은 진짜 나무가 존재하는 세계가 지닌 물리적 한계 역시 받아들여야 한다.

물리적 세계에 대한 신뢰를 변화시키는 것은 어렵다. 과연 물리적인 세계에서 나무 위로 뛰어오르는 일이 가능할까? 물론 이것은 극단적인 예에 속한다. 가톨릭과 힌두교에는 공중 부양하는 성인들 이야기가 존재한다. 이집트의 한 수도사는 나무 꼭대기도 모자라,

그 위의 공중까지 올라가 있다가 사람들의 말을 듣고서야 내려왔다는 일화도 있다. 그리고 죽음 이후의 삶을 탐험하고 돌아온 사람들이 소수라는 사실은 물리적 세계에 대한 우리의 고정된 충성심의 증거이다. 그러나 간혹 꿈과 같은 환상을 겪지 않아도 우리는 하나의 의식 차원에서 다른 차원으로 이동할 수 있는 힘을 가지고 있다.

○ 헤롤드의 초능력

예를 들어 설명해 보겠다. 20년 전 뉴 에이지 북 컨벤션에서 만난 60대에 은퇴한 프리랜서 편집자인 헤롤드의 말이다.

"30년 전쯤의 일이었죠. 제 머릿속에는 스위치가 있어서 실재를 변화시킨다는 것을 알게 되었습니다. 저는 선천성 심장질환을 가지고 태어났죠. 의사는 제가 오래 살지 못할 거라고 했답니다. 늘 허약하고 아픈 일에 익숙해서 살았죠. 그러다 대학을 졸업하자 심장박동 조절장치를 이용할 수 있는 1차 후보자가 되었죠. 물론 합병증 내지 감염 같은 부작용도 있을 수 있다는 주의사항을 들었죠. 살면서 그렇게 아프고 힘들었던 때가 있었을까 싶은 밤이었어요. 병원 침대에 누워 있는데 간호사가 와서 체온을 측정하고는 불을 끄는 걸 잊고 가버렸죠. 나는 너무 졸려서 침대에서 일어나기가 귀찮았죠. 그런데 곧 전기불이 꺼지더군요. 그냥 전기 스위치를 쳐다보기만 했거든요. 물론 아무도 제 방에 없었어요. 나는 불이 켜졌으면 하고 생각했는데 진짜로 몇 초 후 다시 불이 들어오는 겁니다. 그래서 그런 과정을 몇 차례 해 보았더니 그 때마다 제 생각대로 불이 켜지고 꺼지는 겁니다.

순간 저는 아주 이상한 생각이 들더군요. '그래, 저게 바로 나야!' 하고 말이죠. 그러고는 잠이 확 달아나는 겁니다. 곧 정신이 맑아지고 또렷해지는 걸 느꼈어요. 그런 일을 들어 본 적이 있나요? 마음으로 전기를 끄고 켜는 거 말입니다."

나는 그보다 더 이상한 이야기도 많이 들었노라고 대답했다. 그리고 그런 일이 그 이후에도 자주 일어났는지를 물었다. 그러자 그가 대답했다.

"그 후 오랫동안 아무 일도 없었죠. 그런데 얼마 전 뉴욕에 갔을 때였어요. 날씨는 후덥지근하고, 비행기는 4시간이나 연착되고, 정말 화가 머리 꼭대기까지 나더군요. 뭐 연락할 수단도 없고 해서 어서 잠이 오기만을 기다리고 있었어요. 바로 그 순간 '항공사 측에서 내 짐을 잃어 버렸다'는 엉뚱한 생각이 드는 겁니다.

아니나 다를까. 다른 사람들은 다 짐을 챙겨 가지고 가는데 제 짐은 끝내 보이지를 않는 겁니다. 그래서 분실수하물 사무실로 갔죠. 그리고는 그곳 직원을 닦달했습니다. 그런데 그 직원은 아주 불성실한 태도로 하품을 하면서 어디론가 전화를 하더니 누락된 짐이 있는지 알아보더군요. 그리고는 아주 지루한 목소리로 무슨 종이를 내밀면서 그것을 작성하라고 해요. 여기까지는 뭐 특별한 일이라고 할 것도 없습니다.

막 화가 머리 꼭대기까지 오르려고 하는 순간, 아주 희미하게 내 마음 속에서 누군가가 나를 다독이며 '화를 내는 것은 쉽지만, 일을 즐겁게 처리할 수도 있다'라고 속삭이는 겁니다. 그 순간 제 정신은 보이지 않는 스위치를 찾아낸 거죠. 그러자 모든 것이 정말 거짓말처럼 순식간에 변하기 시작했습니다. 그 여자는 여기저기 전화를 걸더군요. 아주 명랑하게요. 저 여자가 조금 전에 보았던 그 사람인가 싶을 정도로요. 그러더니 곧 내 짐을 찾았다고 말해 주었죠. 저는 아주 특이하고 이상한 성취감을 느꼈습니다."

"그럼 그 사건이 수십 년 전 병원에 있었을 때 당시의 특별한 경험과 연결되어 있다고 보십니까?"

내가 헤롤드에게 물었다.

"당연히 그렇지 않겠어요? 공항에서 수하물 사건을 겪은 후부터는 더 자주 머릿속의 스위치를 사용하게 되었습니다. 자리가 만석인 비행기에서 자리를 얻는데 성공한 적도 있고, 또 호텔에서 방을 바꾸어야 할 때도 머릿속의 스위치를 사용한 적이 있지요."

"그런 일은 특별한 힘이 개입되지 않고 늘 일어나는 일은 아니잖아요?"

내가 물었다. 그러자 헤롤드는 잠시 어리둥절해 했다. 그의 경우는 좀 달랐던 것이다. 그는 내게 말하길, 그런 일을 가능하게 한 장본인은 바로 자신이라고 했다. 사실 헤롤드의 경험에는 몇 가지 특이한 점이 있다. 그는 의도적으로 의식을 변화시켰다. 그리고 그런 의식의 변화는 아주 특별하기도 하고 또 약간은 섬뜩하기도 했다. 헤롤드는 의식의 변화를 통해 자신이 새로운 빛 속에 있다는 걸 깨달았다. 그리고 인간의 정신이 할 수 있는 가능성의 영역이 확장되었음을 느끼면서 의식의 스위치를 켰다 껐다 하는 일이 일상처럼 느껴질 정도가 되었다.

○ 돈(Dawn)의 케이스

체리 로몬테(Cheri Lomonte)는 〈성모 마리아의 치유의 손길〉이라는 책에서 다음과 같은 사례를 소개하고 있다.

돈(Dawn)은 독실한 가톨릭 신자인 젊은 여성으로 늘 성모 마리아에게 삶의 지혜를 간구해왔다. 부모로부터 독립한 지 얼마 후 그녀는 성모님의 강림을 체험한다. 경외감과 두려움이 섞인 체험이었다. 자신이 과연 성모님을 모실 수 있는 자격이 되는지 조심스럽기까지 했다. 그러나 돈은 점차 성모님의 심부름꾼으로 선택되었다고 믿게 되었다.

얼마 후 같이 일하는 직장 동료가 사적인 문제로 그녀에게 도움을 청해 왔다. 그 동료는 향기를 뿜는다는 성모 마리아상이 있는 브롱스의 한 가정집을 아내가 너무 자주 드나든다면서 고민을 토로했다. 돈은 할 수 있는 한 도움을 주기로 약속하고 동료의 아내가 자주 다닌다는 성모상의 집을 찾아갔다. 과연 그 집에 들어서자 아주 강한 장미향이 풍겨 나왔다. 그리고 조그만 성모상에서 미끈한 기름이 계속 흘러나오고 있었다. 돈에게 그것은 기적처럼 보였다.

그 후 그녀는 몇 차례 더 그 집을 방문했는데, 그때마다 향기로운 기름이 성모상에서 배어나오는 것을 목격했다. 게다가 그 집 안주인은 이제는 집안의 벽과 가구에서도 기름이 배어나오기 시작한다고 말하고는 헝겊으로 닦아냈다. 돈은 그 헝겊을 얻어서 집으로 돌아 왔다. 며칠 후 친구의 세 살 난 아이가 척추염으로 중태에 빠져 중환자실에 입원하게 되었다. 돈은 직관적으로 성스런 기름을 닦아낸 헝겊이라면 아이를 치유할 수 있을지도 모른다는 생각이 들었다. 친구 부부의 동의를 얻은 그녀는 병원 중환자실로 들어가 의식 불명상태로 누워있는 아이에게 다가갔다. 아이의 몸 이곳저곳에는 의학적 처치를 위한 큐브들이 어지러이 꽂혀 있었다. 돈은 가방에서 성스런 기름이 묻은 헝겊을 꺼내어 아이의 등을 부드럽게 쓸어주었다. 다음 날 오후, 그녀는 아이가 위험한 상태에서 벗어났다는 말을 듣게 되었다. 이틀 후부터 아이는 정상적으로 먹고 잠들더니 곧 부모와 함께 집으로 돌아 올 수 있었다.

가톨릭 전승을 보면 이와 비슷한 이야기들이 수천 가지나 전해온다. 그럼 이런 사례에서 우리가 생각해야 할 것은 무엇일까? 성모상의 이야기를 통해 우리가 알 수 있는 것은, 의식의 세 가지 영역은 그저 단순하게 겹치는 것이 아니라 오히려 구체적으로 서로서로 개입되어 있다는 것이다. 물리적인 세계에 속한 것은 성모상, 기름, 헝겊, 그리고 아이의 몸이다. 미묘한 세계에 속한 것은 성모 마리아의 비전, 돈의 헌신이다. 그리고 순수한 의식의 세계는 신성 그 자체이다.

나는 이 이야기를 마치 검증된 사실처럼 말하고자 함이 아니고, 이야기를 쓴 저자 역시도 그것이 사실인지 아닌지 무슨 조사를 벌인 것도 아니다. 그저 아무런 목적 없이 그들의 체험담의 진정성을 믿고 여기에 소개한 것뿐이다. 아카샤라는 의식의 세계는 모든 현상을 다 포함하고 통합하는 하나의 원칙이자 가능성이라는 것을 강조하기 위함이다.

아카샤에 존재하는 천사는 주위를 둘러보고 이렇게 말할 것이다. "이것이 실재이다."

이미 내세로 돌아간 영혼들, 위대한 영적 존재들, 그리고 그 세계를 건너간 모든 영혼들도 그렇게 지각할 것이다. 궁극적으로는 신, 영령, 영혼 들이 하나로 통합된다는 것을 기억하는 한, 그리고 의식이 그 내부에서 창조한다는 것을 기억하는 한, 내세의 풍경은 우리가 바라는 만큼 복잡할 수 있다. 내세는 그 자체가 창조하는 의식이다.

10. 폭풍을 헤치며

사비트리는 스승 라마나를 신뢰했지만 시간이 지나자 차츰 불안해지기 시작했다. 남편 샤트야완의 건장한 몸이 죽음의 신 야마의 올가미에 걸려 생명을 잃고 차갑게 변하는 모습이 눈에 선했다. 모든 것을 잃을지도 모른다는 공포가 그녀를 엄습해왔다. 라마나가 사비트리를 처다보았다.

"모든 걸 잃는다는 게 두렵소?"

라마나는 사비트리의 마음을 읽고 있었다.

"네, 그래요."

사비트리가 절망적으로 말했다.

그러자 라마나가 앞 쪽을 가리켰다. 길 옆 숲 속에 누군가 세워 놓은 소박한 사원이 하나 있었다. 비슈누가 생명을 살리는 신이라는 사실을 깨닫자마자 사비트리는 곧장 그곳으로 달려갔다. 그리고 야생화를 꺾어 제단에 바쳤다.

'이건 틀림없이 좋은 징조야.'

사비트리는 그렇게 생각했다. 라마나는 멀찍이서 사비트리가 하는 양을 지켜보고 있었다.

사비트리는 고개를 숙여 비슈누 신에게 간절하게 도와달라고 청했다.

사비트리가 기도를 마치고 눈을 들었을 때 놀랍게도 비슈누 신이 그녀의 앞에 서 있었다.

"내가 그대의 남편을 구해주면 그대는 나를 위하여 무슨 일이라도 하겠는가?"

비슈누 신이 물었다. 사비트리는 간절한 마음으로 그러겠노라고 대답했다.

"그러면 우선 저 강가에 가서 물 한 바가지를 길어다 주게."

비슈누 신이 말했다.

그 길로 사비트리는 비슈누 신이 분부한 대로 강으로 달려갔다. 라마나는 어디로 갔는지 보이지 않았다. 강가에 도착했지만 마땅히 물을 길을 그릇이 없었다. 사비트리는 여기저기를 두리번거렸다. 그때 강둑 저 밑으로 누군가 서 있는 모습이 보였다. 아, 그 사람은 사랑하는 남편 샤트야완이었다!

너무 기뻐서 사비트리는 한달음에 남편에게로 달려갔다. 눈에서는 눈물이 그칠 줄을 몰랐다. 남편은 그녀를 끌어안고 그동안 무슨 일이 있었는지 물었다.

사비트리는 울먹이며 죽음의 신이 당신을 데려가기 위해 집 앞에서 기다리고 있다고 말했다.

"그러면 집으로 돌아가지 맙시다."

샤트야완은 단호하게 말하고는 부드럽게 사비트리의 손을 잡았다. 부부는 강가를 걷다가 배를 묶고 있는 사공을 만났다.

예를 갖춰 인사한 사공은 자신은 이제 막 낚시를 끝내고, 강 한가운데에 있는 섬으로 돌아가던 참이라고 말했다.

"그곳이 제 집이죠."

그가 말했다. 그러자 남편 샤트야완은 그에게 도움을 청했다. 그들은 사공의 도움으로 강 위의 작은 섬에서 새로운 생활을 시작했다.

사비트리는 더할 나위 없이 행복했다. 얼마 동안 죽음의 신 야마는 샤트야완의 근처에는 얼씬도 하지 않았다. 남편 샤트야완은 고기 잡는 방법을 배웠고, 둘은 섬에서 평화롭게 살았다.

몇 년의 세월이 흘렀다. 축복처럼 두 아이도 얻었고 매일 매일이 즐거웠다. 그러던 어느 날 밤, 커다란 폭풍우가 일기 시작하더니 급기야는 섬을 완전히 삼켜버렸다. 어둠 속에서도 사비트리는 간신히 나무에 밧줄을 걸고 살아남을 수 있었다. 아침이 되고 주위가 밝아지자 모든 것이 다 쓸려나가고 주변에는 아무것도 남아있지 않았다. 남편도, 아이들도 모두 강물에 휩쓸려 내려갔다는 것을 알게 되었다.

사비트리는 강 건너에 사는 사람들의 도움으로 겨우 강가로 나왔지만 너무나도 슬프고 절망스러워서 강가에 닿자마자 실신해 버렸다. 한참을 지나 눈을 들어보니 비슈누 신이 서 있었다.

"그대는 물 떠오는 것을 잊었는가?"

사비트리는 자신을 내려다보고는 깜짝 놀랐다. 그 모습은 바로 몇 년 전 비슈누 신이 자신 앞에 나타났을 때의 옷차림 그대로, 젊고 아름다운 모습 그대로였던 것이다.

그녀가 어리둥절해 하자 비슈누 신이 말했다.

"나에게 시간이란 없소. 나는 죽음 밖에 존재하기 때문이지. 시간은 획득과 상실의 장이라오. 그대가 시간 안에 살아있는 한, 그 상실을 막을 수 있다고 생각하는 것은 그저 환상에 지나지 않소. 그것은 다만 변화의 다른 말일 뿐이라오."

"그러면 제 남편 샤트야완은 아직도 살아 있겠군요?"

사비트리는 소리쳤다.

"그를 살릴 수 있을까요?"

그 말을 들었는지 못 들었는지 비슈누 신은 이미 저만치 사라지고 있었다. 사비트리는 비슈누 신을 잡으려고 달려갔지만 손에 잡히는 것은 아무 것도 없었다. 그녀가 돌아서자 길가에 라마나가 서 있었다.

"이제야 알겠소? 그대가 잃는 걸 두려워하는 것은 그게 무엇이든 실재하는 것이 아니라는 사실을 말이오. 죽음은 실재하는 것을 건드리지 못하오. 그것이 바로 죽음이 우리에게 주는 선물이라오."

"저는 아직도 이해할 수 없어요."

"그대가 죽으면 물질세계에 속한 것은 모두 잃게 되어 있소. 하지만 여전히 남는 것이 있소. 그것이 바로 영혼이고 그것만이 진정한 것이라오. 그러므로 그대는 잃는다는 것을 축하해야 하오. 존재의

껍질들은 언제라도 떨어져 나갈 수 있는 것이오. 하지만 그 본질은
사라지지 않소. 그리고 그 본질은 바로 당신이라오."

○ 경계 너머의 삶

내세(Afterlife)는 풀어야 할 신비가 아니다. 그것은 우리의 삶을 경계 너머 저쪽까지 확장시킬 수 있는 기회이다. 고대의 현자들이 말했듯이 의식은 순수한 정신이 자유로운 상태에서 시작된다. 이것이 바로 순수의식이다. 그 자유로운 순간에 순수의식은 마치 폭포처럼 물리적 세계에 도달할 때까지 연속적으로 반응한다. 각각의 단계는 당신에게 있다. 그 경계의 선택은 당신 혼자만의 것이다. 그러므로 천국 또는 지옥으로의 여행은 매일매일 일어날 수 있는 일이다. 멀리 떨어진 가능성만이 아니다. 많은 사람들은 이것을 선뜻 수용하기 어려울 것이다. 왜냐하면 인간은 불안정한 세상에서 안정을 가져다 줄, 고정되고 신뢰할 수 있는 '나'를 원하기 때문이다. 그러나 보는 사람과 보여지는 사람 사이에는 간격이나 분리가 없다. 안의 세계와 바깥의 세계는 끊임없이 변하고 있다.

죽음 뒤의 체험은 미묘한 세계로 바뀌게 되는데 그곳엔 무한한 다양성을 보여주는 세계가 있다. 그러나 사실 우리는 이미 매일 이 미묘한 의식의 세계를 경험하고 있다. 여기에 그 미묘한 세계로의 여행가방에 붙일 몇 가지의 라벨들이 있다.

*꿈

*상상력

*신화

*원형(Archetype)

*그림자, 유령 또는 망령

*집단적 의식

*초자연적 징조들(천사, 악마, 성인, 보살, 신)

*성스러운 환상

*욕망과 소망들

*영감

*예수 현현(예수가 세 명의 동방박사에게 처음으로 몸을 드러낸 사건
- 옮긴이)

　이러한 단어들 속에 현자가 이른 바 '미묘한 것들로 가득찬 의식'
이라고 한 모든 것들이 들어 있다. 미묘한 의식 세계를 빼놓고 온전
한 자신을 발견한다는 것은 불가능하다. 이 의식 세계는 미래의 목
적지이기도 하지만, 또한 지금 세계 여기저기에 존재하는 것이기도
하다. '그림자'라는 단어가 우리에게 별로 친숙하지 못한 용어일 수
도 있지만, 그것은 인간의 의지를 넘어서는 곳에 존재하면서 우리
에게 보이지 않는 힘을 발휘한다. 정신분석학자 칼 융이 제시한 그
림자 자아(Shadow Self)는 어두운 존재, 사악한 존재, 부끄러운 존
재, 적대적 존재로 바뀔 수 있는 에너지를 저장하고 있는 무의식의
영역을 말한다. 그림자가 어떻게 신과 천사들 같은 신령스러운 빛
의 존재들과 같은 장소에 있을 수 있을까? 상상하기 어려운 일이다.
　우리는 각자에게 독립된 장소를 할당받고 싶어 한다. 그러나 미
묘한 영역에서는 물리적인 분할이 없다. 그래서 천국과 지옥 사이
에는 장애물도 없고 빛과 그림자도 없다. 모든 미묘한 세계로 진입

할 수 있는 길은 언제나 열려 있다. 우리가 상상하고 또 꿈꿀 수만 있다면 우리는 죽은 영혼과 천사, 그리고 신까지도 체험할 수가 있는 것이다.

그러므로 의식의 미묘한 세계로 들어가려고 하는 사람이 해야 할 첫 번째 일은 무엇이 실재이고 무엇이 비실재인지에 대한 고정관념부터 버리는 일이다. 세계의 여러 문화권에서는 삶과 죽음의 경계가 서로 투과될 수 있는 것으로 보아왔다. 그러나 우리는 굳이 그 경계를 고정된 벽으로 만들었고, 그 고집 뒤에는 말할 수 없이 많은 공포가 숨어있는 것이다. 우리는 미묘한 의식의 세계와 죽음의 영역을 동일시하지만 그것은 경우가 다른 이야기이다.

최근 한 여성으로부터 이런 이야기를 들었다.

"제 아들은 아주 젊었을 때 세상을 떠났습니다. 뇌종양이었죠. 나는 아들이 죽던 그날 아들의 집에 있었어요. 그 자리에는 제 딸과 갓 결혼한 며느리가 있었죠. 톰은 아주 평화롭게 죽음을 맞이했습니다. 그리고 우리 세 여자는 밤늦게까지 아들에 관한 이야기들을 나누다가 벽난로 근처에서 함께 잠이 들었어요. 그 다음날 아침, 며느리가 잠에서 깨어나서는 아주 흥분된 표정으로, 꿈속에서 톰을 만났는데 자기는 아주 괜찮다고 말했다는 겁니다. 그러자 제 딸아이도 깜짝 놀라는 겁니다. 자기의 꿈에도 오빠가 나타나서는 똑같은 말을 했다는 겁니다. 물론 저도 놀랐습니다. 저도 사실은 똑같은 꿈을 꾸었거든요. 저희에게 나타난 톰의 모습이 너무나도 똑같고 또 생생해서 우리들 모두는 그것이 꿈이라는 사실을 도저히 믿을 수가 없었지요. 그건 진짜 톰이었다니까요?"

이 사례에서 우리는 꿈, 죽은 영혼, 그리고 집단적 의식이라는 미묘한 세계의 여러 단계들이 서로 스며드는 것을 본다. 이 사례에서 내가 '집단적 의식'이라고 한 것은 세 사람이 나누어 가진 의식을 의미한다. 물론 '집단적'이라는 의미는 더 크게 확장될 수 있다. 이런 종류의 혼합은 우리가 생각하는 것 이상으로 매우 일반적이다. 결국 경계라는 말은 임의적인 것일 뿐이다.

합리적 사고의 소유자로 알려진 아인슈타인도 백일몽(白日夢) 중에 상대성 이론의 단초를 얻었다는 이야기는 너무나도 유명하다. 그것을 꿈이라고 해야 할까? 아니면 환상, 통찰력, 또는 영감이라고 불러야 할까?

미묘한 세계를 분류하는 일은 고대 현자들 스스로 정한 연구과제였다. 그들의 설명에 깊이 빠져 들어가다 보면 우리는 영혼에 가장 가까운 실재의 단계에 다가갈 수가 있다. 우리는 말하자면 영원불멸의 부근까지는 도달하였다. 그것은 아직도 영원하지는 않지만 그렇다고 시간과 공간에 구속되어 있는 것도 아니다.

○ 다섯 가지 의식의 코샤

임사체험, 티베트 불교의 내세관, 그리고 묵시록의 진술에는 한 가지 공통된 주장이 있다. 즉, 인간은 죽으면 아름다운 모습으로 보이게 될 것이라는 주장이 그것이다. 티베트 현자들이 말하는 황금기 육신(Golden Body)과 최후의 심판 날에 무덤에서 걸어 나온다는 온전한 육신은 모두 늙지도 않고 썩지도 않은 육신들이다. 임사체험자들도 모두 내세에서 만난 친척들이나 친구들의 모습이 그들이 인생의 황금기에 보여주었던 모습들이었다고 진술하고 있다. 어린아이나 늙어빠진 노인의 모습이 아니라 한창 활발할 때인 20 ~ 30대의 모습을 하고 있었다고 한다. 성모 마리아의 현신은 늙은 할머니의 모습이 아니라 광채에 휩싸인 사랑스럽고 젊은 여인의 모습이지 않던가.

반대로 지옥을 다녀온 사람들의 설명에는 그들이 본 사람들은 모두 늙고, 병들고, 일그러지고, 비참한 모습의 집합체였다고 한다. 티베트의 현자들은 그런 단순하고 이상화된 이미지에 만족하지 않았다. 의식의 투사(透寫)로써 구현되는 미묘한 세계를 보면서, 그들은 코샤, 또는 순수의식의 분할된 층들을 주목했다. 코샤는 층, 겹, 혹은 덮개를 가리키는 말로 순수의식을 양파의 껍질처럼 두르고 있는 한 꺼풀이라고 이해하는 것이 가장 쉽다.

그 다섯 가지 의식의 층은 다음과 같다.

*물리적 육신
*프리나
*정신
*에고와 지능
*천복의 몸

이 다섯 가지 코샤는 서로 조화롭게 기능하면서 자아 시스템을 발생시키고 더 정밀하게 만든다. 당신과 나는 여러 겹으로 되어 있다. 우리는 다섯 가지 코샤로부터 분리될 수 없기 때문이다. 각각의 층이 일정한 규칙과 법칙이 있다는 사실은 우리로 하여금 그 미묘한 세계의 구조를 깨닫게 해 준다. 우리의 주의를 하나의 코샤로부터 가져다가 다른 코샤에 옮겨 놓는 경우, 죽음 이후의 삶은 하나의 여행이 된다. 우리의 여행은 자아 시스템 안에 남는다. 우리가 하나의 코샤에만 집중하지 않고 다른 층으로 관심을 돌릴 때 내세는 비로소 내적인 시스템으로의 여행이 되는 것이다.

코샤는 또한 서로 공유한다. 우주 역시 자체의 층을 가지고 있다. 예를 들어 천사를 만나거나 죽은 영혼을 만나게 되는 체험은 다른 층의 세계를 창조하는데 기여해 온 과거의 무수한 세대들 때문에 가능하게 된 것이다. 실재를 공유하는 것은 결코 신비로운 일이 아니다. 우리는 보통 내 몸은 내 것이라고 말하지만 실상은 그 몸조차도 나만의 것이 아니다. 예를 들면 지금 내가 들이마시는 공기 속에는 며칠 전 중국에서 누군가 내 쉰 숨에 들어 있던 수백만 개의 산소 원자가 들어 있을 수 있다.

또한 우리가 대중 미디어를 통해 새로운 아이디어를 얻고 그것을 나만의 독특한 영감이나 생각으로 발전시키기도 하지만, 그것도 사실은 누군가 나와 똑같은 아이디어를 가질 수도 있는 것이다. 며칠 간격으로 나만의 멋진 책이나 습작이 다른 두 세 사람의 작가에 의해 동시적으로 발간되는 일을 보면, 작가의 한 사람으로서 참 개탄스럽기도 하지만 한편으로 그런 현상은 너무나도 익숙한 일이다.

이제 다섯 가지 코샤를 살펴보자.

① 안나마야 코샤(Annamaya Kosha: 물리적인 육신)

물리적인 육신은 자아 시스템에서 가장 식별하기 쉬운 부분이다. 갓 태어난 아기들은 생리적으로 상당히 비슷하다. 그러나 나이 70이 되면 신체적인 유사함은 사라진다. 시간은 우리 각자를 남과 다르게 만든다. 이 물질적 요인이 바로 사람들이 음식, 돈, 재산, 그리고 지위 등의 자기 몫을 움켜쥐려고 싸울 때 세상에서 많은 차이를 만드는 기초가 된다. 사람들은 육신의 웰빙(Well-Being)을 증진시키고 싶어 하며, 아름다움과 매력을 유지하고 싶어 하고, 또 상해나 죽음의 위험으로부터 자신을 보호하고 싶어 한다.

이 단계의 첫째 의식은 생물학적이다. 의식은 말없이 신체의 수만 가지 기능을 조직하며 작동한다. 그러나 이 단계에서도 세포 수준에서 일어나는 일을 살펴보면 의식은 경계를 초월한다는 것을 알수 있다. 세포들은 협동하고 소통하며, 서로 기능을 교환하고 자기를 희생시키기도 한다. 또 주변환경을 의식하며 변화에 적응하고 보다 큰 전체의 한 부분으로서의 역할을 통해 생존해 나가는 방법을 알고 있다.

모든 코샤는 전일성과 차별성을 동시에 드러낸다. 만약 안나마야 코샤를 단순한 물리적 세계로 바라보면 우리의 육신은 다른 육신과 분리될 것이 분명하다. 그것이 우리들로 하여금 다른 독립된 개체들과 싸우고 경쟁해야 한다는 환상을 불러일으킴으로 해서 우리를 분리시키고 독립시키는 것이다. 안나마야 코샤는 사회 그룹 속의 협동과 물리적 안전을 통해서, 그리고 음식, 집, 섹스, 육신의 편안함에 대한 공유적 욕망들을 통해서 우리들을 전일성에 더 가까이 데려간다.

② 프라나마야 코샤(Pranamaya Kosha: 오묘한 숨, 혹은 생명력)

프라나는 생명력을 의미한다. 개개인에게 있어서 프라나는 리듬감있게 인간을 자연에 합류시켜주어서 우리 삶을 지탱시켜주는 호흡을 의미한다. 인간은 살아가는데 필요한 모든 것을 들이마시고 난 다음에는 그것을 내쉬어서 필요로 하는 곳에 되돌려준다. 서양에는 프라나에 해당하는 개념이 없다. '생기 혹은 생명력'이라는 단어가 가장 근접한 표현이라고 할 수 있다. 프라나를 무엇이라고 부르든, 이 오묘하고 넘치도록 풍부한 정보가 육신을 지탱시켜준다.

이 단계에서 의식은 자연이 손상되지 않도록 고스란히 유지하여 주는 힘이 된다. 인간은 살아있는 모든 생물들과 하나로 연결되어 있다는 점을 인식하며 살아간다. 의식은 삶의 더 높은 단계 혹은 더 낮은 단계로 구분하지는 않는다. 의식은 다양성을 조정하여 하나의 전체로 조화롭게 만들어주는 오케스트라인 셈이다. 그래서 당신이 생태계에 포함되어 있는 모든 생명의 형태들, 예를 들면 애완동물, 오래된 나무, 달, 그리고 천둥과 같은 것들이 모두 당신과 연결되어 있다는 사실을 느낀다면, 당신은 자연을 하나로 묶어주는 생명력의 흐름을 느끼고 있는 것이다.

믿을 수 없이 많은 정보가 내 몸 안에 있는 모든 세포를 만들어내고 있다는 것을 알게 되면 당신은 '이것은 내 소유야'라는 말을 더 이상 하지 않게 될 것이다. 당신은 삶을 소유할 수 없으며 다만 한 가운데 존재할 뿐이다. 그러나 아직까지는 의식의 전일성(全一性)보다는 차별성이 더 도드라져 보이는 단계이다. 그러기에 생태계를 파괴하는 일이 자신들의 자아시스템의 일부를 파괴하는 짓임을 깨닫지 못하고 자연을 마구 약탈하는 일을 멈추지 않는 것이다.

이 프라나마야 코샤는 균형상실, 파괴된 생태계, 오염, 도시집중화 현상을 통하여 우리들을 계속 분리시키기도 하고, 다른 생명과의 유대감, 생태계의 균형, 그리고 연민 등을 통해 우리들을 전일성에 더 가깝도록 이끌어주기도 한다.

③ 마노마야 코샤(Manomaya Kosha: 정신)

정신의 뿌리는 개개인의 생각과 관념이다. 인간이 무엇을 생각하느냐에 따라서 자신이 어떤 존재인지가 판가름 난다. 이 단계는 이 세상의 모든 가공되지 않은 데이터를 가지고 의미를 갖도록 만드는 과정이라고 할 수 있다. 이 의식의 층에는 감정, 정서, 기억, 그리고 여러 두뇌 활동이 포함된다.

이 단계에서 의식은 경계가 없는 우주가 그 활동무대가 된다. 정신은 무엇이든 상상할 수 있고 어디든 날아갈 수 있다. 인간의 정신은 그것이 원하는 방식으로 세계를 자유롭게 해석하는데, 불행하게도 그 방식 중에는 자기 자신에 대해 무지한 것도 포함하고 있다.

이 단계에서는 정신을 제한하는 것이 불가능하지만 많은 사람들은 이 자유의 선물을 두려워하기도 한다. 마노마야 코샤에서 우리는 신념, 두려움, 편견 등, 자신이 만들어 낸 장벽들과 부딪치게 된다.

정신(마음)은 개인적이라기보다는 집단적이다. 자신만이 독특한 생각과 기억을 말할 때, '내 마음'이라고 말하지만, 그러나 우리 생각의 90%는 사회와 그 배출구에서 집어 온 것들이다. 많은 기억들이 공유된다. 그래서 고대의 현자들이 말하길, 정신(마음)이야말로 전일성이 차별성보다 우위를 차지하는 첫 번째 코샤라고 하였다.

이 코샤는 신념, 사회의 조건화, 종교, 고정관념, 그리고 공통의 가치 등의 공유를 통해서 우리들을 전일성에 더 가깝게 인도한다. 반대로 이 코샤는 정치와 종교에 있어서의 분열된 신념, 편견, '우리 대 그들'이라는 이분법적 차별, 민족주의, 그리고 두려움과 증오로 만들어진 장벽들을 통하여 우리들을 분리된 상태에 가두어두기도 한다.

④ 위그얀마야 코샤(Vigyanmaya Kosha: 에고와 지능)

이 단계는 '나, 나의 것' 등에 의해서 주체성이 압도당하는 코샤의 단계를 말한다. 인간 사회는 아주 발달된 에고 동기와 의지를 가진 사람들을 긍정적으로 평가한다. 그런 사람들은 대개 사회적으로 성공하기 때문이다. 그러나 영적인 진리를 추구하는 사람들은 종종 자신들이 해야 할 일이 곧 에고를 죽이는 일이고 에고의 충동을 억제하는 일임을 잘 안다. 만약 우리가 에고에 대한 편견을 버리고 그냥 '나라는 존재'를 바라본다면, 이 자아의 단계는 우리들 주체성을,

에고 동기가 우리들에게 추구하도록 충동질하는 외적인 것들이 아닌, 존재의 상태로 인도한다.

그런데 이 주체성은 하얀 백지처럼 오랫동안 유지되는 게 아니다. 그것은 우리가 동일시하기 위하여 선택하는 것에 따라 연상과 집착으로 채워지게 된다. 위그얀마야 코샤는 신화와 원형이 활동하는 단계이다. 신화나 원형에 등장하는 여러 신들은 우리의 원초적인 욕망, 탐색, 전쟁, 그리고 사랑을 연기(演技)한다. 에고도 우리들에게 주체성 그 자체에 대한 지식, 즉, 무엇이 인간됨인지를 알려준다. 가족과 사회가 없이는 내가 누구인지를 알 수 없기 때문이다.

이 단계에서 의식은 자아 중심적(Ego-Centric)이고 자신에게 무게 중심을 둔다. 그 어떤 것도 더 보편적이지 않으나, 한 사람의 욕망이 다른 사람의 욕망과 부딪칠 때는 에고 동기가 우리를 분열시키기도 한다. 우리가 에고를 말할 때는 에고 개성(Ego Personality)을 말하는데, 여기에는 개인적인 욕망, 꿈, 신념, 좋아하는 것과 싫어하는 것 등이 가득 차 있다. 위그얀마야 코샤는 세계의 공통된 원형이나 신화에서 보았듯이 전일성이 차별성을 제압한다.

이 코샤는 인간애, 영웅적인 행동, 신화적 탐구, 자아존중, 존엄성, 그리고 가치를 통해서 우리들을 전일성에 더 가까워지도록 인도한다. 반대로 이 코샤는 개인적인 소외, 차이로 인한 두려움, 외로움, 수치심, 그리고 죄의식을 일으키는 억압된 감정 등을 통해서 우리들을 분리된 상태로 놓아두기도 한다.

⑤ 아난다마야 코샤(Anandamaya Kosha: 천복의 몸)

현자들에게 천복은 황홀경의 느낌 그 이상의 것이었다. 그것은 우주의 기본적인 진동이며 모든 다양성이 그 안에서부터 솟아나오는 근본적인 상태이다. 우리는 이 단계에서 존재하는 육신도 없으며, 정보 처리도 없고, 바쁜 마음도 없고, 숨을 필요도 없는 상태인 죽음 이후의 삶을 상상해 볼 수 있다.

아난다는 창조의 가능성이다. 그리고 우리가 그 천복의 몸에 거주하는 한, 천복은 강력하고 역동적인 체험이지 잠재적인 가능성이 아니다. 이 단계에서 의식은 존재의 기쁨이다. 의식은 외부 세계의 사물에 초점을 맞추는 대신, 자연의 모든 분자들을 뒤덮고 있는 그저 얇은 가리개일 뿐이다. 그 가리개 뒤에서 순수 의식의 빛이 환하게 빛난다. 신앙의 실천이 사람의 기쁨을 크게 하고 황홀경의 깊은 곳까지 도달하게 한다.

그러나 천복 그 자체는 행복이나 기쁨의 느낌과는 거리가 멀다. 비록 천복의 아주 옅은 상태라도 그 두 가지 감정 이상은 충분히 되고도 남지만 말이다. 천복은 순수 의식이 창조할 수 있도록 하는 진동연결체이다. 이 코샤는 사랑, 기쁨, 황홀감을 통해서 전일성을 너무나 분명하게 보여주기 때문에 분리라는 개념이 더 이상 주목을 끌지 못한다.

아난다마야 코샤는 우리가 물리적 형태로 살기를 허락한 만큼의 개성이 가미된 순수한 존재라고 말할 수 있다. 이러한 얇은 가리개가 제거되고 나면 당신은 존재 속에 용해되면서 천복 그 자체로 변해버린다.

○ 여러 차원에서 코샤 바라보기

일단 코샤를 이해하였다면 당신 자신을 다차원적인 관점에서 바라
보는 것도 가능해진다.

　*물리적 차원(Phsical Dimension)은 행동을 수반한다. 시간과 공간에
서 분리된 자신을 본다면, 당신은 이곳에 사는 것이다.
　*프라나 차원(Pranic Dimension)은 당신과 다른 생물체를 연결한다.
자연의 창조물로서의 한 부분으로 자신을 발견한다면, 당신은 이곳에
사는 것이다.
　*정신적 차원(Mental Dimension)은 사고를 통하여 실재를 조절한다.
당신이 생각, 욕망, 희망, 꿈, 그리고 두려움 등의 집합체로서의 자신을
발견한다면, 당신은 이곳에 사는 것이다.
　*에고 차원(Ego Dimension)은 당신의 독특한 주체성을 명확히 한다.
당신이 나, 나에게, 나의 것 등의 용어로 당신 자신을 본다면, 당신은 이
곳에 사는 것이다.
　*천복의 차원(Dimension of Bliss)은 사랑과 기쁨을 통해서 궁극적인
성취를 요구한다. 당신이 사랑의 힘을 통하여 모든 사물과 혼합된 자신
을 본다면, 또는 황홀감 외에는 어떤 다른 느낌을 갖지 않는다면, 당신
은 이곳에 사는 것이다.

이제까지 살펴보았듯이 각 코샤는 우리가 전일성에 더 가깝게 다가가도록 해주기도 하지만, 우리들을 분리시키고 독립시켜서 완전함으로부터 멀어지게 하기도 한다. 현자들은 분리된 상태에서 겪는 모든 체험은 꿈이지만, 전일성은 그 자체로 유일한 실재(實在)라고 보았다. 현자들은 말하길 인생의 목적은 의식의 통일성을 찾는 것과 요가의 구현에 있으며 이런 통일성은 각 코샤에 초점을 맞춤으로써 성취할 수 있다고 하였다.

*물리적 몸(Physical Body): 요가는 육체적인 자세를 사용하는데 이를 아사나(Asanas)라고 한다. 요가는 균형, 힘, 그리고 신체에 대한 인식을 조합해서 육체적인 의식을 활성화시킨다.

*프라나 몸(Pranic Body): 요가는 부드러운 운동, 자아-의식적인 호흡을 통해 프라나의 의식 흐름으로 우리들을 인도한다.

*정신적인 몸(Mental Body): 요가는 분별의 장 전체를 사용해서 정신이 어떻게 움직이고 작동하는지 지각하도록 돕는다.

*에고(Ego): 요가는 명상과 선정(禪定)을 통해서 의식이 충만한 상태에 이르게 한다. 모든 체험의 근간이 되는 '나는 존재한다'의 의식에 가까이 간다.

*천복의 몸(Body of Bliss): 요가는 계속되어지는 깊은 침묵의 단계를 이용하여 천복의 미묘한 울림을 마음의 표면으로 인도한다. 그 결과 삶의 매 순간에서 우주의 진동을 느낄 수 있도록 우리들의 의식을 깨워준다.

나는 지금까지 삶의 한 형태인 요가를 간략하게 설명해 보았다. 물론 말처럼 쉽게 고정관념이나 의식의 변화가 일어나는 것은 아니다. 우리는 내세의 또 내세, 지금 생의 다음이라는 시간적 후순위가 너무나도 멀기 때문에 쉽사리 의식의 전환을 이루지 못한다. 그러므로 우리는 '현재'에서 더욱 많은 통일성을 창조해야 한다.

요가는 현대인이 생각하듯 고대 인도만의 전통이 아니었다. 그러나 불행히도 이런 선입견이 우리의 고정관념을 전환시키는 또 다른 장애가 되어 왔으며, 우리를 새로운 도전에 직면하게 만들고 있는 것이다. 인간은 다섯 가지 의식의 층으로 된 세계에 살고 있으며, 우주적 의식과 개인적 의식이 다르지 않고 전일성에서 서로 통한다는 사실을 당신은 어떻게 받아들일 것인가?

○ 의식의 집에서

당신과 나는 주로 물리적인 세계에서 사는 것처럼 보인다. 그러나 인간의 인식은 순수의식에서부터 시작되었고 우리들이 이 삶의 층과 층을 통해 다른 차원으로 넘나들며 여행을 한 결과, 각 층은 우리들에게 자아에 대한 새로운 의식을 준다는 사실이 발견되었다. 우리는 하나의 완전한 자아 시스템을 가지게 되었다. 현자들이 이러한 시스템을 연구한 결과 도달한 결론은 다음과 같다.

 *순수 의식은 어떤 형태로든 모든 존재에 깃들어 있다.

*물리적 세계는 최소량의 순수 의식을 가지고 있다. 그 세계가 물리적 사물과 분리의 환상에 의해 지배되기 때문이다.

*우리가 순수 의식에 가까이 다가가면 갈수록 순수 의식은 점점 더 강력해진다.

*미묘한 단계에 있는 누군가의 의식을 변화시키면 모든 코샤 전체를 변화시키는 결과를 낳는다.

*만약 우리가 이런 법칙을 제대로 이해하고 따른다면, 우리 모두도 현자들이 누린 것과 같은 상당한 수준의 통달함을 얻을 수 있다.

나는 얼마 전에 인터넷을 통해 누구나 자신의 삶을 의식에 기초하여 영위해 나간다면 그것이야말로 물리적 세계를 정복하는 최선의 방법이라는 사실을 전한 바 있다. 그러자 많은 사람들이 다양한 리플들을 달아주었다. 그것들은 대체로 회의적인 반응들이었다.

"선생님이 원하는 방식을 말해 보세요. 우리에게 중요한 것은 지구를 파괴하는 행동을 중지시키는 거예요."

"의식? 좋지요. 하지만 그것이 전쟁과 테러리즘을 멈추게 하지는 못할 겁니다."

"총성이 멈추도록 하는데 의식을 이용할 수 있다면 정말 행운이 겠죠."

이들의 반응을 통해서 알 수 있는 것은 대부분의 사람들은 물리적 코샤를 첫째 순위로 놓으며, 직접적인 행동을 통해서만 물리적 사태에 변화를 줄 수 있다고 생각한다는 점이다. 그렇다면 실재를 변화시키는데 최선의 방법은 의식이라는 사실을 어떻게 증명할 수 있을까? 물리적인 수준에서 보면 행동은 의식과 별개로 일어나는 것처럼 보인다. 불교에서 말하는 무위는 의식 속의 행동을 의미한다. 그러나 이 말을 이해하지 못하면 무위는 아주 이상한 것으로 보일 것이다. 의식 속의 행동은 여러 가지 형태로 드러난다. 간디의 수동적 저항운동도 무위의 다른 형태로 볼 수 있다. 그리고 그 운동은 결과적으로 인류의 의식에 커다란 반향을 불러 왔다. 의식에 포함되어 있는 강력한 개념과 생각 역시 종종 세상을 크게 변화시켜 왔다. 그리스가 탄생시킨 민주주의라는 개념에서부터 아인슈타인의 상대성 이론에 이르기까지 인간 의식의 산물인 개념은 역사 자체를 변화시켜 왔다. 그러므로 우리가 더 미묘하고 신비로운 의식의 층위로 올라갈 때마다, 모든 행동들은 의식 속에서 이루어진다는 사실을 더 많이 알게 될 것이다.

다섯 가지 코샤의 하나하나의 행동에 관해 몇 가지 제시를 함으로써 이야기를 단순화시켜보자.

*안나마야 코샤 – 그대의 육신: 잘 먹이고 순종하라. 놀라운 내적 지능을 감상하라. 육신을 두려워하지 말고 중독성 있는 물질로 몸을 오염시키지 말라. 시간을 갖고 그대의 몸에 생생하게 존재하라.

*프라나마야 코샤 – 생기의 육신: 자연으로 나아가 자연이 곧 그대의 안식처임을 알고 그 느낌 속에 안식하라. 생태계를 존중하고 양육하는 데 힘쓰라. 살아있는 생명체에 해를 끼치지 말라. 두려움이나 적대심을 갖지 말고 자연을 보라. 생명을 경외하는 것이 가장 중요한 덕목이다.

*마노마야 코샤 – 정신적 육신: 정신을 긍정적으로 사용하라. 인간 정

신의 산물인 좋은 책을 읽고 좋은 작품을 감상하라. 자신이 전체라는 것을 자각하고 전체성을 지탱시키는 개념들이 자유롭게 넘나들도록 하라. '나와 그들'이라는 대립적인 분리에 저항하라. 당신의 기계적인 반응들과 오래된 신념들을 주의 깊게 관찰하라.

*위그얀마야 코샤 - 에고의 육신: 비전을 발견하라. 그대 자신이 더 성숙할 수 있도록 최적화시키고 개인적으로 진화할 수 있는 길을 모색하라. 세계 여러 문화마다 존재하는 공통된 영혼과 지혜의 전통을 찬미하라. '세계는 내 가족'이라는 금언에 따라 가능한 모든 면에서 자비를 베풀라.

*아난다마야 코샤 - 천복의 육신: 축복을 찾고 이를 초월하는데 필요한 수행을 실천하라. '그대의 천복을 따르라'는 말을 이해할 수 있는 단계에 와 있으니 이제 그 말을 실행에 옮기라. 깊은 이완상태와 같은 알파 파(波) 운동을 통해 삼매경과 같은 깨달음에 빠져라. 그리고 그대의 존재 이유를 깊이 체험하라.

11. 영혼의 안내자와 전령들

"이제까지 배운 것만으로 충분한가요?"

사비트리가 물었다. 이제 사비트리는 자신의 내부에 커다란 변화가 있음을 느낄 수 있었다. 한때 실재라고 생각했던 많은 것들은 이제 한낱 신기루에 불과했다. 진짜 깊고 오묘한 실재는 눈에 보이는 것이 아니었다.

"그런 거 같소."

라마나가 말했다.

"저와 함께 가실 건가요?"

그러자 라마나가 고개를 저었다. 그는 미소를 지으며 말했다.

"야마가 놀라 죽게 하고 싶은 마음은 없소이다."

사비트리의 심장이 쿵쿵 뛰었다.

"그렇지만 어떻게 돌아가지요? 제가 지금 어디에 있는지도 모르는데요."

"그것은 그대가 그렇게 상상하는 건지도 모르지요."

그러더니 라마나는 숲속의 가장 어두운 쪽을 가리켰다. 반딧불일까? 그곳에는 빛을 내며 날아다니는 한 무리의 곤충들이 있었다. 숲은 어두웠지만 그 불들이 길을 비추어 주고 있었다. 라마나가 말했다.

"가시오. 내가 그대와 함께 갈 수 없다는 것을 그대도 잘 알고 있을 것이오. 그것은 또 다른 상상일 뿐이오."

아직도 머뭇거리는 사비트리를 보면서 라마나는 고개를 숙여 예의를 갖추었다.

"모든 것은 정해진 대로 갈 뿐이오."

사비트리는 그 말이 바로 죽음의 신 야마가 자신의 집 문 앞에서한 말이었다는 사실을 기억해 냈다. 그녀는 라마나가 숲 속으로 완전히 사라질 때까지도 계속 그렇게 머뭇거리고 있었다. 라마나의모습이 더 이상 보이지 않자 사비트리는 반딧불이 있는 곳으로 걸어갔다. 가까이 다가가 보니 빛을 내는 것은 반딧불이 아니라 요정의 무리였다. 요정도 천사나 마찬가지였지만 그들은 자연의 영을갖고 있었다.

"누구신가요?"

사비트리가 물었다.

"나무의 요정들인가요?"

인도에는 자연의 모든 구석구석에 요정들이 살고 있어서 자기네들이 거주하는 자연에 생명력을 불어 넣어주고 있었다. 그러나 대답 대신에 그 불빛들은 쏜살같이 달아나 버렸다. 순간 사비트리는 그들이 자신을 두려워한다는 것을 알 수 있었다. 사비트리는 아주 부드럽고 친절한 목소리로 그들에게 다시 돌아올 것을 간청했다. 불빛을 내는 요정 중 하나가 말했다.

"우리를 죽이려하는 당신에게 왜 가야 하죠?"

그 목소리는 밖에서가 아니라 사비트리의 내면에서부터 들려왔다. 사비트리는 깜짝 놀랐다.

"죽이다니? 나는 한 번도 그런 생각을 해 본 적이 없는데."

그러자 그 불빛이 다시 말했다.

"지금 당신이 그러고 있잖아요. 우리는 당신을 지키는 요정들인데, 보세요. 우리가 얼마나 연약해 보이는지요."

사비트리가 말했다.

"내가 어떻게 했는지 말해줘요. 지금 바로 이 순간이야말로 내게는 당신네 요정들의 도움이 제일 필요할 때란 말이에요."

그러자 그 요정은 또 대답했다.

"당신은 이제까지 우리들이 알 수 없는 아주 비밀스런 슬픔으로 가득 차 있었어요. 당신은 죽음을 걱정하고 있었겠죠. 그리고 잠시도 우리를 생각해 본 적이 없었고, 우리에게 도움을 청하지도 않았어요. 그런 태도가 바로 당신이 우리들을 죽이려고 하는 것이란 말이에요."

사실 사비트리는 지금까지 단 한 번도 요정들이 관심을 필요로 하고 있다는 생각을 해 본 적이 없었다. 이 순간 죽음이라는 말이 그녀의 마음을 사로잡고 그녀가 공포에 질리게 되자 요정들의 빛은 더욱 더 작아지고 희미해져 갔다. 사비트리는 소리쳤다.

"잠깐만요. 제발 내가 당신들을 죽이지 않도록 해줘요."

요정이 대답했다.

"그럴 수 없어요. 우리는 영원불멸의 존재들이에요. 당신이 우리를 해친다고 해서 크게 위험하진 않아요. 진짜 위험한 것은 우리와 당신 사이에 존재하는 끈을 당신이 잘라버리는 때죠. 우리는 당신의 사랑과 관심이 필요해요. 그 사랑과 관심을 받아야 우리가 당신을 도울 수 있어요."

"어떻게요?"

"영감을 통해서죠. 우리는 영원의 소식을 전달할 수 있어요. 우린 당신이 우리를 볼 수 있도록 도와주기도 하지요. 지금 이 순간처럼 말이에요. 그리고 신성한 계획 속에서 당신이 자신의 자리를 찾도록 도와주죠. 그게 우리가 하는 일이랍니다."

"그럼 남편 샤트야완이 죽는 것도 신성한 계획인가요?"

사비트리는 물었다. 요정들은 점점 더 사비트리에게 가까이 다가오는가 싶더니 갑자기 흩어져서 멀찍이 달아났다. 사비트리는 요정들의 그런 모습을 보고서 심호흡을 하고 마음속으로 희망과 용기를 되살렸다. 그러자 요정들이 다시 조심스럽게 그녀에게로 다가오기 시작했다.

"신성한 계획이란 생명 그 자체지요. 그건 모든 피조물들이 저마다 있어야 할 자리에 있는 것이기도 하고요. 인간에게 있어서 적당한 자리란 첫 번째가 영원이고 두 번째가 이 지상이죠. 죽음은 두 호흡 사이의 잠깐 쉼과 같은 것이랍니다. 그 순간에 우리는 이 세상에서 저 세상으로 건너가죠."

사비트리의 마음은 감사로 가득했다. 요정들은 더 가까이 다가왔다. 요정들은 더 밝게 빛을 내면서 길을 밝혀 주었다. 사비트리는 자신이 길을 잃은 것이 아님을 알 수 있었다. 자신의 오두막은 아주 가까이에 있었다. 사비트리는 결연한 발걸음으로 명멸하는 빛 무리의 인도를 받으며 집 쪽으로 다가갔다.

○ 천사는 어떻게 나타나는가?

실재와 비실재에 선을 긋는 것은 의식이 어떻게 작동하는지를 모르기 때문이다. 만약 당신이 '내게는 수호천사가 있다'라고 말하면 나는 그것을 인식의 단계에 따라 다음과 같이 다양하게 해석할 수 있다.

*나는 나에게 수호천사가 있다는 상상을 한다.
*내가 믿는 종교에서는 천국에 나의 수호천사가 있다고 가르친다.
*나는 천사에 관한 신화를 많이 읽었다.
*나는 수호천사를 보았고 실제로 그 존재를 체험했다.
*수호천사를 갖는 것은 나의 소원이다.
*나는 꿈속에서 수호천사를 보았다.

꿈과 상상력 같은 어떤 의식들은 우리 사회에서 이해되고 받아들여지기도 하지만 현대인들은 죽은 영혼이나 신성한 빛을 보는 것과 같은 경험을 흔히 미신으로 격하하기도 한다. 그러나 나는 명상 중에 아주 또렷한 의식으로 성인들을 보았다는 사람들과 그들의 방문을 받았다는 사람들을 많이 만나 보았다. 그들이 말하는 인물들이란 힌두교의 도사들, 미카엘 천사, 예수, 붓다, 티베트의 고승들, 그리고 심지어는 그들 자신이 환생한 모습들이다. 물론 그들의 그러한 체험 자체가 부인돼서는 안 된다.

사실 서양보다는 다른 문화권이 이런 미묘한 세계를 향해한 이야기에 대하여 저항감이 훨씬 덜하다. 우리들은 이러한 세계를 물리적 세계와 분리시켜 벽을 쌓으려는 경향이 있다. 그리고 다음과 같이 마음대로 판단한다.

*천사를 보았다고 하는 사람들은 그냥 자신들의 상상을 말하는 것이다.

*꿈은 환상이다. 그러므로 모든 다른 신비한 현상들도 그저 환상일 뿐이다.

*만약 당신이 물리적이지 않은 어떤 현상을 보거나 듣는다면, 그것은 당신이 환각상태에 있다는 증거이다.

*신이나 천사를 보는 것은 UFO를 보는 것과 같은 것이다. 둘 다 정상적인 체험이 아니다.

*신성한 환영은 간질이나 편집증과 같은 정신병 때문에 생기는 것이다.

그러나 의식 안에서 창조하는 일은 인간이 지닌 가장 위대한 재능이며, 그 창조는 진화를 거듭해 나가게 되어 있다. 당신이 창조자로서의 역할을 아무런 판단 없이 받아들이고 마음을 개방한다면 당신은 더 많은 자유를 얻게 될 것이다. 그것은 매순간 우주를 새롭게 하는 계속되는 사건일 수 있기 때문이다.

위대한 예술작품은 꿈이나 환상, 또는 순간적인 영감을 통해서 태어나기도 한다. 그것은 보이지 않는 상상력 속에서 형성되지만 예술가는 그것을 진흙이나 캔버스를 통해 형상으로 옮겨 놓는다.

미술작품은 관객에게 영감을 불러일으킬 수 있어야 하며, 그로 인해서 명성과 이해를 얻어야만 한다. 하나의 예술작품이 갖는 위대성이 평가되면 전체 문화권이 그를 칭송하고 경탄해마지 않는다. 우리는 '모나리자'라는 단어를 별다른 저항 없이 '천사'라는 말로 바꾸어 쓸 수 있을 것이다. 모나리자가 인간이 만든 위대한 작품이라는 사실에 우리들은 이의를 제기하지는 않는다. 그러나 대다수의 사람들은 자신이 창조자라는 사실을 제대로 모르기 때문에 창조자로서의 역할도 인정하지 못하는 것이다. 그렇다면 이제 다음 단계는 창조의 과정을 자세히 살펴보는 것이다.

○ 의식이 비추어 주는 것

천사들이 창조되는 메커니즘을 우리는 투사(Projection)라고 부른다. 심리학에서는 이 말을 '객체 위에 걸려있는 주체'라는 말과 동의어로, 즉, 약간 경멸적으로 사용한다. 예를 들어 사람들은 자신의 부정적인 감정을 받아들일 수 없기 때문에 그 부정적인 모습을 다른 사람에게 전가시킨다. 우리 입장에서 자주 보는 투사의 예를 몇 가지 들어보자.

"당신이 나를 더 이상 사랑하는 거 같지 않아." – 당신은 투사하고 있을 뿐이다. 이 말은 스스로가 투사하는 것이다. 나 역시 그런 경우가 종종 있다.

"밖이 시끄러워. 아무래도 사고가 났나 봐." - 당신은 모든 소음은 다 위험하다는 생각을 가지고 있다. 이 경우도 자신의 주관적인 생각을 투사하는 예다.

"다음 주에 몸무게를 5킬로그램 빼지 못한 채 파티에 가면 다른 사람들이 나를 흉볼 게 틀림없어." - 마찬가지이다. 당장 투사를 멈추어라. 당신은 전혀 흉하지 않다.

투사는 아주 복잡하다. 자신이 속하는 사회가 안전하지 않다고 여기는 사람들은 거친 환상을 투사한다. 이슬람 근본주의자들은 서양을 부패하고 성스럽지 않으며 퇴폐적인 곳이라고 투사한다. 그와 마찬가지로 기독교 근본주의자들 역시 이슬람은 야만적이며 광신적이고 신이 존재하지 않는 곳이라고 투사한다. 그리고 이런 투사가 그럴듯하게 받아들여지는 이유는 우리가 실재를 보지 못하고 두려움, 적대감, 염려, 불안과 같은 잘못된 감정을 만들어내기 때문이다. 그런데 정작 우리들은 자신들이 만들어 낸 그런 부정적인 감정에 대해서는 책임을 지려고 하지 않는다. 물론 투사가 긍정적인 부분도 있다. 사랑하는 이에게 마음을 빼앗긴 연인이 상대방에게 몰입하고 헌신하는 경우가 그렇다. 그 완벽함을 가진 연인은 친구나 가족들에게는 그저 그런 평범한 인물일 것이다.

베다 시대의 현자들은 투사는 의식이 실재를 창조하는 메커니즘이라고 말했다. 우리들은 이런 투사와 너무나도 친숙해 있다. 바로 영화산업이 이런 투사에 전적으로 의존하는 경우이다. 할리우드에

218

서 스타는 실재와 투사 사이의 구분선을 넘나드는 존재들이다. 만약 톰 크루즈가 고장 난 차를 수리하는데 도움을 주기 위해 차를 세웠다던가, 제니퍼 애니스톤이 누군가와 데이트 중이라는 사실이 알려지면 이것은 세계적인 뉴스거리가 된다. 그 이유는 무엇인가? 스타는 슈퍼맨의 차원으로 투사되기 때문이다. 그들의 조그마한 몸짓이나 행동은 특별한 이유 없이 매우 중요하고 의미 있는 것이 되기 때문이다. 그냥 평범한 사람이 길거리에서 펑크 난 차 바퀴를 갈아 끼우는 사람을 도와주었다고 해서 그게 영웅담이 되지는 않는다. 젊은 여성이 데이트를 한다고 해서 사랑의 여신이 등장한 듯 매스컴이 호들갑을 떨지는 않는다. 투사는 인간을 슈퍼맨으로 만들기도 하고 자연을 초자연적 상태로 만들기도 한다. 투사를 다루는 재료에는 다음과 같은 것들이 있다.

*상징: 투사는 더 깊고 의미심장한 무언가를 대신하여 보여줄 것임에 틀림없다.
*욕망: 투사는 우리가 직접적으로 성취할 수 없는 소망이다.
*환상: 투사는 물리적인 제약이 효력을 발생하지 않는 영역에서 실행되어야 한다.
*신화와 원형: 투사는 그 의미가 보편적이어야 한다.
*이상주의: 투사는 우리를 좀 더 고차원적인 가치에 연결시켜 주어야 한다.

이러한 요구조건들은 창조자의 의식 속에서만 만난다. 불타는 건물에서 아이를 구해내는 소방관은 영웅이 아니다. 왜냐하면 방염외투를 입고 불길 속으로 뛰어드는 것이 그의 직업이기 때문이다. 그러나 사람들은 필요한 재료들을 투사하여 그를 영웅으로 만들기도 한다.

 *그는 우리를 보호해주는 아버지를 상징한다.
 *그는 위험으로부터 우리를 구출하여야 한다는 우리의 욕망을 만족시켜준다.
 *그는 불보다 강하다는 환상 속에 존재한다. 그는 불과 싸워서 이기는 사람이다.
 *그는 재난을 당하는 공주를 구출해 내는 신화 속의 왕자와도 같다.
 *우리는 소방관을 영웅적인 남성으로 이상화시킨다.

 만약 투사가 없다면 우리는 소방관을 이런 식으로 바라보게 되지는 않을 것이다. 바로 이것이야말로 우리가 어떻게 먼저 투사를 창조해내고 그리고 다음에 거기에 참여하는가에 대한 좋은 예이다. 사회는 이런 투사의 발생과 소멸을 끊임없이 반복하고 있다. 마약을 복용해서 하루아침에 스포츠 스타에서 추락하는 영웅들을 보라. 여신처럼 추앙받던 여배우가 의외의 염문으로 스캔들을 일으켜 천국에서 지옥으로 떨어진다. 자신의 인생에서 더 과분한 평가를 받아 온 사람들 중에는 대중들의 상징, 환상, 이상, 그리고 신화를 능숙하게 다룰 줄 아는 사람들이 많이 있다. 시장에서 성공을 거둔 제품들 중에도 이런 투사를 능숙하게 이용한 사례가 비일비재하다.

그러나 여기까지는 투사의 겉모습일 뿐이다. 인간의 내면에 잠재해 있는 투사의 힘은 아직 다 드러나지 않았다. 인간의 문화는 투사에 의해서 세워졌다. 사건들은 우리가 그것에 가치를 부여하기 전까지는 아무런 의미가 없다. 우리가 TV에서 보는 무수한 사람들의 죽음을 관찰해 보라. 어떤 죽음은 우리에게 별다른 의미가 없어 보인다. 왜냐하면 그 죽음은 우리와 별로 상관없는 일처럼 보이기 때문이다. 그러나 우리가 이 죽음에 어떤 가치를 부여하면 모든 것이 달라진다. 지금까지 별다른 의미를 갖지 못했던 죽음들이 갑자기 홀어머니의 자식, 췌장암의 희생자, 조국을 지키다 산화한 병사로 이해되는 순간, 그 죽음들에 긍정적인 이미지가 덧씌워진다. 이것이 투사의 긍정적인 이미지이다.

반대로 부정적인 면을 보자. 어떤 죽음이 반란자, 탈옥수, 조직폭력배의 죽음으로 이해되면, 그런 죽음은 사람들의 동정을 받지 못한다. 죽음은 모두 동일한 죽음이어야 하는데, 우리가 이런 이미지를 투사하느냐, 또는 저런 이미지를 투사하느냐에 따라서 그 죽음의 가치는 천양지차가 되어 버리는 것이다.

고대의 현자에 의하면 한 가지 투사는 모든 의식의 층에 영향을 준다고 한다. 우리가 물질적인 세계에서 창조를 하면 그것이 모든 차원의 의식과 모든 창조 영역에 영향을 주게 된다. 의미는 결코 혼자서 고립되어 존재하지 않는다. 천사들은 존재한다. 왜냐하면 그들은 우리의 의식 속에 오랫동안 투사되어 왔기 때문이다. 마치 영화가 영상, 프로젝터, 그리고 보는 자를 필요로 하듯이 천사들도 마찬가지이다. 고대 인도 철학인 베단타의 용어를 빌어 설명하면 다음과 같다.

*보는 자, 혹은 관찰자는 현자(Rishi)요.
*투사의 과정은 데바타(Devata)이며,
*투사되는 것은 챤다스(Chandas)이다.

극장으로 치면 관객은 현자요, 영사기는 데바타이며, 스크린에 나타나는 영상이 챤다스이다. 물론 이런 용어가 중요한 것은 아니다. 고대의 현자들은 우주의 이 세 가지 규칙이 하나 속에 존재한다는 삼위일체라는 의식의 규칙을 만들어 냈다. 만약 당신이 보는 자(Seer), 보여지는 것(Seen), 그리고 보는 과정(Process of Seeing)이라는 세 가지 요소 중 어느 한 가지에 속한다면 당신은 그들 전체를 다 소유하는 것과 같다.

만약 당신이 세계를 그저 아무런 생각 없이 '바라본다'면 세계는 그대를 지배하게 될 것이다. 수동적인 그대를 상대로 세계는 무엇이든지 마음대로 할 것이기 때문이다. 만약 '보는 과정'에 참여한다면(이혼하러 가기, 일하러 가기, 요리하기 등) 그대는 창조의 힘에 한 걸음 더 가까이 가게 된다. 하지만 보는 과정은 그것만의 작동 메커니즘을 가진 채 우리를 압도한다. 만약 그대가 보여지는 사물 그 자체라면(부자, 아름다운 여성, 범죄자, 설교자 등) 객관적인 라벨이 그대에게 의미와 지위를 부여할 것이다. 그러므로 보는 자, 보여지는 자, 그리고 보는 과정이라는 세 가지 요소가 통합되어야만 우리는 창조자로서의 완전한 힘을 얻을 수 있는 것이다.

영혼의 차원에서 보면 이 세 가지 역할은 하나의 통일성 안에 포용된다. 역설적으로 신은 창조자이자 동시에 그의 피조물이 된다. 일단 그가 자신의 창조를 바깥으로 투사하면 통일성은 다양성으로 바뀐다. 이것이 바로 베단타가 말하는 빅뱅(Big Bang)이다. 창조자가 자신을 바라보기 시작하면 바로 세 층의 상태가 존재한다. 보는 자(현자)가 대상(찬다스)을 관찰과정(데바타)을 통해서 바라본다는 말이다.

이 세 가지가 나타나자마자 전체 우주가 그것과 함께 나타난다. 그 메커니즘 안에서 창조자는 갑자기 가능한 것을 바라보는데, 그 행동에서 무한한 다양성이 생겨나게 된다.

○ 데바타(Devata) 효과

창조의 신비는 바라보는 자와 보여지는 것의 간격에 존재한다. 천사 역시 그 간격에 존재한다. 천사란 의식의 과정이며 성경의 용어를 빌리자면 하나님의 종이다. 데바타는 '과정'을 뜻하는 산스크리트어인데 천사를 가리키는 데바(Deva)에서 유래했다. 데바는 신의 소식을 전달하는 전령자 이상의 의미를 담고 있다. 그들은 창조자의 명령을 수행하는 창조의 대행자들이다. 창조자는 바라보는 일 이외에는 아무 일도 하지 않으며 눈에 보이지 않는 존재이다. 우리가 투사에 속하는 것으로 생각했던 모든 것들이 데바 효과에 속한다고 생각하면 옳을 것이다.

*물리적 차원에서 천사는 방문자의 안내자로 나타난다.

*생기의 차원에서 천사는 창조 안에 생명을 불어 넣어 자연을 지탱해 나간다.

*정신적 차원에서 천사는 환영과 함께 나타난다.

*에고의 차원에서 천사는 개인적인 안내자이자 수호자의 역할을 한다.

*천복의 차원에서 천사는 신을 옹호하고 끊임없이 찬미한다.

다섯 가지 의식 단계는 각각 소통의 필요성을 가지고 있다. 창조적인 충동은 한 의식단계에서 다음 의식단계로 폭포처럼 쏟아지지 않으면 안 된다. 천사들은 정보가 교류되고 조직되는 방법을 상징한다. 그 상징 안에 있는 실재를 '데바타 효과'라고 부른다. 우리에게 숨어 있는 실재를 더 잘 이해시켜 줄 수 있는 확실한 예가 있다.

○ 릴리의 케이스

릴리(Lily)라는 여성은 네 살 되던 해 생일에 처음으로 천사를 만났다.

"생일 촛불을 끌 때 엄마가 전등불을 켰어요. 저는 주변을 둘러보다가 방 한쪽에 서 있는 몇몇 사람들을 보았어요. 물론 촛불이 켜져 있을 때는 없었던 사람들이었죠. 저는 그 사람들을 가리켰지만 아무도 못 알아보는 거예요. 하지만 저는 아주 행복한 느낌이었죠."

릴리가 처음으로 천사를 만나게 된 것은 물리적인 세계에서였다. 누구도 릴리가 본 사람들을 알아보지 못하자 천사들은 금세 사라지고 말았다. 그러나 릴리에게는 그 사람들이 너무나도 생생했기 때문에 릴리는 자라면서 그들이 천사였다는 것을 알게 된다. 그 천사들은 릴리가 눈을 감기만 해도 볼 수 있었으며 릴리의 질문에 대답도 해 주었다고 한다.

"늘 한결같은 목소리는 아니었어요. 나는 한 번도 그들이 환각이라고 생각해 본 적이 없어요. 늘 의식적으로 천사들을 불렀고 그럴 때마다 의외로 편안한 마음을 느끼곤 했죠. 누구나 그런 식으로 자신들의 수호천사를 만날 수는 없겠죠. 하지만 나는 다른 사람들의 수호천사도 볼 수 있어요. 누구나 사람들에게는 수호천사가 있거든요."

릴리가 가진 능력은 베다의 현자들이 말한 미묘한 의식의 세계에 속하는 능력이었다. 물론 그 능력이 릴리의 인생에서 늘 한결같았던 것은 아니었다. 대학을 마치고 결혼을 했지만 남편은 릴리가 천사들과 접촉한다는 것에 대해서 잘 이해하지 못하는 사람이었다. 첫 번째 남편과 이혼한 릴리는 15년 동안 오피스 매니저로서 생계를 꾸려가면서 영적인 삶에는 그다지 관심을 둘 수가 없었다. 그러나 지금 릴리는 자신의 능력을 다시 개발하여 이를 치유의 능력으로 변화시켜 나가고 있다.

"천사들은 제가 정서적으로 사람들을 치유할 수 있는 힘을 가졌다고 말해 주었어요. 그리고 고통과 정신적인 외상의 에너지를 어떻게 해소시키는지를 보여주었죠. 그리고 쉽게 그 방법을 배우게 되었답니다. 무슨 걱정이나 염려는 전혀 없었죠. 그 방법 자체에 저 자신도 아주 큰 감동을 받았거든요."

40대가 되자 릴리는 더 자주 영적인 치유의 일에 매달리게 되었다. 자신의 눈에 보인다는 '천사' 이야기를 믿고 이해해주는 친구들 몇몇이 도움이 되었다. 영적 치유라는 일이 점점 더 진지해지고 깊이를 더해가자 릴리는 천사들을 '지고한 안내자들'이라고 부르기 시작했다.

"제 생활은 그리 특별할 게 없어요. 천사들을 통해 치유하는 일만 없다면 평범하기 이를 데 없죠. 제가 어려서 본 사람들이 천사라고 확신하기까지는 많은 시간이 걸렸어요. 천사들은 대천사 미카엘과 예수님의 현존까지 보여주었어요. 천사와 하나님은 에너지 차원에서 서로 연결되어 있어요. 사람들에게도 그렇게 이야기해 주었지요. 이제는 그렇게 말하는 것이 너무나 자연스러워졌어요. 제가 말하는 것은 곧 제가 보는 것이니까요."

우리가 일반적으로 인정하는 세계의 경계선 바깥에 릴리와 같은 사람들이 존재한다. 그리고 릴리의 말 속에서는 우리가 지금 탐구하는 죽음과 그 너머의 삶에 대한 중요한 단서가 들어있다.

사람들은 천사가 관연 실제로 존재하는가? 하고 따지지만 그것은 전혀 중요하지 않다. 실재와 비실재를 정하는 것은 바로 인간의 의식이기 때문이다. 인간은 스스로 만들어 낸 투사 속으로 걸어 들어간다. 만약 의식의 투사가 미묘한 의식 세계의 존재를 배제하고 물리적인 대상만으로 이루어진다면 그것은 결코 자아창조라고 할 수 없다. 우리는 보는 자, 보여지는 자, 보는 과정으로만 존재하는 것이 아니라, 한꺼번에 그 세 가지 상태 모두로 존재한다. 이것을 부인한다는 말은 우리의 전일성을 부인한다는 말이고, 그것은 곧 태어나면서부터 갖고 있는 힘을 부인한다는 의미이다.

"여러 가지 방법으로 천사를 경험하죠. 물리적인 형상으로 만나기도 하는데 그때에도 그들의 에너지를 느낄 수 있죠. 제 자신의 내면으로 들어가도 그들의 에너지를 느낄 수 있고요. 빛이 천사들 주변을 감싸고 있는 것처럼 느껴지죠. 그게 기본이지만 내가 다른 걸 요구하면 다른 에테르적 실재나 또 다른 천사들도 볼 수 있죠. 그중에는 부정적인 기운이 느껴지는 것도 있어요. 부정적인 생각과 믿음을 통해서 만들어진 것들이죠. 저는 사람들을 보면 이들이 다른 내세에서 어떤 존재로 어떻게 지낼지 어렴풋이 느낄 수도 있어요."

20년 전만 하더라도 릴리처럼 미묘한 의식의 세계를 그렇게 볼 수 있는 능력을 가진 사람을 본 적이 없었다. 그런데 지금은 그와 같은 사람들을 흔하게 만날 수 있다. 그들은 한결 같이 삶과 죽음, 혹은 이생과 내세에 그어진 경계선을 전혀 개의치 않는다. 인간은 영혼이 도달할 수 있는 모든 단계에서 원하는 건 무엇이든 할 수 있는 잠재력을 가지고 있다. 천사는 절대적인 존재가 아니다. 천사는 인간의 상상력에 따라 항상 변해왔다.

우리가 죽으면 그 이후에 일어날 일을 우리가 앞서 선택할 수 있을까? 아니면 내 자신이 외부적인 힘에 의존하게 될까? 릴리는 이 점에 대해서 너무나도 분명하게 말한다.

"제가 이 일을 시작했을 때 제가 사용하는 언어는 주로 기독교와 관련이 있었어요. 어려서부터 예수님과 아주 가깝다고 느꼈기 때문일 겁니다. 그 후로는 예수님을 머릿속에 그리지 않고도 그리스도의 현존을 경험할 수 있었죠. 그리고 우주적이고 보편적인 그리스도의 이름도 있다는 것을 알았어요. 그 이름은 사난다(Sananda)입니다. 천사들은 우주적 그리스도의 이름을 불러도 된다고 말했죠. 이름은 그냥 이름일 뿐이에요. 시간이 지나자 사난다라는 이름에 크게 구애받지 않게 되더군요. 그건 그냥 '사랑'이라고 부르는 것과 똑같은 일이죠."

나는 릴리에게 앞으로 어떤 일이 생길지를 물었다.

"아주 거창한 질문이네요. 어떤 단계에 이르면 더 이상 천사들이 필요치 않게 된다는 사실을 알았죠. 그들은 저의 다른 면이었던 겁니다. 이제 저는 제 자신에게 무엇이 필요한지, 무엇이 내 능력에 달려있는지를 물을 수 있습니다. 그것이 다음 단계죠."

나는 그녀에게 지금 당장 더 높은 의식의 단계로 옮겨가는데 방해가 되는 것은 무엇인지를 물었다.

"습관입니다. 아니면 대면하지 않는 두려움의 찌꺼기 같은 것이겠지요. 중요한 사실은 천사들은 늘 제 삶 속에 함께 있었다는 사실이죠. 스스로 충분하다고 느낄 때까지는 계속해서 천사들의 존재를 요청할 겁니다."

창조에 참가하기 위해서는 일정한 책임을 져야 할 단계가 있다. 신, 천사, 에테르적 실재는 존재한다. 왜냐하면 그 존재들은 의식이라는 원초적인 질료로 빚어졌기 때문이다. 그리고 창조가 일어나는 장소는 의식의 장, 즉, 아카샤이다.

그럼 창조에 책임을 지는 존재는 누구인가? 그 일을 할만큼 충분히 각성된 존재들이다. 나는 여기서 한 가지를 제안하고 싶다. 신이란 우리가 창조하는 실재라는 말에 크게 동의할 수 없다면, 최소한 천사가 존재하도록 하는 것은 우리 자신이라는 것을 가르칠 수는 있지 않을까?

얼마 전 나는 놀라운 치유의 능력을 지닌 한 남성과 대화할 기회가 있었다. 그 남성은 천사들에 대해서 아주 겸손하고 조심스러워했다. 그는 이렇게 말했다.

"며칠 안에 당신도 나와 똑같이 살 수 있도록 가르칠 수 있습니다."

내가 별로 믿어지지 않는다고 말하자 그 남성은 이렇게 대답했다.

"사실 그것은 아주 쉽고 간단합니다. 정작 어려운 부분은 '나는 치유할 수 없다'라고 하는 의심을 버리는 일입니다."

그렇다. 이것은 모든 일에 다 들어맞는 간단한 이치이다. 우리는 우리의 전 인생을 꿈을 투사하는데 사용하고, 그 투사에 발을 들여놓고는 꿈이 실재라고 믿으며 산다. 그러나 이제는 그대 자신이 보는 자요, 보이는 자며, 보는 것, 그 자체라고 생각하라. 그러면 구체적이고 물질적인 세계만큼이나 천사의 세계도 현실적으로 다가올 것이다.

12. 꿈은 계속된다

사비트리의 이야기는 어떻게 끝나는가?

사비트리가 자신의 오두막으로 부지런히 돌아왔을 때는 해가 이미 나무 꼭대기 아래로 떨어졌다. 사비트리는 앞마당을 힐끗 쳐다보았다. 죽음의 신 야마는 여전히 그곳에 꼼짝 않고 앉아 있었다. 길게 늘어진 소나무 그림자가 그의 모습을 가리고 있었다. 사비트리는 기운을 차리고 마지막 기도를 올린 다음 야마에게로 갔다.

그리고는?

어떤 전승에서는 사비트리가 야마를 환영하는 예를 갖추었다고 한다. 그러자 죽음의 신은 기분이 좋아져서 사비트리에게 소원을 하나 말해보라고 하였고, 사비트리는 목숨을 달라고 부탁했다. 그것은 죽음의 신 야마를 당황하게 만들었다.

"그대는 지금 살아 있잖소."

그러나 사비트리는 계속해서 목숨 하나를 부탁했고, 마침내 야마는 그녀의 소원을 들어주었다. 사비트리가 일어서며 말했다.

"당신은 내게 목숨을 하나 주었어요. 그러나 나는 남편 샤트야완이 없으면 단 하루도 살 수가 없어요."

죽음의 신 야마는 사비트리의 말에 그만 허를 찔리고 말았다. 그래서 하는 수 없이 샤트야완의 목숨을 살려줄 수밖에 없었다.

그러나 이런 단순한 속임수로는 누구나 만족할 수 없을 것이다. 내가 알고 있는 사비트리 이야기의 결말은 이렇다.

사비트리는 그녀의 모든 두려움을 이겨냈다. 그래서 밖으로 나가 죽음의 신 야마를 위해 춤을 추었다. 아름답고 황홀한 춤을 춘 그녀는 춤을 끝내면서 무릎을 꿇고 야마의 가슴에 자기 이마를 대고는 사랑하는 사람에게 속삭이듯 이렇게 말했다.

"그대를 향한 갈증을 채워주기에는 시간이 너무 짧아요."

그러자 그녀에게 매혹된 야마는 이렇게 대답했다.

"하지만 우리에게는 영원(永遠)이 있지 않소."

사비트리는 고개를 저었다.

"당신이 그렇게도 힘이 세고 능력이 크다면 그 영원한 시간에 1초를 더해 주세요. 그래서 이 세상에서 그 누구보다도 당신을 사랑할 수 있도록 해 주세요. 내 소원은 그것뿐입니다."

사실 죽음의 신 야마는 지금껏 그런 사랑을 받아 본 적이 없었다. 자신을 두려워해야 할 온갖 이유를 다 가진 아리따운 사비트리가 자기를 위하여 그렇게도 황홀한 춤을 추다니! 그리하여 야마는 단 1초만 더 주겠노라고 대답해 버렸다. 죽음의 신 야마는 사비트리에게 지고 말았다. 어째서냐고? 죽음의 신에게 1초는 인간에게는 100년이라는 긴 시간이었던 것이다.

새로 얻은 100년 동안 샤트야완은 집으로 돌아와 사비트리와 함께 오두막에서 예전처럼 행복하게 살았다. 아이들을 두었고 함께 나이를 먹으며 늙어갔다. 모든 것을 용서한 사비트리의 아버지의 초청으로 왕궁에 들어간 그들은 노년을 궁궐에서 행복하게 살았다.

사비트리는 문득 자신이 죽음의 신에게 너무 많은 시간을 청한 것은 아닌지 궁금해졌다. 샤트야완은 이미 오래 전에 세상을 떠났고 혼자 남은 사비트리는 명상 속에서 말년을 보냈다. 그리고 깨달음도 얻었다. 마침내 신으로부터 얻은 그 1초가 다 지나갔다. 야마는 사비트리가 자신과 한 약속을 지키는 것을 보고 놀라워했다. 사비트리는 실제로 죽음의 신 야마를 사랑했기 때문이다. 마치 사람이 삶의 어느 한 면 보다는 삶 전체를 사랑하듯이.

이 이야기의 끝은 아름답기도 하려니와 우리에게 위로를 준다. 살아있을 날이 그리 많이 남아있지 않을 때 누군가 내게 들려주었으면 하는 이야기이기도 하다. 사비트리의 심정으로 나는 벌써 나의 글을 써 두었다. 내 가족이 읽도록 남길 것이다.

"어찌되었든 나를 위해 울지 말아다오. 나는 괜찮다. 그리고 앞으로 무슨 일이 생기든 언제라도 가족들을 사랑할 것이다. 나는 잠시 여행을 떠날 뿐이다."

한참 동안 나는 이 말을 음미해 보았다. 어떤 면에서 나 자신도 사비트리처럼 1초의 시간을 더 얻었다는 생각이 든다. 그것으로 충분하지 않은가?

○ 환생(還生)

천사를 창조하는 것이 의식의 궁극적인 목표나 성취는 아니며, 오히려 무에서 새로운 생명을 만들어내는 것이야말로 의식의 진짜 목표이다. 이 능력을 일러 우리는 환생이라고 한다.

사람들이 생각하는 환생이라는 개념은 간단하다. 우리는 죽고 나면 다른 사람의 몸을 입고 이 세상으로 다시 돌아온다. 과연 전혀 다른 개성과 인격을 지닌 사람의 몸속으로 영혼이 들어오는 것일까? 환생이라는 개념이 문화적으로 강한 기반을 갖는 인도에서는 사람들마다 왜 자신이 현재 특정 카르마를 갖고 태어났는지 궁금해한다. 그곳에서는 성직자, 철학자, 구루(힌두교 교사 또는 자신이 신봉하는 지도자 - 옮긴이), 점성술가들은 왜 특정한 카르마가 영혼을 따라다니는지, 그리고 새로운 생애의 체험을 갖게 하는지, 일반인들에게 그 과정을 설명하기 위해서 존재한다고 해도 과언이 아닐 정도다.

많은 사람들이 알다시피, 티베트인들은 달라이 라마를 비롯한 그들의 종교적 지도자들이 예전의 정체성을 그대로 지닌 채 아이로 환생한다고 믿는다. 달라이 라마의 환생은 주로 티베트에서 일어나지만, 간혹 유럽에서 발견되는 경우도 있다. 10여 년 전에는 위대한 라마의 환생을 찾는 티베트인들이 스페인의 한 가족을 방문한 적도 있었다. 인도에서는 유명한 종교 지도자들을 고대 현자의 환생으로 보는 경우도 있다. 마하트마 간디 역시 그 추종자들에 의하면 옛날 위대한 구루의 환생이라는 것이다. 환생이 사실이라고 말할 수 있을까? 너무나도 복잡한 주제임은 틀림없다.

미국 어느 인디언 부족에는 전생에 똑같은 어머니를 두었노라고 말하는 5～6명의 아이들에 관한 사례도 있다. 일본에는 2차 대전에 일어난 전투에 대해 생생하게 기억하고 있는 소년들이 있는데, 이 사례를 보면 실제 전투에 참가했던 한 사람의 군인의 기억이 여러 조각으로 나뉘어서, 그 하나하나가 새로운 영혼으로 태어나는 것은 아닌가 하는 느낌이 들기도 한다.

실제 영혼이 지금 생에서 다음 생으로 넘어가는 영혼복귀(Soul Regression)를 연구하는 전문가들은, 기억은 이리저리 섞이고 다른 영혼에 흡수된다고 주장한다. 그래서 클레오파트라나 나폴레옹과 같은 위대한 인물들은 전체 사회의 집단적 기억에 영향을 주고, 나중에 태어나는 사람들 중 일부는 클레오파트라나 나폴레옹의 삶이 현세를 넘어 후세 사람들과 연결되어 있다고 기억하게 된다고 한다.

새로운 육체로 화하는 것을 인카네이션(Incarnation)이라고 하는데, 이 말의 라틴어 어원은 카르네우스(Carneus)로 살(肉)을 가리킨다. 그런데 인간은 살로 이루어졌다는 당연한 사실에 대해서 모호한 감정을 갖는다. 육신을 가졌다는 것은 포유류로서 아주 당연한 일이지만, 또 한편으로 영혼을 지닌 존재로서 인간을 생각할 때는 아주 복잡해진다. 나이를 먹을수록 쇠약해지고 질병에 걸려 고통을 당하는 몸을 생각하면 다시 육신을 가지고 태어나는 일에 대해서 그다지 유쾌하지 않을 수도 있다. 단 한번 육신을 갖는 것만으로 충분하다고 생각하는 사람도 있을 것이다. 기독교가 바로 이런 입장을 취한다. 육신은 우리의 원죄로 이미 타락했으므로 윤회를 통해 다시 몸을 갖는 것 대신 죽은 후에 영혼의 옷을 입는 것이 훨씬 더 나은 일일 것이다.

동양에서는 몇 가지 이유로 환생에 대해서 기독교 문화권보다는 우호적인 입장을 보여왔다. 만약 우주가 끊임없이 자신을 재창조한다면 우리는 아직 창조에 관여하지 않은, 그리하여 아직 의미가 생성되지 않은 잠재력일 수 있다. 그리고 심리학적으로 내가 다시 새로운 몸으로 태어난다면 지금 생에서 이루지 못한 욕망과 야망을 다시 한 번 펼칠 수 있는 기회를 얻을 수 있다는 생각에 위로를 받을 수도 있다. 무엇보다도 현세에서 잃어버린 사랑을 다시 만날 수 있다는 가능성에 우리는 위로를 받는다.

환생은 사회적인 발전과 진보에 기여하기도 한다. 지금은 노예로 살지만 다음 생에서는 귀족으로 다시 태어날 수 있다는 기대를 가질 수도 있기 때문이다. 마지막으로 탄생과 죽음이라는 우주적 시스템에는 그 뒤에 숨겨진 진화적 충동이 있다. 그리하여 각각의 영혼은 조금씩 단계적으로 진화해 신에게로 가까이 다가가는 것이다.

이 문제는 동양 대 서양의 신념만의 문제가 아닐지도 모른다. 오히려 환생은 선택의 문제인 것이다. 의식이 유용하다. 의식이야말로 인간의 욕망에 따라 독특하게 발전해 간다. 기독교가 환생을 부정하는 것은 단순히 집단적인 선택일 수도 있다. 자기와 관련된 요인들을 검토하면서 많은 사람들이 '나는 다시 세상에 태어나고 싶어' 또는 '나는 다시 태어나고 싶지 않아'라고 말할 수 있다. 그러나 우리가 확실히 말할 수 있는 것은 자연은 환생(還生)이라는 메커니즘에 크게 의존한다는 사실이다.

○ 환생을 선택하기

현자들은 내세의 모든 면을 선택해 왔다. 즉, 우리가 선택하는 것이 실재가 되고 우리가 선택하지 않은 것이 비실재가 된다. 그러나 이러한 말은 기괴하게 들릴 것이다. 과연 환생은 실재하는 것일까?

어떤 아동심리학자의 보고에 따르면 인간의 성장기에 아주 중요한 유년기에서부터 8 ~ 10세 사이의 몇몇 아이들은 자신의 전생을 기억한다고 한다. 최근에 아주 널리 알려진 사례가 있어 소개하고자 한다.

미국에 2차 대전 당시의 전투기에 집착하는 한 소년이 있었다. 그 소년은 직접 비행장에 가서 전투기를 보고 싶어 했으며 항상 전투기 사진을 오려서 가지고 다녔다. 그러던 어느 날, 소년은 태평양전쟁 당시 이오지마(硫黃島)의 살벌한 공중전에 대한 책을 읽고는 자신이 그 전투에서 죽은 바로 그 조종사라고 말했다. 아들의 말에 부모는 처음에는 아이의 상상력이려니 했지만 아이가 마치 꿈을 꾸듯 동료 군인들의 이름과 전투 날짜를 말하자 상황이 심각하다는 것을 직감했다. 아이는 전생의 이름을 말하며 일본군의 대공포가 자신의 비행기를 쏘아 맞춰 떨어뜨리던 순간을 생생하게 기억해냈다. 아이의 부모는 그 사건을 추적하게 되었고 마침내 전투 당시에 숨진 미군 조종사의 이름까지 확인하게 되었다. 아이의 말은 당시 전투에서 살아남은 공군 조종사들의 진술과도 맞아 떨어졌다.

이런 회고담은 인도에서 흔히 들을 수 있다. 아무래도 환생에 대한 믿음이 사회 전반에 깔려 있기 때문에 더 쉽게 회자되는 측면이 있을 것이다. 어떤 아이는 부모에게 자신을 이웃마을로 데려가 달라고 했다. 아이는 전생에 살았던 집을 기억하고 있었다. 하지만 전생의 부모나 친척을 알아보았는지에 대한 이야기는 전해지지 않고 있다. 심리학자들은 말하길, 전생에 대한 강렬한 관심은 아주 일시적인 것으로 대개 10세가 지나면 점차 소멸해 간다고 한다. 영혼이 새로운 공간에 적응하는 데는 일정한 시간이 필요한 모양이다.

버지니아 대학의 정신병리학자인 이안 스티븐슨(Ian Stevenson)은 이런 전생담을 가장 깊이 연구해 온 대표적인 학자로 지금은 그를 이어 짐 터커(Jim Tucker)가 연구를 계속하고 있다. 전생을 기억한다는 아이들 약 2,500명을 대상으로 연구한 스티븐슨 팀은 전생에 얻은 상처를 여전히 갖고 태어난 아이들의 사례를 보고는 놀라움을 금치 못한다. 전생에 총상으로 사망했다고 진술하는 14명의 아이들의 몸에는 예외 없이 그때의 상처가 남아 있었던 것이다. 터키 출신의 한 아이는 말을 하면서부터 경찰에 쫓기다가 자살한 범죄자 이야기를 하기 시작했다. 그 범죄자는 이마 언저리에 총을 맞았다는데 실제로 아이도 관자놀이에 둥그렇고 붉은 흉터를 가지고 있었다. 반대편에 총알이 뚫고 나간 흉터가 있는지 궁금해진 스티븐슨은 아이의 머리를 살폈고 과연 반대편에도 둥그런 흉터자국이 있는 것을 확인하였다.

이 분야의 전문가인 캐롤 바우먼(Carol Bowman)에 의하면, 자신의 전생을 기억한다는 아이들은 유사한 행동 패턴을 가지고 있다고 한다. 아이들은 전생에 대해서 이야기할 때는 3살 전후로 시작해서 대개 8살 즈음에는 전생에 대한 이야기를 멈춘다고 한다. 전생에 자신이 죽은 이야기를 할 때에도 일체 감정의 동요없이 말을 하는 것 또한 특이한 점으로 꼽힌다. 아주 폭력적인 상황에서 죽은 경우라면 그와 관련된 일에 대해서 두려움을 느낄 법도 하지만, 아이들은 마치 동화책을 읽어주듯이 평온한 말투로 이야기했다고 한다. 스티븐슨 박사가 모은 자료에 의하면 아이들은 다음과 같이 아주 놀라운 사실을 서슴없이 이야기 하는 걸로 나타났다.

"우리 엄마 아빠는 따로 있어요."

"엄마 아빠는 가짜예요."

"엄마 뱃속에 있기 전에 일어난 일이에요."

"내가 아주 컸을 때는 파란 눈이었어요. 자동차를 가지고 있었는데……."

"나한테는 부인과 아이들이 있어요."

"나는 자동차 사고로 죽었어요. 높은 데서 추락했지요."

이런 아이들은 내세의 일을 무슨 사실처럼 이야기한다. 스티븐슨 박사가 연구한 약 220개 사례 중 절반에 해당하는 사례에서, 아이들은 곧장 천국으로 가지 않고 다른 장소에서 기다렸다고 말했다. 아마도 현세에서 내세로 넘어가는 단계에 해당되는 일종의 징검다리 같은 곳은 아닐까 하는 생각이 든다. 죽어서 천국에 가서는 새로운 가족을 선택하고 새로운 도전을 선택했다는 진술도 보인다. 한 여자아이는 이렇게 말했다.

"천국은 결코 편한 곳이 아니에요. 거기서도 일을 해야 되거든요."

전생을 보고하는 아이들이 있다는 자체가 환생이 결코 문화적인 가공물만이 아니라는 사실을 아주 강력하게 반증해준다. 그리고 전생을 기억하는 아이, 임사체험자, 유체이탈을 경험한 세 부류의 증인들의 진술이 대체로 한 군데로 수렴되는 것도 어떤 설득력을 가진다. 즉, 이들은 죽음 이후의 삶이 어떻게 움직이고 있는지에 대해서 동일한 증언을 하고 있는 것이다.

유체이탈을 체험 했노라고 말하는 사람들의 숫자는 의외로 많다. 그리고 그 중의 몇몇 사람들은 스스로를 '저승의 여행자'라고 공언할 정도의 수준까지 그 체험을 완전히 해냈다.

먼로 연구소(Monroe Institute)의 홈스 앳워터(Holmes Atwater)는 이 분야에서 몇 안 되는 연구자 중의 한 사람으로, 그는 유체이탈 체험자들을 아카샤의 장과 죽음을 연상하는 영역으로 데려가는 실험을 했다.

그들이 본 것은 임사체험자와 전생을 기억하는 어린이들이 본 것과 완전히 일치하였다. 한 아이는 자신의 부모에게 신은 영어나 스페인어처럼 언어로 말하지 않는다고 했다. 이런 진술은 천계에서는 텔레파시로 소통한다는 밀교(密敎) 사상과도 일치한다. 임사에서 돌아온 사람들도 내세에서는 말을 듣거나 해서 알게 되는 것이 아니라 즉각적인 시각이나 계시를 통해서 알게 된다고 말한다.

베다의 현자들은 환생의 전체 구조를 통제하는 것은 의식이라고 말한다. 환생은 그 의식의 새로운 재능과 흥미를 창조하는 시간과 공간을 주제로 한 하나의 변주곡이라고 주장한다. 현자들이 지적하였듯이 환생은 다른 생의 카르마와 선과 악을 아주 독특한 방식으로 재조합시키는 창조적 도약이다. 수백만 개도 넘는 카르마의 고리에 의해 현세와 내세가 냉엄하게 연결되지만 대부분의 경우 다시 태어난 사람은 자신을 전혀 새로운 존재로 느낀다.

베다의 현자들에 의하면 창조의 도약이 일어나는 때는 바로 지금이다. 비유를 들자면, 창조의 도약은 은행에 예치해 둔 돈과 같아서 언제라도 내가 원하면 자유롭게 쓸 수 있다.

카르마가 무엇인가? 원인은 결과를 낳는다는 것이 바로 카르마이다. 그러므로 원인과 결과의 고리가 존재하는 한, 한 가지 사건 A는 다른 사건 B로 이어지게 되어 있다. 원인과 결과가 없는 우주란 얼마나 혼돈스러울 것인가. 손에 쥔 공을 놓으면 땅에 떨어진다. 중력 때문이다. 공을 놓으면 땅으로 떨어질 것이라는 결과를 누구나 예상한다. 만약 카르마가 중력의 법칙처럼 확실하다면 환생이 필요 없을 것이다. 왜냐하면 유충에서 나비가 태어나는 게 자연스러운 일인 만큼이나, 한 생애의 마지막에 이르러 선업과 악업이 균형을 맞추는 일도 자연스럽고 확실한 일이기 때문이다.

그러나 카르마는 예측 가능하지 않다. 사람들은 온갖 종류의 행동을 하고 특정한 씨앗을 뿌렸는데 전혀 다른 열매를 맺기도 한다. 악행에 대해 정당한 처벌도 되지 않고 선행에 대한 적절한 보상도 없으니 모두 쓸 데 없다는 식의 탄식이 나오기도 한다. 사실 착한 사람들에게 불행한 일이 더 자주 일어난다. 그러나 이런 불공평한 결과는 변덕스러운 하나님의 행동 때문이 아니고, 카르마가 전혀 예측할 수 없기 때문이다. 의식이 전혀 예측할 수 없는 것처럼 말이다.

*창조력은 본래적인 것이다.
*불확실성은 새로운 것들이 태어날 여지를 남겨준다.
*미지는 무한한 가능성을 지니고 있으며, 그 중 일부만이 우리에게 나타난다.
*자연은 변화인 동시에 안정이다.

이것이 카르마의 기본 강령이다. 무엇보다도 가장 매혹적인 사실은, 우리가 냉혹한 메커니즘에 의해서가 아니라 불확실성에 바탕을 둔 창조적 도약에 의해 서로 연결되어 있다는 사실이다.

환생은 비록 그것이 창조되지도 않고 파괴되지도 않는 물질을 사용할 때조차라도 의식이 새롭게 되는 방법이다. 이것이 환생의 신비이다. 무한한 변화와 무한한 안정성은 공존한다. 이것이 환생을 완전히 이해하기 전에 풀어야 할 또 다른 신비이다.

○ 의식 속에 각인된 카르마

카르마는 두뇌를 이해하는데 아주 중요한 단어이기도 하다. 신경생리학자들은 두뇌의 서로 다른 부분을 서로 통합시키고 연결시키는 알 수 없는 힘을 연결효과(Binding Effect)라고 부른다. 인간의 두뇌를 촬영하는 기술이 진보함에 따라 두뇌가 생각하고 느끼고 또 감각할 때는 특정한 영역이 독단적으로 활동하는 게 아니라 여러 영역이 서로 협력한다는 사실을 알게 되었다.

당신이 만약 방안으로 걸어 들어가면서 엄마를 보고 나의 10살 생일 때 만들어 준 생일 케이크의 비법이 무엇인지 물어본다고 하자. 이 때 당신의 두뇌는 엄마를 인지하는 한 영역에서 케이크에 관한 질문을 던지는 다른 영역으로, 그 다음에는 당신 생일을 기억하는 셋째 영역으로 옮겨가는 것이 아니다. 전체의 두뇌는 여러 영역이 동시적으로 협력해 과제를 해결한다는 것이 밝혀졌는데, 어떻게 이런 일이 가능한지, 이것이 바로 두뇌활동의 신비인 것이다.

만약 두뇌가 이쪽에서 저쪽으로 무슨 전화기처럼 윙윙거리며 메시지를 보낼 수 있는 그런 시스템이라면 뇌의 여러 영역이 동시적으로 활동할 수 있도록 해주는 어떤 명령체계를 상상해 볼 수도 있을 것이다. 그러나 신기하게도 두뇌의 신경세포인 뉴런은 동시적으로 활동한다. 즉, A지점과 B지점에 동시에 불이 켜지는 것이다. 앞뒤의 신호 사이에 아무런 간격이 없다. 게다가 두뇌는 서로 아무런 관계도 없는 정보를 가지고 무한한 조합을 할 수도 있다.

그러므로 인간의 모든 사고는 두뇌 전체의 활동이다. CAT 스캔으

243

로 범죄자가 범죄를 생각할 때 작동하는 뇌의 부분을 확인하고, 성인이 자비로운 일을 생각할 때 작동하는 뇌의 특정한 부분을 확인해서 보여줄 수 있다면 좋겠지만, 사실 범죄자와 성인을 구별시켜 주는 것은 두뇌의 특정한 부분이 아니라, 두뇌 전체의 작동 방식이다. 수십억 개의 개별 뉴런들이 정보를 조합하는 모든 통로를 다 지켜보는 것은 바로 두뇌 전체 시스템이다.

만약 내가 선행을 베풀기로 결정하고 재단에 기부하는 일을 떠올렸다고 하자. 뇌가 간단하게 구호재단에 기부하라고 명령했다고 볼 수도 있지만, 이렇게 단순한 한 가지 생각이 떠오르기까지는 다음과 같은 여러 가지 복잡한 과정이 개입되어 있다.

*옳고 그름에 대한 도덕성 문제
*도움 받지 못하고 희생될 것 같은 기억들
*동병상련(同病相憐)의 공감
*자비심
*사회에 대한 의무감…….

이렇게 두뇌의 여러 부분에 존재하는 요소들이 서로 엇물려서 아주 독특한 활동의 패턴을 창조해 낸다. 동시에 두뇌의 심층적인 단계에서는 내가 누구인지에 대한 자각, 이제까지 선행을 베풀었던 이력, 그렇지 않은 행동, 무의식적인 죄책감, 그 행동을 본받을 만한 역할 모델 등에 관한 정보가 빠르게 처리되고 있다. 그리고 놀라운 사실은 인간의 두뇌는 이런 모든 정보들을 동시적으로 조합한다는 점이다. 뇌는 잘못된 기억이나 감정으로 오답을 만들어내는 일이 없다. 인간의 두뇌는 내가 누구인지를 잊는 법이 없고 정보를 뒤죽박죽으로 전달하는 일도 없다. 내 생각이 실제 내가 하는 생각이라는 것을 인지하지 못하면 구호재단에 돈을 기부하라는 두뇌의 명령을 신의 명령이라고 착각할 수도 있을 것이다.

내가 단 한 가지 생각을 떠올릴 때에도 내 두뇌는 그 생각을 유지하기 위해서 넓은 범위에 걸쳐 작동한다. 신경학자들은 한 사람이 1분간 인지하는 정보는 약 2천 비트라고 한다. 이 수치도 인상적이지만 인간이 의식하지 못하는 사이에 두뇌가 처리하는 정보는 1분당 무려 4천억 비트나 된다는 것이다. 놀랍게도 그 정보는 모두 조직적으로 통제되며 실제 그 정보를 필요로 할 때는 한 치의 오차도 없이 모두 처리된다고 한다.

두뇌의 활동에 대해서 자세하게 설명한 까닭은 만약 한 가지 생각을 하는 데에 두뇌 전체가 관여한다면 그것은 당연히 전 우주가 관여한다는 말과 같다는 것을 설명하기 위함이다.

두뇌에는 변화와 안정성이 공존한다. 이것은 사실이며 이제 증명할 수 있다. 변화와 안정성 중 어느 한쪽이 없으면 두뇌는 제대로 작동할 수 없다. 내 옛날 생일을 기억하고는 그것을 '내 생각'이라고 부르지만 정보를 전달하는 신경세포의 시냅스(Synapse:신경세포의 연결부)나 수지상돌기에 대해서 개인적인 유대감을 느끼거나, 그들 위를 붙어 지나가는 격렬한 신호의 회오리바람을 느끼는 것은 아니다. 두뇌 세포들은 전적으로 예측 가능한 수단을 가지고 작동한다. 즉, 세포들은 나트륨과 칼륨 원자 사이에서 전기량을 교환하고

+극과 −극의 전기적 충돌 사이에서 단순한 진동을 하는 것이다. 어쨌든 이런 기계적인 안정성이 자유롭고 창조적이며 예측할 수 없는 사고의 틀을 만들어낸다니 놀랍지 않은가?

베다의 현자들은 카르마도 이와 같다고 말한다. 카르마의 작동역시 우리가 그것을 어떻게 보는가에 따라서 무한히 유연하고 동시에 무한히 유연하지 않기도 하다. 알 수 없는 힘은 우리가 모르는 사이에 우리를 새롭게 만들어간다. 신경학은 바로 이런 사건에 대한 증인역할을 해야 하겠지만, 그것 역시도 어떻게? 또는 왜?라는 질문에는 대답하지 못하고 있다. 두 사람이 똑같이 사과라는 단어를 말한다고 가정하면(가령 이것이 사건 A라고 한다면) 그들의 두뇌는 각자의 머릿속에 똑같은 패턴의 행동을 진열해 놓을 것이다. 그러나 완벽하게 그려진 이 패턴조차도, 한 사람이 다음에는 우리에게 무슨 말을 할 것인지에 대해서는(이것이 사건 B라고 한다면) 우리들에게 아무런 사전 정보를 줄 수가 없는 것이다. 그 사건 B가 무슨 단어가 될지, 음향이 될지, 아니면 행동으로 나타날지, 어쩌면 침묵할지 전혀 알 수가 없다는 말이다.

그렇다면 이제 우리는 내세에 대해 얼마나 많은 선택을 하고 있는지 궁금해질 것이다. 단순히 카르마는 유연하고 동시에 유연하지 않다고 말하는 것은 그리 중요한 일이 아니다. 사실 정반대되는 두 가지 속성이 공존한다는 것은 역설이다. 그리고 이 역설을 풀지 않는 한, 우리는 내세에 대해서 어떤 통찰도 얻을 수가 없을 것이다. 제멋대로 돌아가며 아무 것이나 생산해 내는 기계의 톱니바퀴에 갇힌 무력한 존재일 뿐이다.

○ 현세에서 내세로

우리가 지금 현재를 완전히 통제할 수 없는 것처럼 내세 역시 통제할 수 없다. 내세를 이해하기에 충분한 의식이 아직 우리에게는 없기 때문이다. 우리가 지닌 무한한 잠재력에 대한 무지의 공백은 너무나도 크기 때문에 그 무지의 공백이 주장하는 것은 무의식으로 전락하고 만다.

티베트 불교에서는 현세와 내세는 분명하게 연결되어 있다고 말한다. 그래서 라마가 죽고 나면 그의 환생이 나타나기를 기다린다. 이렇게 두 생이 서로 연결되어 있다는 증거가 뒤에 남아 있게 된다. 예를 들면 환생된 아이는 옛 장난감과 동료 스님을 알아본다. 이런 사실을 보고 주변의 어른들은 아무 의심 없이 영혼의 연결고리가 끊어지지 않고 전달되었음을 단정할 수 있는 것이다. 바로 이것을 두고 티베트 사람들이 흔히 '티베트 인들은 이승과 저승 사이의 단절에 빠지는 법이 없다'고 말하는 것이다. 연속성의 보존이다.

티베트의 유명한 책 〈사자의 서〉(Tibetan Book of the Dead)는 중단 없는 의식의 흐름에 죽고 있는 사람이 잘 연결되어야 한다는 신념에서, 죽어가는 의식의 과정을 아주 자세히 묘사하고 있다. 서구의 독자들에게 그 책은 그들의 기를 꺾어 놓기에 충분한 아주 실망스러운 것일 수도 있다. 왜냐하면 그 책은 의식단계의 여러 가지 변화에 대하여 너무나도 자세히 설명하고 있고, 불교도들에게는 한 평생이 걸리는 바르도(불교에서 말하는 우주 - 옮긴이)에 도달하는 다양한 길을 제시하고 있기 때문이다. 이것이 바로 그 책이 노리는 포인트이기도 하다. 그 책은 그들이 누구이며 그들이 자유에 이르는 지름길의 어느 지점에 있는가를 알려주는 중요한 역할을 하고 있다.

우리는 대체로 깨어지지 않은 의식을 견지하려 하지 않는다. 그리고 비록 우리가 저쪽에 남겨놓은 삶과 매우 가깝게 닮은 삶으로 회귀하기를 바랄지 몰라도, 우리는 완전히 새로운 의식의 삶을 동경할 가능성이 더 많다. 어느 경우라도 우리는 대체로 우리의 소망이 문제가 된다고 생각하지는 않는다. 천국과 지옥의 일은 자연히 해결될 것이다. 이것은 아이러니하게도 동양인보다 서양인이 카르마에 대해서 체념적이라는 사실을 의미한다. 동양 사람들은 카르마는 이 생에서 저 생으로 따라 다닌다는 생각을 항상 마음속에 간직하며 살아가고 있다. 그들은 지금의 삶 속에서 한 모든 행동은 다음 생으로 반영되어 들어가며, 현재에 명백히 무작위적 행동처럼 보이는 어떤 행동도 그 뿌리를 찾아 올라가 보면 우리가 과거에 한 결심들에 그 근거를 두고 있다고 믿는다.

이러한 사실이 암시하는 바는, 바로 카르마에 연결되는 길은 여러 가지가 있다는 것이다. 당신은 원한다면 그러한 사실을 알면서 살 수도 있고 또는 알지 못하는 상태에서 살 수도 있다. 카르마는 각 사건들을 하나로 붙여 놓는다. 그러나 그렇다고 해서 그것이 곧 숙명적인 것은 아니다. 동양에서는 가끔 이 포인트를 놓치기 때문에, 사람들은 보통 나쁜 행동은 벌을 받아야 할 범죄라고 여기고, 반면에 좋은 행동은 확실한 보상을 받는다고 생각하는 경향이 있다. 그 말이 논리적으로 들릴지는 몰라도 선택의 자유를 부정하는 것만은 분명하다.

한번은 어떤 사람이 나에게 이런 말을 했다.

"카르마는 마치 나를 꼭두각시로 만든다는 생각이 들어요. 과거에 수백만 가지 선택을 하면서 살아왔는데 만약 그 하나하나의 선택이 다 어떤 결과를 가져온다면 어떻게 내가 인생의 선택에서 자유로울 수가 있겠어요? 한 가지 나쁜 선택이 나를 이쪽으로 몰아가고 또 한 가지 좋은 선택이 나를 다른 방향으로 몰고 간다면 말이에요. 운명이 나를 조종하는 끈을 잡고 있다고 생각했지요."

"그런데 그런 생각을 어떻게 끊을 수 있게 되었나요?"

내가 물었다.

"끊지 못했어요. 그렇지만 어느 날 문득 이런 생각이 들더군요. 만약 내가 꼭두각시라면 그게 또 무슨 큰 문제일까? 아마도 나는 나를 조종하는 끈이 있다는 것조차도 느끼지 못하면서 살고 있을 테니까 말이에요. 누가 끈을 잡고 있는지 볼 수도 없잖아요. 그러니 내 선택은 모두 내 것이지 그 누구의 것도 아닌 셈이지요."

이렇게 실용적인 태도를 가진 사람과 논쟁을 하는 것은 크게 의미가 없다. 나중에 나는 그의 주장의 결함에 대하여 생각해 보았다.

만약 카르마가 두뇌의 보이지 않는 작동과 비슷하다면 단지 보이지 않는다는 이유만으로 그 존재를 무시할 수는 없을 것이다. 우리의 두뇌는 여러 가지 왜곡된 생각과 또 어지러운 생각들을 만들어내기도 한다. 우리를 좌절하게도 하고 미치게 할 수도 있다. 또 잘못된 개념, 착각, 정신병 같은 것들에 의해 영향을 받을 수도 있다. 더 기본적으로 말하자면, 말하고 행동하는 방식을 바꾸면 뇌의 구조도 바뀐다. 즉, 뉴런 간의 고정된 연결은 경험에 의해서 얼마든지 바뀔 수 있는 것이다. 그래서 아주 끔찍한 재앙을 경험한 사람과 그렇지 않은 사람의 뉴런 간 연결패턴을 연구해보면 큰 차이가 있음을 발견하게 된다. 긍정적이고 부정적인 경험들이 인간의 두뇌 구조를 변화시키며 그 결과 아주 특정한 형식으로 세상을 보도록 해주는 것이다.

이것을 환생에 적용시켜 보자. 죽음에 이르면 카르마의 보이지 않는 면과 보이는 면은 서로 맞물린다. 대체로 인도에서 받아들이는 환생의 개념은, 인간은 죽으면 육신을 벗지만 의식은 지니고 있다는 것이다. 그래서 자신의 육신이 누워있는 방을 볼 수도 있고 육신을 가졌던 그 감각을 얼마 동안 유지하기도 한다. 전통적으로 인도에서는 사람이 죽으면 한동안 시신을 그대로 놓아두는데 그것은 사람이 죽어도 육신에 대한 감각을 얼마 동안 지니고 있다고 보기 때문이다.

물에 빠져 죽어가는 사람이 자기의 눈앞에 지난 삶이 마치 영화처럼 스쳐지나가는 것과 마찬가지로 우리의 카르마는 실타래에서 실이 풀려나가듯 그렇게 풀어지며, 살면서 겪었던 온갖 일과 사건들을 살아 있었을 때보다도 더욱 생생하게 다시 나타낸다. 옳았던 행동들과 그릇된 행동들이 추호의 변명이나 합리화의 여지도 없이 그대로 재현된다. 그러므로 우리는 현재 우리가 행하는 모든 일에 책임이 있다.

이런 심판이 진행될 때, 당신은 다양한 의식의 층인 로카(Loka)를 체험하게 될 것이다. 그 세계는 당신의 행위에 상응하는 상과 벌을 비쳐준다. 그러나 하나의 영혼은 하나의 로카에만 머물러 있는 것이 아니고 단지 카르마가 명할 때까지만 그곳에 있을 수 있다. 고통과 기쁨을 모두 망라하고 있는 그 잠시의 통과기간 동안 당신은 자신에 대하여 배우고 자신만의 결론을 얻게 될 것이다. 당신에게 인생의 의미가 무엇인지 말해주는 외부의 권력자는 존재하지 않으며, 어떻게 다음 단계로 나아가야 할지 지시해주는 전능한 존재도 없다. 당신은 지옥 같은 로카에서 영원토록 고통을 받을 수도 있고 즉시 그곳을 박차고 나올 수도 있다. 시간은 순수하게 주관적인 것이며 당신이 실제로 경험하는 것은 자기 자신의 의식일 뿐이다. 그러면서 끊임없이 다음과 같은 질문들을 자신에게 던질 것이다.

나는 왜 여기에 있는가? 나를 고통스럽게 하는 것은 무엇인가? 나는 과연 이러한 고통을 겪어야만 하는가? 여기서 탈출한 길은 없는가?

내면의 자아와 단절된 사람은 현세에서도 고전하였듯이 내세에서도 그렇게 좌절된 상태에 놓일 것이다. 그에게 인과(因果)는 분명하지 않다. 고독감, 피해의식, 그리고 운명에 의해 내팽개쳐지고 권위에 의해 농락당하고 있다는 감정들이 서로 부딪친다. 이런 안개 같은 혼돈 속에서 그에게 내세는 더욱 혼란스럽고 두려운 곳이 될 수도 있다.

영혼의 관점에서 보면 단절되었다는 느낌은 환상일 뿐이다. 그리고 그 기간이 얼마나 길지는 모르지만 당신은 로카라는 구역을 떠날 준비를 하게 된다. 빛으로 상징되는 이해의 세계는 차츰차츰 밝아오기 시작한다. 이 시점에서 당신은 '나는 존재한다'가 당신의 기본이 되는 것이지 과거에 내가 한 행위들이 기본이 되는 것이 아니라는 사실도 분명하게 깨닫는다. 당신은 이제 자신을 더 이상 특정한 사람으로 규정하지 않으며 의식을 가진 존재로 자각하게 되는데, 이 때 당신의 마음을 채우는 것은 순수한 가능성 뿐이다. 당신이 가장 가까운 생애에서 가지고 있던 카르마는 이제 완전히 소멸하고 새로운 카르마의 씨앗이 싹트기만을 기다린다.

새로 태어난 것들이 점차 당신의 정신 속으로 들어온다. 주관적으로 말하자면 당신은 오랫동안 천복을 경험한다. 당신은 순수한 존재를 얻었고 그 존재는 선이든 악이든 카르마에 상관없이 그 자체로 충만함을 가진다. 당신은 여전히 두 가지 생각 사이에 존재하는 갭 속에 있지만 예전과 달리 무한한 선택의 가능성을 인식한다.

당신은 내세를 어떻게 선택할 것인가? 다음 생각을 선택하는 것과 똑같은 과정을 통하여 내세를 선택할 수 있다. 그리고 이런 과정은 늘 반복된다. 다만 우리가 그 과정을 행하고 있으면서도 그러한 사실을 모르고 지내는 이유는, 그 다음 생각이라는 것이 순전히 알려지지 않은 바로 그 갭(Gap)에서 나오기 때문이다.

우리는 우리의 환생 과정에서 더 능동적인 역할을 할 수가 있다. 그 갭 속에서 모든 가능성들이 우리에게 닥쳐올 때, 우리의 선택은 그 가능성들 가운데 놓여 있게 된다. 〈사자의 서〉에 나오는 정교한 의례(儀禮)들은 착한 사람을 좋은 천국과 더 나은 내세로 보내기 위해 고안된 것이 아니다. 그 의례들은 선택의 자유를 실질적인 것으로 만들고 우리로 하여금 그 갭을 완전히 알게 하고, 그래서 카르마가 모양을 갖추며 통제되고 해결될 수 있도록 하기 위하여 고안된 것이다.

○ 그대 자신을 자유롭게 하라

의식의 갭 속에서 자신을 발견한다는 것은 과연 어떤 경험일까? 나는 내 개인적인 경험을 통하여 이 질문에 대답해 보고자 한다.

1년 전 어느 여행길이었는데, 당시 내 심적 상태는 그리 좋지 않았다. 중서부 지방으로 가려고 잠시 환승을 위해 공항에서 기다리던 중, 혹시 읽을만한 게 없을까 싶어 공항의 가판대를 기웃거렸다. 그러나 나의 관심을 끌만한 책은 하나도 없었다.

비행기를 타고 좌석에 앉아 뭔가 쓰려고 하다 보니 공책과 노트북 컴퓨터를 모두 화물로 부쳐버린 사실이 생각났다. 하는 수 없이 나는 목적지에 도착할 때까지 약 4시간 동안 운명, 미래, 이런 것들에 대하여 깊은 생각에 잠겼다. 그러자 나의 의식 속에서 아주 미묘한 음성이 나를 이끌기 시작하였다. 인간의 의식이 외부적인 것에 관심을 두지 않을 때 정신이 어떻게 움직이는지를 엿볼 수 있는 좋은 기회였다. 먼저 마음속에서 한 가지 생각이 일어났다. 그리고 그다음에는 또 다른 생각이, 그리고 또 다른 생각이 꼬리에 꼬리를 물고 이어졌다. 생각이란 떠오를 때 잡아채야지 그렇지 않으면 우리가 알아차리지 못하는 사이에 스쳐 지나가 버린다. 강한 것도 있고 약한 것도 있으며, 순간적인 것도 있고 일상적인 것도 있다. 진지한 것도 있고 아무짝에 쓸모없는 것도 있다. 그 들려오는 목소리는 단지 몇 초 안에 내게 이 모든 것을 다 가르쳐 주었다.

내 안의 목소리가 물었다. 당신의 마음과 사이좋게 지내는 방법은 무엇인가? 마음이 말하는 것을 늘 따라야 하는가? 분명 아닐 것이다. 왜냐하면 우리가 하는 어떤 생각들은 합리적이고 그럴듯한 생각도 있지만 황당하고 이치에 안 닿는 생각들도 많기 때문이다. 그러면 마음이 하는 말을 무시해도 좋은가? 물론 이것도 아니다. 왜냐하면 마음은 우리에게 욕망을 주고 우리는 그 욕망 위에서 일상의 삶을 꾸리기 때문이다. 마음에 대해 단 한 가지 방식으로만 좋은 관계를 맺을 수는 없다. 사람이 항상 올바른 태도만을 취할 수는 없기 때문이다.

만약 사람들이 자신의 의지로 낙관적인 태도를 선택했다고 하자. 그러나 그런 선택이 전쟁, 악행 등, 아주 심각한 위기에서는 오히려 잘못된 선택일 수도 있다. 반대로 이번에는 비관론자의 태도를 택했다고 하자. 그러면 그럴 때에는 기쁨, 인생의 완성, 희망, 신앙과 같은 기회를 놓쳐버릴 것이다.

당시 마음의 음성은 내게 이런 메시지를 전해주었고 내 마음은 거기에 크게 반응하였다. 그것은 내게 영적인 태도들, 예를 들면 관용, 사랑, 받아들임 등이 일면 옳기는 하지만 또 다른 한편으로는 그렇지 않을 수도 있다는 깨달음을 갖게 해주는 듯 보였다. 예를 들어 만일 자녀가 마약에 취해 있다면 그냥 자식에 대한 사랑의 감정만 가지고 그 문제를 받아들일 수는 없는 것이다. 우리는 이때 오히려 더 적극적인 중재와 개입을 하여야만 한다.

위에서 말한 예들은 비일비재하다. 나를 고문하고 괴롭히는 사람에 대한 미움을 사랑의 힘만으로 극복할 수는 없다. 또한 광신자가 도를 넘는 행위를 할 때, 관용이라는 덕목으로만 포용할 수는 없는 노릇이다. 그러므로 우리는 마음과 연결시킬 수 있는 유연한 방법을 찾아야만 한다. 그렇지 않으면 또 다른 것을 잃게 되기 때문이다.
마음의 가장 소중한 선물은 그것이 우리들의 창조성의 근원이라는 데에 있다. 이제 내 정신의 안내자는 내게 세계를 보라고 말한다. 그것은 마음과 똑같지 아니한가? 똑같이 예측불가능한 일들이 도처에 널려 있다. 그렇기 때문에 당신은 끊임없이 변화하는 세상에 똑같은 태도만을 고집할 수는 없는 것이다. 미래에 대해 선천적으로 낙관적인 태도를 가진 사람은 선천적으로 비관적인 태도를 가진 사람만큼이나 생각이 짧은 사람일 수 있다. 여기서 한 단계 더 나아가보자. 카르마 역시 예측할 수 없으며 단 하나의 방식으로 접근할 수도 없다. 당신이 카르마와 대항하는 것은 당신이 카르마를 있는 그대로 받아들이는 것만큼이나 힘들고 어려운 일이다.

창밖을 보니 해가 지고 있었다. 기내는 조용했고 어둠이 서서히 깔리고 있었다. 지평선 너머로 푸른색과 오렌지색의 노을이 지고 있었다. 당시 내가 만난 정신의 목소리는 우연한 사건이거나 한낮의 꿈은 아니었다. 나는 그 순간, 내가 예전부터 의식이 어떻게 작동하는지를 알고 싶어 하는 욕구를 가지고 있었다는 사실을 처음으로 깨달았다. 내가 얻은 해답은 정신, 세계, 그리고 카르마는 똑같은 것이며, 서로가 서로를 비추는 완전한 거울이라는 사실이었다. 정신, 세계, 카르마의 관계는 너무나도 조밀하게 짜여져 있어서 우리들이 도저히 측정할 수 없으며, 설령 그 밑그림을 그린다 하더라도 일초가 지나가는 순식간에 다른 새롭고 무한한 가능성이 곧바로 전개되는 것이다.

이런 깨달음은 마치 내가 처음으로 의식의 갭 사이에 있는 존재가 된 것처럼 나에게 아주 가깝게 다가왔다. 자신이 완전히 자유라는 것을 알게 되는 순간 우리 앞에 놓인 선택들 또한 변하기 시작한다. 어떤 영혼들은 아무것도 집착하지 않는 상태로 남아있기를 바라기도 하며 다른 영혼들은 육체를 소유하고 있는 동안 모크샤를 즐기기도 한다. 그들은 완전한 자아인식과 함께 환생하기도 한다. 우리는 그들을 '깨달은 사람들'이라고 부른다. 나머지 영혼들은 그 밖의 다른 어느 곳에 속하게 된다.

우리는 자유로워지는 것을 좋아하지만 또 한편으로는 새로운 체험을 원하기도 한다. 그래서 카르마가 우리를 위하여 새로운 이야기를 엮어나가도록 내버려둔다. 그때에 우리는 자아의식의 일정 부분은 그대로 지키기도 하고 도전과 기회 같은 성품들을 지닌 분리된 사람이 되기도 한다.

우리가 입을 옷인 새로운 삶이란 연결과 단절이라는 독특한 척도를 포함할 것이다. 물론 이것이 정신, 카르마, 그리고 세계를 연결시키는 유일하고 완벽한 방법이 될 수는 없다. 완벽한 방법은 물론 자유다. 그러나 우리의 불완전한 방법 속에서 우리는 신비의 한 부분이 되는 것이다. 우리가 빛과 어두움이라는 환상적인 드라마에서 한 역을 맡을 때 우리는 다시 한 번 죽음이란 두려운 것이며, 삶에는 투쟁이 필요하며, 기쁨은 추구할만한 가치가 있으며, 고통은 견딜만한 가치가 있다는 근본적인 믿음으로 돌아가게 된다.

우리가 의식의 갭 사이에 있었을 때 소유했던 지식은 모두 잊어버린다. 반면에 우리는 아주 가까이에 있는 진리만을 보유함으로써 겨우 동경할 만한 것을 움켜 줄 뿐이다. 나는 우리들이 진실을 뒤편에 남겨두게 만든 결정에 대한 슬픔의 척도 정도는 갖고 있어야 할 것이라고 생각한다. 그럼에도 불구하고 우리의 반쪽짜리 진실은 하나의 덕(德 - Virtue)임에는 틀림이 없다. 우리가 그런 믿음 속에 사는 한, 영혼은 우리에게 그 나머지를 가르치는 일을 결코 포기하려하지 않을 것이다.

그 목적을 위하여 우리의 꿈은 계속된다.

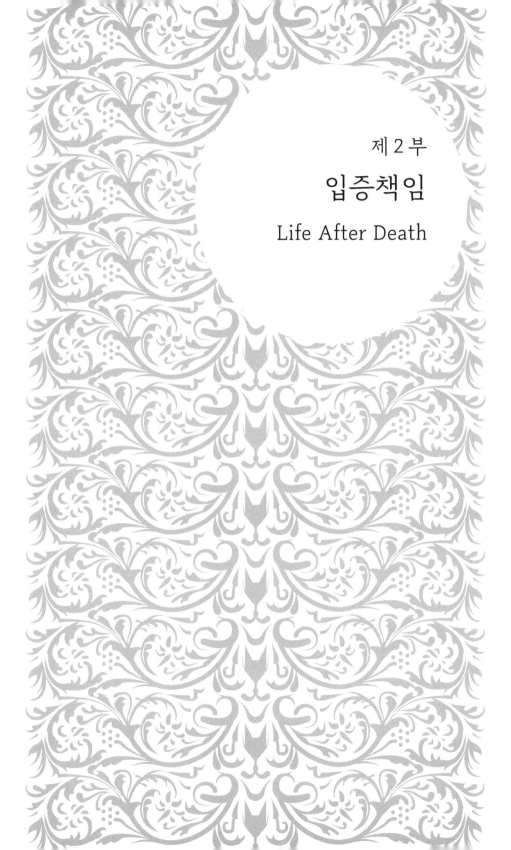

제 2 부

입증책임

Life After Death

입증책임

얼마 전까지만 해도 영적인 문제에 대한 입증책임은 믿지 않는 자들의 몫이었다. 고대 이집트와 중세 기독교인들을 비롯해 전 세계에서 종교는 물질세계보다 신들의 세계 또는 하나님의 세계가 더 실재적이라는 인간의 상상력을 뒷받침해 주었다. 현대인이라면 고대 전통의 통찰력을 조금이나마 가늠할 수 있을 것이다. 왜냐하면 현대인은 더 높은 영혼의 영역에서 비롯된다고 주장하는 이상주의에 빠져있기 때문이다. 이상주의의 관점에서 보면 이 지구는 더 낮은 세계이고 천국은 더 높은 세계이다. 그러므로 지상의 삶과 관계된 육체, 입맛, 성적 유혹, 질병, 고통, 노쇠 등은 신과 영혼으로부터 더 멀리 떨어져 있다고 간주되었던 것이다.

과학은 이런 견해를 논박함으로써 그것을 뒤집지 않았다. 물질주의는 과학을 가져다주었고 더 안락한 삶을 보장해 주었으며, 전통 종교나 신의 의지로만 이루어진다고 말했던 많은 신비스런 현상들을 자연과학이라는 논리적 틀로 설명하기 시작했다. 하나님이 인간을 벌하기 위해 질병을 준다는 주장은 바이러스가 발견된 순간 의미가 없어졌고 비논리적인 주장이 되고 말았다.

이와 마찬가지로 새로운 세계관이라는 현대 과학이 아무런 물리적인 증거도 없이 신, 천사, 유령, 영혼, 그리고 내세에 관한 개념들을 무의미한 것으로 폐기할 수 있다고 한다면 그것 또한 스스로 경계를 무너뜨리는 일이 될 것이다. 종교가 물리학이나 화학에 경쟁할 수 없듯이 과학 역시 영적인 문제에 관해 독단적인 주장을 펼 수는 없기 때문이다. 따라서 지금은 입증책임의 주체가 바뀌었다. 즉, 신과 영혼이 실재한다고 증명해야 하는 책임은 이제 믿는 자들의 몫이 된 것이다. 현대 물질주의의 승리는 너무나도 완벽하게 보여서 이제 대다수의 사람들은 왜 인간이 신이나 영혼 문제에 관심을 두어야 하느냐라는 물음조차 제기하기 어려운 지경이 되고 말았다.

최근의 여론조사에서는 90%의 응답자가 천국을 믿는다고 했고 그들 중 상당수는 자신이 나중에 천국에 갈 것으로 믿는다고 하였다. 그런데 지옥에 관한 조사를 보면 그 수치가 내려가서 응답자 중 69%만이 악마의 존재를 믿는다고 응답했다. 사람들은 영성에 관한 문제에 닥치면 신앙을 추구하고 물질적 세계에 관한 문제에 대면하면 과학을 추종하게 된다. 독실한 기독교인이었던 뉴튼(Sir Isaac Newton)의 인생은 그 자체가 과학과 신앙 사이에 존재하는 분열과의 싸움이라고 해도 과언이 아닐 것이다.

그러나 또 다른 길도 있다. 이 책에서 나는 지금까지 의식에 토대를 둔 내세의 관점을 제시하려고 노력해 왔다. 그 결과 의식에 관한 문제들이 과학을 통해서 적어도 부분적으로는 해결될 수 있다는 점도 알게 되었다. 우리가 찾는 증거는 무슨 초자연적인 현상을 찍은 사진을 말하는 게 아니다. 이런 주장들은 이미 많이 있어왔지만, 오히려 회의론자들의 주장만 더 부추길 뿐이다. 가장 유용한 증거는 베단타 철학에 담겨 있는 현자들의 일관된 설명일 것이다. 베단타 철학의 가장 으뜸 되는 주장은 실재를 창조하는 것은 의식(Consciousness)이라는 것이다. 만약 우리가 다음과 같은 질문에 대답할 수만 있다면 베단타 철학의 주장에 대한 증거를 갖게 될 것이다.

*아카샤는 실재하는가?

*정신은 두뇌 너머까지 확장될 수 있는가?

*우주는 깨어 있는가?

*의식은 시간과 공간의 바깥에 그 토대를 가지고 있는가?

*우리의 신앙은 실재를 형성할 수 있는가?

비록 소수의 과학자들만이 내세라는 개념을 마음속에 두고 있었지만, 이것이야말로 과학이 건드렸던 근본적인 질문들이다. 그러므로 우리가 '물리학은 우주가 자아-의식적이라는 걸 증명하려고 한 번도 시도하지 않았다'고 말한다고 해서 그것이 결코 틀린 말은 아니다. 그러나 우주가 자아-의식적이지 않다고 하면 풀리지 않을 문제가 너무나도 많이 존재하기 때문에, 최첨단의 이론들도 한때는 생각할 필요조차 없다고 치부했던 아이디어들을 최근에는 그들의 개념 속에 다시 포함시켰다. 사실 풀리지 않는 미스터리가 있다는 것이야말로 우리에게는 최고의 희망이다. 왜냐하면 그런 것들이 우리에게 혁신적인 사고의 여지를 남겨주기 때문이다.

현대의 신경학도 기억이 어떻게 작동하는지 아직 제대로 설명하지 못한다. 어떻게 두뇌 세포가 외적인 정보를 복잡한 사고로 전환시키는지, 어디에 인간의 자기 주체성이 존재하는지를 규명하지 못하고 있다. 만약 우리가 이런 것들을 알았다면 '확장된 마음'을 탐구해 볼 필요조차도 없을 것이다. 즉, 인간의 사고는 두뇌 밖에서 이루어진다고 하는 생각 말이다. 그러나 다행인지 불행인지는 몰라도, 우리는 베다시대의 현자들이 마련해 놓은 '신비의 창고'가 바로 곁에 있다는 사실을 발견하게 되는데, 그 창고에는 현자들의 의식에 대한 깊은 이해가 풍족하게 저장되어 있다. 그곳이 바로 우리가 알고자 하는 신비에 대한 많은 해답들이 존재하는 '보물창고'이다.

13. 아카샤는 실재적인가?

'아카샤'라는 단어는 적어도 100년 동안 물리학의 언저리에서 서성거려 왔다. 비어있는 공간은 결코 그냥 비어있는 것이 아니라는 고대의 사상적 전통이 오랜 세월 동안 건재해 왔기 때문이다. 산스크리트어로 '공간'을 뜻하는 아카샤는 영어로는 '에테르'라고 번역될 수 있을 것이다. 지난 몇 세기 전까지만 해도 별과 별 사이의 무한한 공간을 채우는 것이 무엇이냐는 질문에 고대 그리스는 물론 현대의 철학자와 과학자들은 '순수한 공간이란 결코 가능하지 않다'라는 말로 일관하여 왔다. 공간에는 눈에 보이지도 않고, 그 무게나 양을 가늠할 수 없는 에테르가 있기 때문에 빛이 여행할 수 있다고 본 것이다. 연못에 돌을 던지면 잔물결이 이는 것과 같은 이치라는 설명이다. 이처럼 물질과 물질 사이에 매개체가 없으면 빛은 움직일 수 없다는 것이 이제까지의 정설이었다.

그런데 이 에테르라는 개념은 1880년대 미국의 과학자 알버트

마이클슨(Albert Michelson)과 에드워드 몰리(Edward Molley)가 빛은 그 방향이 어디에 있든 속도가 항상 일정하다는 사실을 증명하자 결정적인 타격을 입는다. 빛의 속도가 일정하다는 것이 왜 중요한가? 통상적으로 일컬어오던 '에테르 바람'의 개념 속에는 빛이 아래쪽으로 갈 때보다 위쪽으로 갈 때 속도가 느려질 것이라는 전제가 깔려 있었기 때문이다.

마이클슨과 몰리가 빛이 어떤 방향으로 움직여도 그 속도가 일정하다는 사실을 밝혀내자, 아인슈타인은, 그의 확신도 나중에는 잘못된 것임이 밝혀지긴 했지만, 공간(Void)은 아무런 활동도 없는 텅 빈 곳이라고 확신하게 되었다.

오늘날의 물리학자들은 우주 공간은 보이지 않는 양자 장에서 쉼 없이 움직이는 활성 에너지로 가득 차 있다고 믿는다. 소위 말하는 이 가상파동 이론은 물질과 에너지를 충분히 설명해 줄 뿐만 아니라, 시간과 공간의 굴절까지도 예측하는 유용한 이론적 가설이 되었다. 폐기된 에테르의 개념이 새로운 모습으로 회생한 것이다.

물질과 에너지가 어디에 기원을 두는지 알기 위해 현대 물리학은 우리가 관찰하는 우주뿐만이 아니라 존재할 가능성을 지닌 모든 것까지 포함하는 보편적인 장(場)으로서의 우주를 가정하기 시작했다. 현대물리학에서는 물질세계가 무(無)가 되는 메커니즘을 잘 이해하고 있다. 물론 이런 통찰은 일반인에게는 혼란스러울 것이다. 바위, 행성, 나무, 그리고 유성이 무로 사라지는 메커니즘은 다음과 같다.

*첫째, 바위, 나무, 행성 등, 고정된 물체는 과학자가 그것들이 눈에 보이지 않는 원자로 이루어져 있다는 사실을 깨닫는 순간 사라진다.

*둘째, 원자는 허공에서 단순히 진동 상태로 존재하는 에너지로 이루어져 있다는 것이 밝혀질 때 사라진다.

*셋째, 에너지는 파동의 장에서 일시적인 동요상태라는 것이 밝혀질 때, 그리고 그 장 자체는 진동하지 않는 평평하고 항구적인 제로 포인트를 유지한다는 사실이 밝혀질 때 사라진다.

이론적으로 보면, 자연에서 제로 포인트에 도달하기 위해서는 빈 공간을 절대적 온도인 0도로 냉각시켜 모든 활동을 멈추게 해야 한다. 그런데 제로 포인트는 지금 이곳에서 바로 이 순간에도 존재하는데 바로 그 에너지가 늘 생성되고 다시 무의 상태로 사라지기 때문에 제로 포인트는 실존과 무 사이의 환승역에 비유될 수 있다. 뉴턴은 물질과 에너지는 파괴될 수 없다고 했으나 물질은 아원자 단계에서는 절대적인 에너지의 총량이 변하지 않는 한, 눈에 보이지 않는 파동의 형태로 진동한다.

○ 제로 포인트 장(Zero Point Field)

만약 우주에서 활성이 사라지는 일이 지금으로부터 수십억 년 후에 우주가 절대 영점으로 냉각되어 사라질 때 일어날 일이라고 한다면, 그다지 문제가 되지 않을 것이다. 그리고 물질만이 이론적으로 허공 속으로 사라진다고 한다면 그것 역시도 그다지 큰 문제가 안 될 것이다.

그러나 문제는 그게 아니다. 물질과 에너지는 사라져야 한다. 만약 물질과 에너지가 바위, 나무, 행성처럼 눈에 보이는 견고한 상태로 존재한다면 혼돈은 없어지고 물질은 그저 무작위적으로 행성 간 공간에서 부유하는 소립자로서만 존재할 것이다. 빅뱅으로 생겨난 에너지 비트들은 서로 아무런 연관도 없이 한 시간에 수백만 마일씩 날아다닐 것이다. 형태, 진화, 구조 같은 것이 있을 까닭도 없다. 다른 말로 하면 우리가 아는 우주 자체가 존재하지 않는다는 의미이다. 기껏해야 중력이 큰 물질덩어리를 한 군데로 모을 수는 있겠지만 중력 역시 제로 포인트에서 진동하는 또 하나의 파동으로 존재할 것이다.

그러나 이런 혼돈이론이 우주에 남아있는 거대한 신비를 밝혀내지 못한다면 그런 미스터리를 설명할 수 있는 것은 아카샤 밖에는 달리 없다. 여기에 물리학과 베다 현자의 통찰력이 아주 놀라운 방식으로 융합하여야 하는 이유가 존재한다. 베다의 현자들은 의식이 우주 보편적인 원칙이라는데 포커스를 맞추어 왔다. 그러나 생각하는 우주를 설명하려면 우주적 정신이 어떻게 작동하며 어떻게 결합하고 어떻게 자신을 조직하여 사고하는지를 설명할 필요가 있었다. 만약 우주라는 정신의 장이 절대적으로 안정적이라면, 그것은 아예 죽은 영역이거나 아니면 기껏해야 의미 없는 소음으로 가득 찬 곳이 될 것이기 때문이다. 현대물리학 역시 우주가 그 자신을 어떻게 지탱하고 부합되는 형태로 조직하는지를 설명해야 한다. 그렇지 않으면 빅뱅의 순간에 존재했던 에너지 덩어리는 다이너마이트가 터져 파편이 흩어지듯이 산산이 흩어질 뿐 무슨 형태를 갖춘 존재로되지 못할 것이기 때문이다.

물리학은 점점 더 깊숙이 빈 공간의 매력에 빠져 들어가게 되었는데 그 이유는 보이는 세계의 그 어떤 것도 지금까지 설명되었던 현상들을 설명하기에 적합하지가 않았기 때문이다. 제로 포인트는 보이는 것, 보이지 않는 것, 그리고 우주의 모든 미립자를 포함하는 에너지의 '장들의 장'이다. 그리고 그 빈 공간은 광양자(Photon)와 전자의 활발한 에너지 교환뿐만이 아니라, 상상할 수 있는 양자들의 활동이 이루어지는 장소임이 밝혀졌다. 어느 순간 보이지 않는 것들이 보이는 것들보다 더 강력하게 되었다. 그런데 과연 어떻게 현자들이 탐구하던 정신 같은 '장들의 장'이 존재하는 걸까?

정신의 기본적인 활동인 사고는 실재를 의미 있는 것으로 만든다. 그리고 우주는 이런 일을 물리적으로 수행한다. 우주는 아주 복잡한 시스템을 형성한다. DNA가 그 한 가지 예이다. DNA의 이중나선을 따라 배열된 분자상태가 곧 생명을 의미하는 것은 아니다. DNA의 유전적 정보 사이에는 엄청난 공간이 존재한다. 이런 일련의 연쇄조합이야말로 생명의 탄생에 중요한 열쇠이다. 아메바와 인간이 다른 것은 이들을 구성하는 원자 자체가 달라서가 아니라, 이중나선을 이루는 탄소, 산소, 수소, 그리고 질소의 조합이 다르기 때문이다. 이렇게 유전적인 물질 사이에 존재하는 갭은 무작위적으로 어떤 것이 만들어지는 너무나도 소중한 장소인 빈 공간으로 우리를 다시 되돌아가게 하기 때문에 그 의미가 매우 크다.

일단 하나의 형태가 창조되면, 그 형태가 계속 유지되기 위해서는 그 형태에 대한 기억이 존재해야 한다. 그러므로 우주는 자신이 창조한 것을 기억하고 마치 톱니바퀴가 물리듯 다른 시스템과 조화시켜 나간다. 지구의 생태계가 그 좋은 예에 속한다. 생명체들은 지속적으로 서로 절묘한 균형을 맞추어 나간다. 만약 식물이 광합성 작용으로 뿜어내는 산소를 다른 동물이 소비해서 이산화탄소를 만들어내지 않는다면 그 결과는 다시 식물에게 치명적인 타격을 줄 것이다.

극단적인 예를 들었지만 이런 복잡한 균형 상태의 기원은 허공으로까지 거슬러 올라갈 수 있다. 허공에서는 실질적인 에너지 파동이 수명을 다하면 에너지를 필요로 하는 또 다른 실질적인 미립자가 이를 흡수한다. 한 유명작가의 비유를 빌리자면, 우주는 1페니의 동전을 주고받는 곳과 같아서 만약 한 소립자가 1페니를 잃으면 다른 소립자가 그 1페니를 얻는 곳과 같다는 것이다. 우주의 기본 패턴은 이렇게 간단하다. 그런데 지구에서 이런 에너지 교환이 1초당 수십 조(兆) 회 정도로 이루어진다고 하면 생태계가 모든 생명체 하나하나를 구별하는 그 역동성이야말로 놀라운 일이 아닐 수 없다.

우주적 활동과 거의 동등하게 활동하는 정신이 할 수 있는 다른 것들도 있다. 정신 또는 마음은 시간상 분리된 서로 다른 두 가지 사건을 동시에 추적할 수 있기 때문에 몇 년 전에 보았던 사람의 얼굴을 오늘 다시 알아볼 수 있게 만드는 것이다.

이와 마찬가지로 우주도 두 쌍의 전자가 가진 내력을 기억한다. 전자쌍이 수백만 광년을 여행해도 이들은 변함없이 한 쌍을 이룬다. 만약 그 쌍을 이루는 전자쌍 중 하나가 그 위치나 회전량을 바꾸면 쌍둥이 중 다른 하나는 상대방에게서 어떤 신호를 받지 않고도 즉시 자신의 위치나 회전량을 바꿔서 자기 짝을 찾아가는 것이다. 이것이 바로 제로 포인트 장은 시간, 거리, 혹은 빛의 속도와 상관없이 상호 소통한다는 명백한 증거이다. 여기서 '소통'이라는 단어가 사용된 것만 보아도 인간의 마음과 저 바깥에 존재하는 우주가 작동하고 있는 원리가 얼마나 유사한가를 명백히 시사하고 있는 것이다.

물론 여기에는 피해야 할 함정이 있다. 똑같은 사건을 서술하는데 마음과 물질은 서로의 각기 다른 방식을 지니고 있다. 누군가 만약 우주가 기억을 가지고 있다는 것을 보여줄 수 있다고 해도 그것이 곧 우주가 마음을 가지고 있다는 사실을 증명한다는 뜻은 아니라는 말이다. 얼굴을 기억하는 것은 순전히 정신적인 활동이다. 아주 광대하게 멀리 떨어져 있는 서로 다른 전자가 그 회전량을 맞추는 능력은 물질적인 활동의 공적이다.

사실 이와 똑같은 덫이 그 반대편에도 존재한다. 만약 누군가 베토벤 소나타를 연주하는 바이올리니스트의 활의 파동수를 계산할 수 있다고 하자. 그러나 활의 파동수가 곧 그 음악이나 그 작품의 아름다움을 설명하는 것은 아니다. 음악의 아름다움을 느끼는 것은 순전히 정신적인 현상이지 결코 물질적인 현상은 아니다. 우리들이 할 수 있는 일은 두 가지 모델이 작동하는 방식 사이에 존재하는 평행선들을 하나의 실재 안에 놓아두기 위해서 그 평행선들을 끄집어 내는 것뿐이다.

사실 지금까지 DNA가 침팬지나 인간이 아닌 아메바를 창조할 때 우주가 무슨 일을 하는지 스스로 의식하고 있는 듯이 말해 왔다. 다시 설명하면 분자로서의 자의식은 제로 포인트 장을 요구하게 되고, 그것이 우주에서 모든 가능한 파장을 조작한다는 것이다. 그러나 정신과 물질 사이의 평행선을 아무리 가깝게 그린다 하더라도, 앞에서 기술한 바를 증명할 수도 없고, 반대로 아니라고 반론할 수도 없다. 왜냐하면 모든 것을 포함하고 있는 제로 포인트 장은 우리들 자신까지도 포함하기 때문이다. 우리는 제로 포인트 장 밖으로 나갈 수가 없다. 우리는 마치 바닷물은 물로만 되어 있다는 것을 증명하기 위해서 노력하는 물고기와 같은 처지이다. 그 물고기가 바다 밖으로 튀어 오르지 못하는 한, 그가 보는 것은 오로지 물 뿐일 것이기 때문이다.

인간은 또한 우주가 마음(정신)을 가진다는 것을 증명할 수가 없다. 왜냐하면 우리는 마음이 없는 채로 존재할 수는 없기 때문이다. 그 누구도 마음이 없었던 때를 기억하지 못한다. 그러므로 우리는 마음이 없는 상태에 근거해서 무언가를 말 할 수가 없다.

베다의 현자들은 의식이 실재적인데 그것을 굳이 증명할 필요는 없다고 믿었다. 어찌 보면 그들은 운이 좋았다고 말할 수도 있을 것이다. 물리학에서는 의식을 피동적으로 주어진 것으로 보지 않는다. 자아의식적인 우주에 대하여 말하는 것은 우리들을 물리학에서 추론적 사고의 언저리에 놓는 것이라고 할 수 있다. 그러나 내세에 대한 증거를 찾고 있는 우리로서는 의식이 모든 곳에 존재한다는 증거를 보여주는 것이 필요하다. 그래야만 우리가 죽고 나서 의식이 아닌 다른 곳으로 가는 일이 없을 테니까.

○ 물질 위에 있는 정신

만약에 인간의 정신이 양자 장에 변화를 줄 수 있다면 어떨까? 그러면 아마도 정신과 물질이 연결되는 연결고리를 찾을 수 있을 것이다. 그런 연결고리가 실제 존재한다는 것을 밝힌 사람은 시애틀 소재 보잉항공사 연구실의 헬무트 슈미트(Helmut Schmidt)였다. 1960년대 중반부터 슈미트는 일반 사람들이 마음만 가지고 신호를 바꿀 수 있는지 알아보기 위해서 무작위 신호를 방출하는 기계를 만들었다. 맨 처음 만든 기계는 스트론튬90 원소에서 방출되는 방사선을 탐색할 수 있는 것으로, 전자가 방출되면 빨강, 파랑, 노랑, 그리고 초록 색깔의 등에 무작위로 불이 들어오도록 설계되었다. 슈미트는 피 실험자들인 일반인들에게 다음에 어떤 색깔의 전등에 불이 들어올지 예측하고 버튼을 누르도록 했다.

맨 처음 실험에서는 아무도 네 개의 등불 중 하나가 나올 수 있는 확률인 25% 이상을 나타내지 못했다. 슈미트는 저명한 영매들을 이 실험에 끌어들이기로 했다. 그러자 영매들은 아주 놀라운 결과를 보여주었다. 즉, 영매들은 매번 약 27%의 정답률을 보였던 것이다. 그러나 그는 이런 결과가 실제 방출되는 전자의 무작위 패턴을 변화시키는 예지능력과 관련되어 있는지는 알아내지 못했다.

그래서 슈미트는 두 번째 기계를 제작했는데 그 기계는 첫 번째 기계와는 달리, 단지 +와 -의 두 가지 신호만을 보내도록 설계되었다. 여러 개의 전등을 원형으로 설치하고 만약 두 개의 +극이 연속으로 발생하면 전등은 시계방향으로 불이 들어오고, 보통 상태에서는 똑같은 수의 +와 -에 불이 들어오도록 했다.

슈미트는 피 실험자들에게 시계방향으로 전구에 불이 들어오도록 정신을 집중하도록 요구했다. 실험 결과, 두 명의 피 실험자가 아주 성공적인 결과를 보여주었다. 한 사람은 시계방향으로 불이 들어오게 하는데 52.5%의 성공률을 보여주었다. 물론 2.5%라는 확률은 별로 매력적으로 들리지는 않을 것이다. 그러나 슈미트가 계산한 바에 따르면, 자연적으로 그런 일이 일어날 확률은 대략 천만 분의 일(1/10,000,000)이었다.

다른 피 실험자는 시계 방향으로 불이 켜지도록 노력했지만, 결과적으로 전구는 시계 반대 방향으로 불이 들어왔다. 나중에 새로운 피 실험자와 함께 실시한 실험에서는 관찰자가 염력(念力)으로 양자 장에서 일어나는 양자의 움직임을 변화시킬 수 있다는 것을 보여주었다. 이는 인간의 정신은 심원한 단계에 도달하면 물질을 변화시킬 수 있다는 가설을 지지해준다.

이 대목에서 우리는, 인간은 아카샤라는 공간에 포함되어 있으며 죽어서도 그 장을 떠나지 않을 것이라는 베다시대 현자들의 주장에 새삼 귀를 기울여야 할 것이다. 만약 우리가 죽어서 아카샤라는 공간을 떠난다고 한다면, 인간은 아카샤에 속하지 않은 자연 속의 유일한 존재가 될 것이다.

앞서 슈미트의 실험에 고무된 프린스턴대학교의 공학 교수인 로버트 얀(Robert Jahn)은 이보다 더 정교한 실험을 고안해 냈다. 그는 일초에 영과 일을 다섯 번 발생시키는 기계를 마련하고 피 실험자들에게 세 가지 유형을 실험했다. 첫 번째 실험자에게는 0보다는 1을 더 많이 발생시키도록 하고, 두 번째 실험자에게는 1보다는 0을 더 많이, 그리고 세 번째 피 실험자에게는 기계에 아무런 영향력을 행사하지 못하도록 했다. 얀은 각각의 테스트를 50만 번에서 100만 번의 결과를 얻을 때까지 자신과 초심리학자(Parapsychologist)들이 보는 앞에서 반복했다.

12년에 걸친 연구 끝에 얀은 일반인들의 약 3분의 2 정도가 기계 수치의 결과에 영향을 미칠 수 있다는 사실을 발견했다. 이런 결과는 슈미트의 연구결과와는 상당히 다른 결과였다. 일반인들은 매 실험마다 51%에서 52% 정도로 0과 1의 선택에 변화를 주었다. 이 수치가 별 의미가 없어 보일 수도 있지만 이론상 그런 결과가 나올 확률이 1조 분의 1(1/1,000,000,000,000) 정도가 된다는 사실을 감안한다면 이는 실로 엄청난 결과가 아닐 수 없다. 이 실험 결과는 매우 충격적이었는데, 그 이유는 무작위적 사건은 양자물리학은 물론 다윈의 진화론과 그 밖의 다른 여러 분야의 이론적 기본 가설이기 때문이다. 이후에 실시된 10여 가지의 비슷한 실험에서도 역시 같은 결과인 51~52%가 나왔다.

만약 인간 정신이 양자 장에 포함되어 있고 그 양자 장을 변화시킬 수 있다는 점을 감안한다면, 이제 우리에게 남은 건 무엇일까? 우리는 양자 장에게 아주 적은 부분이나마 영향을 미칠 수 있다. 이 것은 친구를 생각하는 순간, 그 친구로부터 전화가 오는 식의 우연의 일치 그 이상의 일이다. 다소 거창하게 말하자면 우리가 실재라고 부르는 것은 우리의 의지와 신념에 따라 양자 장에서부터 산출되는 것, 혹은 의식에 의해서 현시되는 것이라고 할 수 있지 않을까?

이런 연구를 과학 잡지 〈더 필드 - The Field〉에서 자세하게 소개하고 있는 린 맥타가트(Lynne McTagaart)는 의식이론에 혁명이 불어 닥칠 가능성을 예고하고 있다. 그 의식이론은 가장 심오한 단계에서 보면 프린스턴 학파도 제시했듯이, 실재(實在 - Reality)는 오직 우리의 주의력에서 창조된다는 것이다.

그러나 얀과 그 동료들은 기술적인 부분에 대해서만 객관적으로 이야기하고 있다. 물론 실험을 수행한 얀과 동료들도 자신들의 실험 결과에 크게 놀랐으며 일반인들이 기계의 활동에 영향을 미칠 수 있었다면 과연 복잡한 기계의 어떤 부분에 영향을 주었는지 의문을 가지게 되었다. 정신이 실제 전자가 방출되는 확률에 영향을 주었다고 말해야 할까? 물론 이 질문도 중요하지만 다른 한편으로는 '그래서 어쨌다는 것인가?'라는 물음도 중요하다고 본다. 만약 아주 평범한 사람이 기계가 1보다는 0이라는 결과를 더 많이 내도록 의지적으로 바꿀 수 있다면 과연 그것이 '과학에서 중요한 문제들에 영향을 미칠까?'라고 묻고 싶을 것이다. 이 질문에 대한 대답은 '그렇다'이다. 그것도 아주 심오한 방식으로 영향을 준다고 말할 수 있다.

○ 아카샤는 모든 것을 설명할 수 있는가?

아카샤는 정신이 작동하는 장이라고 여러 번 강조하였다. 과학과 의식에 관한 이론가인 헝가리 학자 어빈 라스즐로(Ervin Laszlo)는 모든 것을 통합하는 해답으로써 아카샤를 제시한 사람이다. 철학, 생물학, 인공두뇌학, 그리고 물리학 등, 최첨단 이론들을 40년 이상 탐구한 그는 결과적으로 에테르와 유사한 개념을 전제하지 않을 수 없게 되었다고 고백하였다. 연못에 번지는 파동과 달리, 빛은 여행하는데 매개가 없어도 된다는 것은 이미 현대물리학에서 증명된 사실이다. 광양자가 A지점에서 B지점으로 움직일 때는 앞서 살펴보았던 것처럼 우리 눈앞에서 사라지는 형태로 움직인다. A지점에 있던 광양자는 홀연히 가상현실(Zero Point Field)에서 사라지고, 두 번째 장소로 그 형태를 그대로 유지하며 다시 나타난다. 그것은 마찰 때문에 속도가 느려지지는 않는데, 이는 마치 바위와 물표면의 관계에서 보는 것과 같다.

나는 왜 물리학이 에테르를 버렸는지를 설명하기 위해서 일체의 과장됨이 없이 솔직한 말로 이 시나리오를 제시하고 있는 것이다. 그것은 물리학이 괄목할만한 성장을 거듭한 지난 반세기 이상의 세월 속에서 양자(Quantum) 계산 시, 에테르의 필요성이 없어졌기 때문이다.

그러나 라스즐로와 다른 구조 분석가들에 따르면, 물리학이 에테르의 개념을 없애자 곧바로 벽에 부딪히기 시작했다고 한다. 왜 우주가 상호 협력적인 패턴으로 조직되고 유지되는지 그 방법을 설명할 길이 없었기 때문이다. 원자보다도 수백만 배나 작은 한 지점에 모여 있던 엄청난 에너지가 폭발한 것이 빅뱅이라면, 현재 존재하는 수십억 개의 은하는 빅뱅 당시의 에너지 총량의 고작 4%만을 가지고 있었던 셈이다. 1초에 수백만 마일씩 팽창하고 있는 이 우주가 만약 최초에 단 1초간의 균열로 폭발했다고 한다면 현재의 무수한 행성과 은하계는 생성되지도 않았을 것이다. 왜냐하면 폭발 당시의 모멘텀은 폭발에 저항하는 중력보다 훨씬 더 큰 힘을 가지고 있어야만 했기 때문이다. 또한 폭발의 모멘텀과 중력이라는 두 가지 힘 사이에 묘한 균형이 있었다면 두 힘은 서로 분열하기보다는 조화롭게 공존하는 편이 정답일 것이다.

확률은 이런 사건의 정밀도를 설명하는 데는 미약한 도구라고 라스즐로는 말한다. 로버트 얀의 예지력 실험에 의하면, 그 실험 결과는 확률적으로 1조 번에 1회 정도 일어난다는 것이 밝혀졌다. 정교하게 조직되어 있는 구조는 각 부분이 하나로 조직되도록 해주는 원칙이나 매개가 있어야 한다. 그래야만 한 부분에서 다른 부분으로 정보가 전달되는 일이 가능하기 때문이다. 이 현상을 설명하자면 에테르에 대한 오래 된 생각을 가지고는 설명이 불가능하고, 대신 아카샤를 가지고만 설명이 가능하다.

라스즐로는 그의 2004년 저서 〈Science and the Akashic Field〉에서 아카샤는 볼 수 있는 빛의 매개체로써 필요한 것이 아니라 볼 수 없는 빛의 매개체 또는 볼 수 없는 에너지의 매개체로써 필요하다고 주장했다.

벽에 한쪽 끝이 고정된 밧줄을 생각해 보자. 밧줄을 흔들었을 때 생기는 진동이 에너지라고 보면, 벽에서 멀리 떨어진 부분의 진동은 크지만 벽에 고정된 부분으로 갈수록 진동이 작아진다. 그리고 벽에 고정된 밧줄 부분은 진동하지 않는다. 비유하자면 그 부분이 바로 제로 포인트이다. 제로 포인트는 말하자면 에너지의 시작이자 종착점이라고 할 수 있다. 허공은 양자물리학이 계산했듯이 그냥 비어있는 곳이 아니라, 행성 내부의 1평방미터에 담긴 에너지보다 더 많은 실질적인 에너지로 가득 찬 곳이다.

다시 벽에 고정된 밧줄을 생각해 보자. 벽에 고감도 청진기를 갖다 대면 밧줄의 진동은 밧줄 자체에만 머물지 않고 벽에까지 전달되며 밧줄이 달린 벽은 다시 진동을 반사한다는 것을 알 수 있다. 라스즐로에 의하면 이런 현상은 제로 포인트에서도 일어난다고 한다. 모든 물체의 파동이 장을 통해 신호를 보내면 장은 그 신호를 다시 돌려보낸다는 주장이다. 바야흐로 우주는 보이는 곳과 보이지 않는 영역에서 모두 일어나는 진동을 조합하면서 자신을 모니터링하고 있는 것이다.

광대한 우주공간을 여행하고 있는 두 개의 광양자를 생각해 보자. 우연히 이들은 서로 충돌하고 되튀었다. 해변 가의 파도 때문에 서로 다른 두 개의 모래 알갱이가 부딪친 것과 다른 점이 있을까? 분명히 다른 점이 존재한다. 라스즐로에 의하면 우주에서 충돌한 두 개의 광양자는 서로 정보를 교환하고 관계를 맺는다고 한다. 이렇게 설명하는 것이 현대의 구조론(Systems Theory)이다.

구조론에 의하면 두 개의 소립자가 서로 만나면 이들은 서로가 가진 정보를 나누고 소통한다고 한다. 움직이는 속도가 얼마이고, 무게는 얼마이며, 어디에 있었고, 어디로 가는지 등등의 정보를 서로 교환한다는 것이다. 이런 대화는 혼자서 고립되어 일어나는 일이 아니다.

우주라는 장은 이런 광양자들의 대화를 듣고 무슨일이 있는지를 알며 관련된 정보를 저장한다. 우주라는 전체를 운영하려면 모든 비트의 정보가 필요하기 때문이다. 비트(Bit)란 정보 이론에서 사용하는 기술적인 용어로, 단일한 산술적 단위(0 또는 1)를 가리킨다. 이 비트로 모든 정보를 다 표현하고 저장할 수 있다. 만약 두 개의 소립자가 서로 정보를 교환하고 다시 분리되면, 그 정보 때문에 이들의 미래도 변화한다. 이 변화는 광양자들이 무엇을 하고 있는지 알 것이라는 가능성을 상기시킨다.

라스즐로를 비롯해 여러 사상가들은 우주라는 장이 의식을 가지고 있다고 단정적으로 말하지는 않지만, 대신 우주는 '의식의 뿌리'라고 말한다. 물론 물리학자의 시각에서 보면 원자는 생각할 필요도 없고 굳이 살아 있을 필요도 없다. 원자들은 활동하고, 만나고, 다시 떨어지면 그만이다. 그런데 지구상에서 가장 성능이 우수한 컴퓨터로도 그들의 행동을 계산하기 어려운 일이 발생한다면 원자의 본질에 대해서 쉽게 단정하기가 어려워질 것이다. 물론 복잡한 수치가 물질의 행동을 다 설명할 수 있다면야 의식처럼 물리학에서 외계인 취급을 받는 개념이 굳이 방정식에 들어갈 필요는 없을 것이다.

모두 좋고 훌륭하다. 그러나 정신을 떠나서는 어느 것 하나도 제대로 설명할 수가 없다. 왜냐하면 당신조차도 당신을 떠난 것이니까.

자, 누군가 미식축구의 규칙을 알고 싶어서 소리는 나오지 않고 화면만 나오는 비디오테이프를 본다고 치자. 미식축구를 전혀 모르는 사람일지라도 여러 번 테이프를 반복해서 보다보면 게임이 어떻게 진행되는지 감을 잡기 시작한다. 공이 패스되는 방식과 선수들이 서로를 막는 모습을 잘 관찰하다보면 규칙을 추측할 수 있기 때문이다. 쿼터백이 공을 쥔 채 넘어질 때마다 양 팀이 다시 출발선에 정렬하는 모습을 몇 번 보게 되면 쿼터백은 공을 던지거나 아니면 들고 뛰어야 하는 선수라는 것쯤은 다 알게 된다.

그런데 만약 게임을 뛰는 선수들이 정신을 가진 생물이 아니라 비활성 대상이라고 가정한다면, 그 게임의 규칙을 알 방법은 너무나도 요원하게 된다. 만약 미식축구는 정신 혹은 의식을 가진 존재가 벌이는 것이 아니라는 전제를 깔고 연구를 시작한다면 게임의 규칙은 도저히 알 길이 없게 될 것이다. 양자 장에서 일어나는 하잘 것 없는 활동을 보면서 양자 장에는 믿을 수 없을 정도로 놀라운 타이밍, 협력, 기억, 정보교환, 그리고 자아의 상호작용이 있음을 보았다. 그렇다면 이것들이 제시하는 의미는 무엇일까? 관찰자 효과는 이제까지 찾아 헤맨 잃어버린 고리는 물론, 또 다른 연결고리까지 잃어버리게 할 정도로 혼란스럽다. 사실 관찰자 효과는 양자역학에서 '상보성의 원리'(입자의 운동을 시공간적으로 기술할 때, 운동량과 위치를 동시에 추적할 수 없다는 원리 - 옮긴이)라는 중요한 개념과 연결되어 있다.

관찰되는 사건이 무엇이든 관찰자가 사건을 바라보거나 계산하는 순간 관찰대상에 영향을 미친다. 관찰자가 관찰하는 순간, 전자는 가상현실로부터 뛰어나와 가시적인 우주로 들어가며, 반대로 관찰자가 시선을 거두는 순간 다시 보이지 않는 우주의 장으로 돌아간다.

○ 확률론과 의식론

독일의 위대한 물리학자 슈뢰딩거는 양자역학의 이론적 토대를 마련한 학자로서 관찰자가 전자를 특정한 위치에서 바라볼 때까지 전자는 우주의 어느 곳에라도 존재할 수 있다는 개연성의 논리를 마련했다. 생소한 독자들을 위해 '슈뢰딩거의 고양이'라는 유명한 학설을 간략하게 설명하고 넘어가고자 한다.

어떤 고양이가 치명적인 독극물이 들어있는 밀폐된 상자 속에 갇혀 있다. 상자 안에는 방사능 물질에 의해 스위치가 작동되게 되어 있는 청산가리 가스통이 있다. 만약 방사능 물질이 한 개의 전자라도 방출하면 그것으로 스위치가 작동하고 독극물이 나와 그 고양이는 죽게 되어 있는 것이다.

여기에 역설이 존재한다. 양자물리학에 의하면 전자는 관찰되기 전까지는 아무런 가시적 실재를 가지고 있지 않다. 즉, 전자는 이쪽에도 존재할 수 있고 동시에 저쪽에도 존재할 수 있는 중첩성을 지닌다. 고양이는 상자 안에 갇혀 있기 때문에, 또 고양이는 우리의 관찰 범주 밖에 있기 때문에, 죽어 있을 수도 있고 살아 있을 수도 있다. 그러나 그것은 우리가 상자를 열어 봤을 때만 알 수 있기 때문에 그때까지는 고양이는 결국 살아있는 것이기도 하고 죽어있는 것이기도 하다. 상자를 열기 전까지는 두 가지 가능성이 공존한다는 논리가 바로 그 유명한 '슈뢰딩거의 고양이' 이론이다.

많은 물리학자들은 중첩성은 전자수준에 해당하지만 고양이와 같은 일상적 대상에는 해당하지 않는다는 논리로 이 역설을 해결하고자 했다. 즉, 미시적 세계의 사실이 거시적 세계에서는 사실일 수 없다는 점을 지적한 것이다. 그러나 그의 이론이 여기서 끝나지는 않는다. 앞서 헬무트 슈미트와 얀의 예지력 실험에서 보았듯이, 관찰자 효과라는 것은 분명 존재하며 관찰자의 의향은 물질적 세계는 물론 양자 장을 변화시킨다.

슈뢰딩거의 고양이 역설이 말하고자 하는 점은 이렇다. 양자 장에서는 관찰자가 보기 전에는 어떤 결과가 도출될지 미리 알 수가 없다. 상자를 열어보기 전까지는 고양이가 살았는지 죽었는지 알 수 없으며 상자를 여는 관찰자가 결과에 영향을 미친다는 이야기이다.

그런데 여기에 아카샤라는 개념이 등장하면 모든 사건 참여자들이 모든 단계에 개입하면서 이 문제는 해결된다. 즉, 관찰자도 아카샤라는 장에 존재하며 관찰자가 어떤 행위를 하든지 전체 장은 거기에 대응하게 된다. 그러므로 우주는 우리가 행동하는 것처럼 움직인다고 말해도 무방할 것이다. 예측 가능한 것과 예측 불가능한 것이 공존한다. 이 세계가 일상적으로 어떻게 작동하는지 그 부분까지 개입시키지 않고도 고양이는 죽었을 수도 있고 동시에 살았을 수도 있다. 사실 우리가 우리 자신을 아는 것도 예측 불가능한 우주를 통해서이다.

고대 베다의 현자들은 물리적 시간과 영원성이 연결되어 있음을 이미 알았고, 오히려 영원성이 실재적이며 물리적 시간은 하나의 환상이라는 통찰력을 얻었다. 이런 통찰력은 인간의 다섯 가지 감각기관의 대상물의 목록을 바꾸기도 한다. 즉, 감각대상은 물리적인 시간을 실재적인 것으로 가정해야 하는데, 사실 우리가 참여하는 모든 사건은 시공연속체(4차원)에서 일어나기 때문이다. 고대의 현자들은 인간은 죽음으로써 영원한 실재를 더욱 분명하게 보며 더 완전하게 그 영원성에 참여하게 된다고 말했다. 라스즐로는 자기의 공식에서 모든 물질, 에너지, 그리고 정보에 대해서 정확하게 동일한 아카샤 장을 가정하고 있다. 이들이 가시적인 우주에서 하는 상호 작용은 무대 밖에서 일어나는 보이지 않는 관계가 되비친 것이므로, 보이지 않는 관계가 훨씬 더 중요하다고 할 수 있다는 것이다.

또 한 가지 비유로 TV 스크린에서 일어나는 미세한 빛의 깜빡임을 살펴보자. 미세한 빛의 깜빡임은 원자 수준에서 일어나는 폭발과 같은 것으로, 고배율로 들여다보면 무작위적 패턴으로 에너지를 발산하는 수백만 개의 광자를 만날 수 있다. TV 스크린은 과학자들이 말하는 전자기 장과 똑같은 것으로 무작위적 에너지 흥분상태가 일어나는 장이다.

자, 이제는 TV에서 시선을 조금 떼어보자. 청, 녹, 적색의 무수한 띠가 보일 것이다. 조금 더 멀리서 보자. 비로소 희미한 형태가 나타날 것이다. 전파망원경을 끼고 우주에서 들려오는 소리가 패턴을 지닌 소리인지 아니면 그냥 소음에 불과한 것인지 고심하는 우주인처럼 당신은 스크린 상의 형태가 의미 있는 것인지 아닌지를 분간하려고 애쓸 것이다. 패턴이란 수학적인 것으로 수학적 코드를 사용할 수 있는 것은 지능을 지닌 존재뿐이기 때문이다.

스크린에 비친 영상을 보고 이를 수학적인 틀로 설명해 보자. 스크린을 더 멀리 두고 보면 비로소 실제 사람들의 생활을 보여주는 그림이 나타난다. 무작위적으로 에너지를 발산한 광자들은 바로 특정한 영상을 보여 줄 목적으로 행동한 것이다. 청, 녹, 적색의 에너지가 방출된 이유를 완전하게 설명해 줄 수 있는 것은 바로 의식뿐이다.

이제까지 살펴보았듯이, 확률론을 기반으로 하는 이론들은 더 이상 우주의 현상을 제대로 설명하지 못한다. 남은 것은 의식의 개입

뿐이다.

광자들은 왜 TV 스크린에서 에너지를 발산하는가? 하나의 그림을 만들기 때문이다. 광자들은 왜 우주에서 에너지를 발산하는가? 역시 하나의 그림을 만들기 위해서이다.

이런 양자역학이 등장하기 한참 전에 존재했던 베다의 현자들은 시간과 공간은 아카샤라는 의식의 스크린에 비친 투사임을 이미 알아보았다. 꿈에 파리로 날아가서 파리의 거리를 걷는 꿈을 꾸었다고 가정해 보자. 실제 일어난 일은 아무것도 없다. 물리적으로 우리가 어디를 간 것도 아니고 두뇌가 실제 파리에 해당하는 뭔가를 촬영한 것도 아니다.

꿈이란 두뇌의 활동이지만, 그 활동은 많은 정보의 비트로 잘게 나눌 수 있다. 즉, 켜졌다 꺼지는 전기적 신호, 특정 분자의 양극성이 + 혹은 −를 나타냈을 뿐이다. 그러므로 우리가 꾸는 꿈은 그저 0과 1로 이루어진 게임일 뿐이다. 우리가 TV에서 보는 배우들도 마찬가지이다. 평범한 집에서 살면서 잔디를 깎는 사람의 움직임도 사실은 스크린에 비친 평면 이미지이자 전기적 신호로 깜빡이는 발광체에 지나지 않는다. 이것도 0과 1로 이루어진 게임인 것이다. 실제 TV 화면에서 움직이는 것은 없다. 누군가 화면상에서 왼쪽으로 움직인다고 하자. 그 움직임은 오른편에서 깜빡이던 전자기적 신호들이 왼편으로 옮겨간 것일 뿐이다. 멀리서 보면 시간적으로 움직이는 듯한 크리스마스트리 장식도 마찬가지이다. 그것은 사실 전선에 달려있는 수많은 전구가 켜졌다 꺼졌다를 반복하는 것에 지나지 않지만, 그것을 멀리서 보면 마치 어떤 형체가 움직이고 있는 듯한 모습처럼 보인다.

하늘에 있는 별, 궤도를 움직이는 지구처럼 인간도 그와 똑같은 방식으로 시간과 공간 속에서 움직인다. 양자 파동이 켜졌다 꺼졌다를 반복하면서 위치를 바꾸면 에너지가 흥분상태가 되어 왼쪽으로 움직이거나 오른쪽으로 움직인다. 그러나 실제 시공간 연속체에서는 그 어떤 쿼크나 소립자도 위치를 바꾸지는 않는다. 실제 우리는 움직인다고 말할 수 없다. 지구는 태양의 둘레를 돈다면 나선형으로 돌다가 결국 태양 속으로 빨려 들어가 파괴될 것이다. 그러나 지구는 궤도상에서 성간 물질이나 태양폭풍을 만나도 그 속도가 줄거나 태양 쪽으로 더 기울지는 않는다. 그 이유는 무엇일까? 지구상의 모든 원자가 사라졌다가 이전과 똑같은 에너지의 질량을 가지고 다시 나타나기 때문이다. 지구상의 모든 원자가 그런 식으로 존재해 왔다.

지구를 TV 스크린 상의 이미지처럼 투사하는 것은 바로 제로 포인트 필드이다. 회의론자들은 제로 포인트 필드가 그렇게 가시적인 우주를 항상 보충한다면 어떻게 변화가 일어날 수 있느냐고 물을 것이다. 물론 이것은 수수께끼이다. 그러나 그 수수께끼의 해답은 두 가지 요소와 연관되어 있다고 할 수 있다. 하나는 수십억 년을 두고 서서히 붕괴되는 양성자이며, 다른 하나는 최초의 빅뱅이 가진 에너지 혹은 엔트로피를 서서히 퍼트리며 확장하는 우주이다. 이 두 가지의 요소를 양자이론 안에 접목시키는 일은 아직까지는 불가능하다.

그렇다면 이상 서술한 내용들이 정작 우리가 말하고자 하는 내세와 무슨 관계가 있을까? 우리 자신에게 이런 질문을 던져보자. 우리가 TV를 볼 때 화면에 비친 이미지가 실재적인가? 아니면 그 신호를 보내는 방송국이 더 실재적인가? 물론 화면은 하나의 이미지이므로 그 신호를 보내는 방송국이 더 실재적이라고 말하는데 다들 동의할 것이다. 이와 마찬가지로 라스즐로는 제로 포인트 필드 혹은 아카샤가 가시적인 우주보다 더 실재적이라고 말한다. 아카샤는 우리가 시간, 공간, 물질, 그리고 에너지라고 부르는 모든 이미지를 조직하고 조합하는 주체이다. 만약 이 주장이 옳다면 베단타 철학을 통해 몇 가지 더 얻을 통찰력이 있다.

*물질적 세계는 비물질적 원천에서부터 투사된 것이다.

*비가시적 세계가 먼저 존재한다. 그 세계는 시간과 공간의 씨를 내포하고 있다.

*실재는 누구나 우주의 원천으로 더 가까이 다가가게 한다.

인간적인 용어로 설명해 보자. 생명은 늘 하나였으므로 우리는 그저 사라지는 활성단계일 뿐인 죽음을 두려워할 필요가 없다. 우리가 귀하게 여겨야 할 자산인 사고와 지각은 물리적 세계로부터 나온 것이 아니다. 오히려 그것은 전부터 우리에게 주어져서 예측 가능한 미래로 나아가는 물리적 세계에 투사된 것이다. 이런 종교적인 관점은 제외하고라도 이것은 그 어떤 이론이나 교리보다도 우주를 더욱 제대로 설명할 수 있는 모델이다. 이 이론이야말로 고대 베다의 현자들과 현대의 물리학자들이 모두 요구하는 마음과 물질 사이를 연결시켜주는 징검다리를 우리에게 제공해준다.

14. 두뇌의 바깥에서 생각하기

만약 인간이 죽은 다음에도 두뇌 속에 저장된 정보는 계속 살아남는다면 나 역시 살아남는다고 말할 수 있을까? 살아남는다는 것은 어떤 면에서 정신, 개성, 기억 혹은 영혼처럼 '나'라고 말할 수 있는 것이 조금도 변하지 않고 계속된다는 의미이다. 물질주의자들은 두뇌가 사망하면 그것이 곧 개인의 죽음이라고 말한다. 그러나 다행히도 지난 20여 년 동안 있었던 몇 가지 독창적인 실험들을 보면 인간의 정신은 두뇌 바깥으로 뻗어 나와 우리가 소중히 생각하는 사랑이나 진실과 같은 덕목의 하나가 되어 우주라는 장에서 영원히 함께 한다는 희망의 메시지를 주고 있다.

　우주라는 장이 지능적이라는 것을 증명하면 할수록 인간의 지능도 육체적인 죽음 이후까지 계속해서 살아남을 것이라는 주장에 신빙성을 더해준다. 이 문제에 접근하는 유용한 방법이 한 가지 있다. 바로 동물의 텔레파시에 대한 연구이다.

○ 텔레파시 연구

애완동물을 키워 본 많은 사람들이 강아지나 고양이는 주인이 무엇을 생각하는지 아는 능력을 가지고 있다는 주장에 쉽게 동의할 것이다. 예를 들어 주인이 산책을 가야겠다고 생각하면 강아지는 이리저리 꼬리를 흔들며 기분 좋은 행동을 한다. 고양이도 마찬가지이다. 주인이 수의사에게 데려가야겠다고 생각하면 고양이는 어떻게 아는지 어디론가 사라져서 나타나지 않는다. 우리 주변에서 흔히 볼 수 있는 광경이다.

이런 일상적인 일을 통해서 놀라운 실험을 한 과학자가 있는데 영국인 루퍼트 쉘드레이크(Rupert Sheldrake)이다. 한때는 생물학자였지만 이제는 명상 사상가가 된 쉘드레이크는 강아지와 고양이가 실제 그들 주인의 마음을 읽을 수 있는지 알기 위해 아주 정교한 기획 아래 여러 가지 연구를 실시했다. 한 번은 런던 지역의 63명의 수의사에게 전화를 걸어 고양이를 키우는 사람들이 진료를 예약하고는 정작 예약 일에 예약을 취소하는 사례가 있는지를 물었다. 그러자 65명 중 64명이 그런 일은 아주 흔하다고 대답했고, 나머지 한 사람은 취소 사례가 많아서 아예 고양이 진료는 예약을 받지 않는다고 대답했다. 여기에 착안하여 쉘드레이크는 애완견을 대상으로 하나의 실험을 기획했다. 그의 실험은 강아지는 주인이 산책을 나가려고 하면 기뻐서 날뛴다는 사실에 착안한 것이었다.

물론 주인이 산책을 가야겠다고 생각하는 순간 강아지가 좋아하는 반응을 보였을지라도, 늘 같은 시간대에 가는 산책이거나 아니면 주인이 산책을 나갈 채비를 하는 것을 강아지가 알아차렸더라면 별 의미가 없을 것이다. 그래서 그는 강아지들을 주인들과는 완전히 떨어져 주인들이 보이지 않는 건물 밖에 따로 있게 하고, 주인들에게는 무작위로 선택한 시간대를 배정하고는 그들에게 '5분 후에 강아지를 데리고 산책을 가야겠다'는 생각을 하도록 했다. 이와 동시에 집밖에 주인과 떨어져 있는 강아지들의 행동을 비디오테이프로 녹화했다. 그 결과 애완견 주인들이 약속한 대로 산책을 가야겠다고 생각한 시간대에 절반 이상의 강아지들이 주인이 나올 때까지 현관문을 긁거나 꼬리를 흔들며 빙빙 도는 등의 흥분된 반응을 보였다. 물론 주인들이 산책에 관한 생각을 하기 전에는 그런 흥분된 행동들을 보여주지 않았다.

위 실험은 강아지와 그 주인 사이에 형성된 끈끈한 유대감이 생각의 단계에서 미묘한 연결 작용을 만들어낸다는 매우 흥미로운 사실을 암시해 주었다. 한 여론조사에서 미국인 중 60%는 텔레파시 경험을 하였노라고 대답한 사례도 있으므로, 애완견들과 주인들 사이의 텔레파시 교감이 특별히 놀라운 일이 아닐지도 모른다. 그러나 쉘드레이크의 다음 실험은 더욱 우리를 놀라게 한다.

애완견과 주인의 텔레파시 교감에 관한 쉘드레이크의 글을 읽은 한 미국 여성이 그에게 이메일을 보내왔다. 뉴욕에 산다고 자신을 소개한 그 여성은 아프리카 산 회색 앵무새를 기르는데, 그 앵무새는 자신의 생각을 읽을 뿐만 아니라 말로 표현까지 한다는 것이다. 예를 들어 그녀는 자신과 남편이 배고프다고 느끼면 옆방에 있는 앵무새가 '뭔가 먹고 싶군요'라고 재잘댄다고 했다. 또 부부가 함께 외출해야겠다고 생각하면 앵무새는 '나가시는군요. 잘 갔다 오세요'라고 한다는 것이다.

흥미를 느낀 쉘드레이크는 곧 앵무새의 주인을 만나기로 했다. 앵무새의 주인인 에이미 모가나(Aimee Morgana)를 만나 본 결과 실제 상황은 아주 주목할 만 했다.

아프리카 산 회색 앵무새는 앵무새들 중에서도 언어감각이 아주 뛰어난 조류에 속하지만 앤키쉬라 불리는 그 앵무새는 700 단어 이상을 구사하고 있었다. 게다가 더 놀라운 사실은 대부분의 앵무새가 그저 재잘대는 수준인데 비해서 앤키쉬는 적시적소에 적당한 어휘를 사용하고 있다는 점이었다. 앤키쉬는 빨간 물건을 보면 '빨강'이라고 말했고 또 다른 특정한 물건들을 보면 그 색깔 이름을 대곤 했다.

에이미가 들려준 또다른 사례도 있다. 한번은 TV로 성룡의 영화를 보고 있는데 마침 성룡이 높은 건물에서 아슬아슬하게 연기를 하는 장면이 화면에 나왔다. 이때 새장은 TV 화면이 전혀 보이지 않는 뒤쪽에 있었는데, 앵무새 앤키쉬는 '떨어지지 말아요'하고 말했다. 그리고 영화가 끝나고 자동차 광고가 나오자 앵무새는 '저건 내 차야'라고 했다. 또 한번은 에이미가 조용히 책을 읽고 있는데 '블랙베리의 색깔이 검을수록 주스는 더 달콤하다'라는 구절이 나왔다. 그러자 옆방에서 앵무새가 '그 색깔은 검정'이라고 말하는 소리가 들렸다.

앵무새 주인의 놀라운 증언을 들은 쉘드레이크는 자신이 직접 확인하고 싶었다. 그가 뉴욕을 방문한 첫날, 에이미는 앵무새의 텔레파시 능력을 시범적으로 보여주었다. 잡지를 펴들고 여자 모델의 사진을 보자 바로 옆방에서는 '여자야'라는 소리가 들렸다. 모든 것을 확인한 쉘드레이크는 새로운 실험을 고안했다. 앵무새 앤키쉬가 단어의 뜻을 이해하는 데다가 텔레파시 능력까지 지니고 있었기에 두 가지 능력을 동시에 실험해 보는 것이 가능하리라고 본 것이다.

실험 과정은 이렇게 진행되었다. 에이미가 앵무새와 동떨어진 방에서 앵무새가 이미 인지하고 있는 단어의 그림을 볼 때 어떤 반응을 보이는지 관찰하는 것이다. 사진과 일치하는 단어나 관련 단어를 2분 안에 말하면 맞는 걸로 하고, 2분을 초과하거나 전혀 다른 단어를 말하면 틀린 것으로 간주하기로 했다.

실험의 중립성을 위해서 그림은 제3자가 에이미 곁에 앉아서 골라주었다. 물론 이 장치는 결과적으로 앵무새에게는 약간 불리한 것이었다. 제3자가 고른 그림 중에는 앵무새가 한 번도 사용하지 않았거나, 두세 번 정도 밖에 사용하지 않은 단어들도 있었기 때문이었다. 실험이 끝난 후 세 사람이 녹화 테이프를 듣고 앵무새의 대답을 그대로 받아 적었다. 세 사람이 받아 적은 단어나 문장이 그림과 일치하지 않으면 맞지 않은 것으로 간주했다.

결과는 일반적인 예상보다 훨씬 더 놀라웠다. 예를 들어 에이미가 모래사장에서 모래찜질을 하는 사람의 사진을 보자 앵무새는 잠시 뭐라 중얼거리더니 '홀딱 벗은 내 몸 예쁘지?'라고 말했다. 자신이 표현할 줄 아는 단어가 아닌 경우에는 전혀 관계없는 단어를 대지 않고 휘파람 소리를 낸다거나 아니면 새의 소리만 냈다. 에이미가 전화를 거는 사람의 사진을 볼 때는 '무슨 전화에요?'라고 말했다. 그 중에서도 가장 흥미로운 것은 에이미가 꽃이 잔뜩 있는 사진을 볼 때였다. 앵무새는 그냥 꽃이라고 표현하지 않고 '그거 꽃 그림이네'라고 표현한 것이었다.

과연 앵무새는 어떻게 알고 말할 수 있었을까? 앵무새 앤키쉬는 71개에서 무려 23개를 맞췄는데, 이러한 결과는 무작위로 맞출 확률 7.4개보다 엄청나게 많은 숫자라고 할 수 있다. 게다가 앵무새는 자신이 테스트를 당하고 있다는 사실을 전혀 모르는 상태였고 또 제한된 시간이 지났을 때 정답을 말한 경우도 많았기 때문에, 이는 매우 의미 있는 결과였다.

뉴욕의 한 아파트에서 실시한 이 실험은 다시 한 번 정신은 인간만의 고유한 속성이 아니며, 사실은 두뇌 밖에서 존재할지도 모른다는 가정에 의미심장한 증거자료 하나를 더 보탠 결과였다. 물론 동물들과 사람들이 서로 소통할 수 있다는 말이 좀 이상하게 들리기도 하겠지만, 동물들이 사람들을 속일 이유도 없고 자기네들이 무슨 특별한 능력을 가졌다고 주장할 필요도 없는 것이다.

아주 오랜 전 베다시대 현자들은 전 우주는 의식에 의해서 생겨난 것이기에 '지능적'이라고 주장했었다. 그럼 베다시대 현자들의 통찰력을 우리가 얼마나 현대적인 언어로 표현할 수 있는지 한번 시도해 보자.

○ 정신의 장으로

인간 정신은 지난 수세기 동안 마치 물리적 세계에 존재하는 유령처럼 하나의 형이상학적 수수께끼였다. 그러나 이것은 주로 견고한 물적 대상에 대해 편견을 가진 서양인의 관점이었다. 서양인은 가시적인 물리적 대상인 두뇌에서 정신이 생겨나는 것이라고 주장했지만, 이 말은 물리적 대상인 라디오가 그 속에서 음악이 나오므로 음악의 원천이라고 주장하는 것과 별반 차이가 없다.

고대 베다의 현자들은 물리적 대상이 정신의 장의 원천이 될 수 없다고 주장했는데 그 이유는 이 지구는 의식세계 중에서도 가장 작은 의식세계이기 때문이라는 것이었다. 사고 중에 두뇌가 활성화되는 것은 물론 중요하게 보일 수도 있다. 그러나 라디오도 방송 중에는 활성화된다. 그리고 심지어 앵무새 앤키쉬조차도 방송을 들을 때 주인의 생각을 도출해 냈다.

보이지 않는 세계에 대한 서양인들의 편견은 극복하기가 쉽지 않다. MRI가 신경세포의 활동을 물리적인 흔적으로 보여주듯이, 마음도 발자국 같은 것을 남기듯이 확실하게 보여줄 수 있는 증거를 남길 때에만 그것이 두뇌 외부에 존재한다는 사실이 증명될 것이다.

정신의 존재를 입증하는 증거자료 중 하나가 바로 정보이다. 정보라는 것이 전체 양자 장에 다 편재해 있다면 물질주의자들도 정신과 물질은 정보로 이어져 있다는 점을 훨씬 더 쉽게 받아들일 것이다. 과학자들은 물질과 에너지는 창조될 수 없으며 파괴되지 않는다고 본다.

마찬가지로 현대의 최첨단 물리학은 정보 역시 창조되거나 파괴되는 것이 아니라는 점에 동의한다. 우리가 우주에서 보는 것은 중단 없는 변형 그 자체이다. 헬륨 원자의 도움으로 태양은 지구에 열을 방사하고 그 열이 지구에 도달하면 광합성작용을 통해 변형되고, 이를 식물과 다른 생명체가 흡수한다. 따라서 태양의 원자가 지구상의 원자와 서로 정보를 주고받는 것이 바로 생명이라고 말할 수도 있을 것이다. 에너지란 화학물질과 전기량이 +, −, 양 또는 음, 혹은 0이나 1로 표현될 수 있다는 의미에서 역시 정보라고 부를 수 있다. 외형적으로 인간의 육신이 불타는 태양과 닮은 데라고는 하나도 없지만 이것은 전혀 문제기 되지 않는다. 둘 다 똑같은 정보의 장을 이루는 한 부분이며, 이 정보의 장은 그 안에서 끊임없는 변형을 겪는다.

자아의식적인 우주에 대한 방대한 책을 저술한 물리학자 아미트 고스와미(Amit Goswami)도 창조성이란 변형의 또 다른 얼굴이라고 설명한다.

똑같은 정보를 지닌 똑같은 에너지가 제로 포인트 필드에서 끊임없이 섞여진다. 고스와미는 바로 이런 맥락에서 환생이라는 개념에 접근한다. 인간의 동일성은 정보의 장을 돌아다니며 '나'처럼 느껴지는 새로운 동일성과 정보를 주고받는다. 파괴할 수 없는 0과 1로 정보 안에는 사상과 체험들이 기다란 체인으로 연결되어 있다. 그러므로 인간은 정신과 육신에 들어있는 한 묶음의 정보다. 우리는 저마다 독특한 기억을 가지고 있다.

내 몸 속의 세포는 세상의 그 누구와도 공유하지 않는 화학적 작동기제를 가지고 있다. 따라서 내가 죽는다고 해도 이 정보는 결코 사라지거나 죽지 않는다. 사라질 수도 죽을 수도 없는 것이기 때문이다.

우주라는 장은 정보로 이루어진 곳이기에 0과 1 또는 +와 -로 이루어진 정보는 우주를 벗어나 달리 갈 곳이 없다. 대안은 새로운 조합으로 거듭나는 길뿐이다. 그럼 정보는 어떻게 해서 새롭게 조합될까?

정보(Information)라는 단어의 어원을 살펴보자. 어원 라스즐로의 설명을 빌리면, 인간은 '형성된 우주 안에' 살고 있는데, 그 우주는 DNA 이중 나선구조 안에 원자들이 조직적으로 배열되어 있듯이 인간의 사고와 같은 비 물리적인 정보가 길게 배열되어 있는 곳이다. 여기서 논리를 조금 더 발전시켜보면, 우주는 신의 정신이며 신의 정신은 무한한 변형을 겪는 무한 정보의 역동적인 장이라고 말할 수 있다. 그러나 우주적인 정신을 말하기 전에 당장 인간이 가진 생각이 어떻게 죽음 이후에도 살아남는지를 알지 못하면, 우리는 한 걸음도 더 앞으로 나아갈 수가 없다.

베다의 현자들은 인간의 아이디어는 기억의 형태로 아카샤라는 우주의 장에 살아남는다고 가르친다. 우리가 우리의 두뇌에 접속한다고 추정할 때 사실 우리는 아카샤의 기억에 끊임없이 접속하고 있는 셈이다. 아카샤 기억의 기능은 밀교의 사상에 따르면, 우리에게 죽은 영혼의 정보와 전생에서의 정보를 주는 데 있다고도 한다.

칼 융의 심리학에 따르면 동일한 기억이야말로 공동의 신화와 원형을 공유하는 문화를 설명하는 근거가 된다고 한다. 우리 눈에는 금성과 화성이 보이지 않는다. 그러나 금성과 화성은 존재한다. 아카샤는 인간이 상상한 모든 신, 서사적 전투, 로망스, 그리고 끊임없는 지적 추구를 모두 기억한다. 그리고 인간은 자신의 스토리가 시대를 통해 계속되는 동안 우주적 기억과 보조를 같이 한다.

두뇌는 특정 영역에 기억 센터를 가지고 있다. 그러나 정신은 두뇌라는 대상에 한정되지 않는다. 그대 자신의 삶에서 가장 기억에 남는 때를 떠올려보라. 첫 키스를 하던 때라든가 사랑하는 할아버지를 마지막으로 보았던 때가 생각날지도 모른다. 그 기억들은 시공간 상의 흔적으로 당신의 머릿속에 존재할 것이다. 그리고 그런 기억을 떠올릴 때마다 활성화되는 수백만 개의 소립자들은 시간이 지나도 기억이 지워지지 않고 재생되도록 하려면 어떻게 해야 하는지 알고 있다. 소립자들이 지능을 갖고 있는 것도 아닌데 그들은 어떻게 아는 것일까? 기억이 어떻게 물리적 기반을 갖는지는 신경학자들에게도 오랜 숙제로 남아있다. 우리는 그저 추측할 수 있을 뿐이다.

어찌됐든 당신이 첫사랑과 나눈 첫 키스는 내세를 가진다. 그 내세란 물리적인 것이 아니다. 뉴런을 이루는 수소, 질소, 산소, 탄소와 죽은 나뭇잎, 혹은 분해된 흙 속에 들어있는 수소, 질소, 산소, 탄소 사이에는 아무런 차이가 없기 때문이다. 뉴런은 영원불멸하지 않다. 뉴런도 인간의 다른 신체기관처럼 소멸하며 원자들은 매 초마다 뉴런의 안과 밖을 드나든다. 그렇다면 늙은 세포나 원자가 죽어서 새로운 세포나 원자로 대체될 때 예전의 기억은 어떻게 전달되는 것일까? 기억이 전달되는 물리적 과정은 아직 밝혀진 것이 없다. 따라서 기억은 비 물리적인 단계에도 실제적으로 계속 존재하는 것이라고 가정할 수도 있지 않을까?

○ 양자 정신

신경학자들은 정신이 두뇌의 메커니즘 안에서만 일어나는 현상이라는 전제하에 CAT 스캔과 MRI 이미지 들을 통해서 이를 증명하고자 시도한다. 그러나 CAT 스캔과 MRI 이미지가 보여주는 것은 지도와도 같다. 즉, 생각이나 감정이 두뇌의 어떤 부분에서 활성화시키는지는 보여주지만, 두뇌가 곧 정신이라는 것을 보여주지는 못한다는 말이다. 모래사장에 찍힌 발자국이 발 자체가 아닌 것과 같은 이치이다.

　인간의 청각 신경의 끝에 일어나는 모든 미묘한 진동을 다 일일이 지도로 작성할 수 있다고 해보자. 이를 그래프로 그리면 우리 귀에 들리는 단어와 문장들은 모두 아주 복잡한 패턴의 그래프를 보여줄 것이다. 그러나 그 패턴은 단어를 들을 때 활성화되는 사실을 보여 줄 뿐이지, 귀에 들린 단어가 두뇌의 어디쯤에 존재하는지 그 영역을 나타내지는 못한다. '당신을 사랑해'라는 말처럼 강한 정서적 느낌을 가진 문장은 그래프 상에 나타나는 진동 그 이상의 것을 담고 있다. 설령 뉴런의 끝에서 일어나는 모든 정보의 교환을 그래프로 나타낼 수 있다고 하더라도, 그 그래프 지도는 사랑의 힘이나 의미 그리고 의지 같은 것을 결코 나타낼 수는 없다.

기억은 하나의 장 효과처럼 보이기도 한다. 코뿔소(Rhinoceros)라는 단어를 생각하고 그 동물의 이미지를 떠올린다고 하자. 그러면 우리 두뇌 안에서는 수백만 개의 신경세포가 즉시 활성화된다. 코뿔소라는 단어를 떠올릴 때, 뉴런은 알파벳 R까지 거슬러 올라가 단어를 찾고, 음절 하나하나를 구분하고, 이미 저장된 동물들의 그림을 보면서, 그 중에서 맞는 것을 고르는 과정을 거치는 게 아니다. 오히려 관계된 뉴런이 동시적으로 활성화되며 작동한다. 두뇌는 마치 하나의 장처럼 동시적으로 여러 가지 사건을 조합한다. 두뇌는 생명 없는 화학 물질들로 이루어진 개체일 뿐이다.

나침반의 바늘은 지구의 자기장에 따라 움직인다. 두뇌의 활동도 이와 같다면 어떤 결과가 올까? 만약 정신이라는 장이 신호를 보내고 수십억 개의 두뇌 세포가 그 신호에 따라 일정한 패턴을 그린다는 가정은 어떨까? 실제 혁신적인 과학자 그룹이 실험을 통해서 이런 가설을 내놓았다. 버클리대학의 이론물리학자 헨리 스테프(Henry Stepp), UCLA의 신경치료학자 제프리 슈와르츠(Jeffrey Schwartz), 몬트리올대학의 심리학자 마리오 보르가드(Mario Beauregard) 등이 모여서 두뇌와 정신이 서로 어떻게 연관되는지 혁명적인 발상을 보여줄 양자정신(Quantum Mind)이라는 가설적 이론을 내놓았다.

이 가설의 핵심적 개념은 신경형성성(Neuroplasticity)인데 두뇌 세포는 인간의 의지와 의도에 따라서 아주 융통성 있게 변화할 수 있다는 것이 핵심적 이론이다.

이 가설을 내세운 과학자들은 처음에는 일반적으로 '정신은 두뇌가 하는 일'이라는 주장에서부터 출발했다고 한다. 우리가 이제까지 살펴보았듯이 정신을 단순히 두뇌의 활동으로 보는 전제는 여러 가지 결점을 가지고 있었다. 그래서 이들은 일반적인 과학적 통념을 거꾸로 뒤집어서, 그 반대를 출발점으로 삼았다.

"정신은 두뇌를 통제하는 주체다!"

연구를 수행한 위의 과학자들은 정신은 원자핵을 둘러싼 전자의 구름층과 같은 것이라고 보았다. 즉, 관찰자가 나타나기 전까지 그 전자들은 이 세계에서 그 어떤 물리적인 정체성도 가지고 있지 않고 그저 무정형의 구름처럼 존재한다. 이를 두뇌에 적용시켜 보자. 그 구름은 단어, 기억, 개념, 이미지 따위로 이루어져 있다. 그래서 정신이 신호를 보내면 구름 속에서 뭉게뭉게 존재하던 여러 가지 가능성 중 하나가 두뇌에 한 가지 개념으로 나타난다. 마치 에너지 파동이 하나의 전자로 붕괴되는 것처럼 양자 장이 가상적인 장에서 미립자를 생성해내듯이 정신도 가상적인 활동을 통해서 실질적 두뇌 활동을 관장하는 것이다.

종래의 일반적인 과학적 가설을 뒤집은 이 이론은 사실과 부합한다. 신경학자들은 목적을 가진 의지적 활동이나 하고자 하는 의지만으로도 인간의 두뇌 활동을 변화시킬 수 있다고 증언한다. 예를 들어, 뇌출혈 환자는 치료사의 도움으로 마비된 신체 부위를 계속해서 사용하는 연습을 하면 실제로 그 부분을 어느 정도 다시 사용할 수 있게 된다. 이것이 재활치료인데 노쇠현상에서도 유사한 결과를 얻을 수 있다.

노인성 치매로 기억력을 잃어가는 노인들이라도 두뇌 체조를 함으로써 퇴화의 속도를 늦출 수가 있는 것이다. 어떤 소프트웨어 개발업자는 '두뇌 체조'라는 프로그램을 개발해서 노인들이 프로그램이 담긴 비디오 화면을 보면 두뇌의 특정부위가 활성화되도록 했다. 이런 원리는 선천성 뇌성마비 아이들에게도 적용된다. 그런 아이들에게 평소 제대로 움직일 수 있는 팔을 쓰지 못하도록 해놓고 마비가 온 부분을 자꾸 쓰는 연습을 시키면, 그 부분을 관장하는 뇌가 활성화되어 어느 정도 치유가 된다고 말한다. 이렇게 두뇌의 특정한 부분을 활성화시키고 나아가 손상된 부분을 치유하는 의술이 신경성형술이다.

정신이 두뇌를 관장하는 주체라고 볼 수 있는 놀라운 의학적 치유사례는 얼마든지 있다. 예를 들어 강박신경증(OCD: Obsessive-Conpulsive Disorder) 환자들에게 프로작(Prozac)이라는 항정신성 약물을 지속적으로 투여하면 증상이 개선되는 것은 물론, 두뇌활동 자체에 변화가 있는 것을 스캔을 통해 발견할 수 있다. 강박신경증 때문에 제대로 작동하지 못하던 두뇌 부분이 약물 치료로 예전보다 더 정상적이 되는 것이다. 간혹 어떤 강박신경증 환자들은 계속적인 약물치료보다는 대화요법을 선호하기도 하는데, 대화요법을 받은 환자들도 증상이 완화되는 징후를 보여준다.

이들의 두뇌를 MRI나 PET 스캔을 통해 살펴보면, 약물치료를 받은 환자들만큼 놀라운 결과를 발견할 수 있다. 즉, 약물로 치료한 경우와 마찬가지로 손상되었던 부분이 정상적으로 작동하는 것이다.

제프리 슈와르츠는 강박신경증 연구의 전문가로 이런 두뇌 스캔을 통해서 새로운 이론을 만들어 냈다. 약물치료와 대화요법을 통해 환자의 뇌세포를 변화시킨 것이다. 그리고 이런 결과는 '양자 정신'이라는 이론이 가설적 전제로 예견했던 것과 정확히 일치했다.

그러나 이런 이론이 등장하기 훨씬 전부터 인간의 정신은 두뇌라는 물리적 기제를 변화시킬 수 있는 능력을 지니고 있었다. 단지 우리가 보지 못했을 뿐이다. 사랑하는 사람을 잃거나 직장에서 해고되는 일을 당하면 심각한 좌절에 빠진다. 이런 좌절감과 절망감은 뇌에서 분비하는 화학물질인 세로토닌이 급격히 상승할 때 겪는 것으로, 항 우울제 같은 약품은 이런 신체적 호르몬의 불균형을 바로잡기 위해 개발되었다.

그런데 그런 충격적인 소식을 접하고 나면 신체 내의 화학적 불균형이 나타나는 것은 명백한 사실이 아닌가? 충격적인 소식에 대응하는 것은 정신적인 문제다. 실제 우리가 말과 생각으로 거주하는 이 세계는 매 순간마다 우리 안에 무한한 뇌세포의 조합과 변화를 발생시킨다.

정신이 두뇌보다 앞선다면 정신은 우리 모두에게 속한 공통의 그 무엇은 아닐까? 우리는 종종 내 머리(My Brain)라고 말하지, 내 양자 장(My Quantum Field)이라고 말하지는 않는다.

인간이 정신의 장을 공유한다는 것을 증명하는 증거들이 점점 많아지고 있는 것은 분명하다. 그리고 이런 증거가 쌓이면 천국, 지옥, 바르도, 두뇌를 넘어 존재하는 아카샤의 기억이 실재한다는 주장이 설득력을 얻게 될 것이다. 그러기 위해서 먼저 사람들이 공유하는 생각과 개념을 검토할 필요가 있다. 내 머리는 내게 속한 것이지만 머릿속의 개념과 생각은 우리에게 속한다. 그러므로 우리는 종종 아주 신비로운 하나의 장에 함께 참여한다고 볼 수 있다.

○ 경계를 넘어선 두뇌

인간의 두뇌는 정보를 가능한 한 쪼개서 처리한다. 어떤 통계에 의하면 두뇌는 1초에 약 60억 비트의 정보(음파, 광자, 엑스선, 감마선, 전자기적 신호, 전기화학적 신호 등)를 처리한다고 한다. 뇌는 홍수처럼 밀려오는 정보 중에서 실제 알아보고 반응할 수 있는 내용만 좁다란 경험이라는 냇물 안에서 거른다. 그러나 인간의 뇌가 인지하는 것이 곧 우리가 아는 것은 아니다.

IQ는 낮지만 특정한 분야에서 천재적인 능력을 지닌 서번트(Savant: 자폐증이나 뇌기능 장애를 가졌지만 어느 특정 분야에서는 천부적인 재능을 보여주는 사람 - 옮긴이)를 예로 들어보자. 어떤 사람은 아주 복잡한 수치의 계산을 뚝딱 해치우기도 하고, 앞으로 몇 십년 후의 몇 번째 달의 몇 번째 날이 무슨 요일인지도 금방 알아맞힌다. 또 어떤 사람은 어려운 외국어를 몇 가지씩이나 술술 구사하기도 한다. 핀란드어, 아랍어, 중국어를 능숙하게 구사하는 어린 아이가 있었는데, 나중에 유모의 증언에 의하면 그 아이는 책을 거꾸로 펴고 읽으면서 외국어를 깨우쳤다고 한다.

그러나 이런 특정한 분야에서 믿기지 않을 정도의 재능을 가진 사람일지라도 아주 단순한 계산을 하지 못하거나 다른 분야에서는 기본적인 재능이나 지적 소양도 갖추지 못한 경우가 비일비재하다. 가장 흔한 사례는 음악적 재능이나 그림에 천부적인 소질을 가진 사람이, 물건을 사고 잔돈을 계산하지 못해 쩔쩔 매거나 혼자서 신발 끈을 제대로 묶지 못하는 경우이다.

이외에도 신경증의 질병이나 뇌종양에 걸린 일반인들 중에서 그 이후에 예술적 재능이 갑자기 생겨난 경우도 있다. 몇몇 신경학자들이 이런 서번트의 뇌를 스캔한 결과 뇌 부위 중에서도 특히 측두엽에 비정상적인 소견이 발견되었다. 현재 과학계에서는 이런 '서번트 신드롬'을 뇌손상이라는 물리적 원인의 결과로 보고 있다. 이처럼 두뇌의 필터링 시스템이 망가지면 특정 부분이 확장되고 동시에 다른 부분은 위축되는 결과를 가져온다. 아동발달학의 전문가인 조셉 칠튼 퍼스(Joseph Chilton Pearce)는 〈초월의 생물학〉(The Biology of Transcendence)에서 서번트 신드롬을 다루고 있다. 그는 자신의 저서에서 다음 두 가지 중요한 점을 언급했다.

첫째, 서번트 신드롬을 가진 아이들 대다수는 자신이 스스로 특별한 재능을 사용하는 게 아니라, 외부의 요청이 있을 때에만 그 재능을 보여준다.

둘째, 아이들은 자신이 가진 놀라운 재능을 더 확장시켜 사용하거나 발달시키는 데 별로 흥미를 보이지 않는다.

정상적인 두뇌는 밖에서 들어오는 정보를 자체적으로 거르는 시스템을 가지고 있다. 즉, 두뇌는 특정한 신념, 목적, 기억, 기호를 가진 특정한 자아를 형성하기 위해 아주 한정된 영역의 경험만을 받아들인다. 무작정 쏟아져 들어오는 모든 정보를 다 받아들이는 것이 아니라 자체적으로 한 차례 거른다. 그러나 두뇌가 손상되면 정보를 선별하고 거르는 능력이 부족해 모든 정보에 무방비로 노출된다.

퍼스는 자신의 책에서, 주차장을 한번 힐끗 보고는 그 안에 주차되어 있는 모든 차의 종류, 모델, 연식을 줄줄이 꿰는 자동차 천재를 흥미롭게 다루고 있다. 그 아이는 자동차 잡지를 읽어서 최신식 모델을 아는 것도 아닌데 어떻게 미국 대중에게 소개되지도 않은 유럽 자동차들의 모든 정보를 줄줄이 읽어 내려가는 것일까? 정신의 장에 접속한다고 밖에는 달리 이해할 수가 없는 대목이다.

천재는 보통 사람들의 두뇌 능력을 넘어서 정신의 장에 접속할 수 있는 또다른 방식이라고 할 수 있다. 음악의 천재인 모차르트는 머릿속에서 심포니 전 악보를 다 읽을 수 있었다. 실제 줄리아드 음대 작곡과에 다니고 있는 한 음악천재는 아주 어려서부터 머릿속에 4가지 음악채널을 가지고 있어서 필요할 때마다 그 채널을 바꿀 수 있었다고 한다. 누군가 바이올린을 위한 소나타를 작곡해 달라고 요청하면, 그 학생은 머릿속에서 그에 해당하는 음악적 채널을

틀어놓고 그대로 받아쓰는 것처럼 생각을 한다. 정보의 장에 직접적으로 접속되는 연결고리가 있다는 가정을 한다면 쉽게 이해할 수 있는 사례들이다.

우리가 이런 가능성에 더 가까이 다가가면 갈수록 두뇌는 창조자로부터 명령을 받는 게 아니라 정신의 명령을 받는다는 사실이 더욱 분명해질 것이다.

이러한 사실은 내세와 관련해서 생각할 때 더욱 분명해진다. 인간이 죽음에 이르면 물질적인 뇌는 죽지만 우리의 정신을 계속 유지하고픈 욕망은 죽지 않는다. 만약 베다시대의 현자들이 보여준 통찰력이 옳다면 인간의 뇌는 우리를 무한한 의식과 연결시켜준다고 볼 수 있을 것이다. 정신의 장에 대해서 마음을 닫고 있지만 그래야 하기 때문에 닫고 있는 것이 아니다.

남태평양의 원주민들은 고차원 수학, 과학적 추론, 혹은 음악적 재능과 거리가 멀지만, 원주민 출신의 아이를 데려와 적절한 교육과 환경을 제공하면 위와 같은 능력을 키울 수도 있다. 실제로 10여 년 전에 정글에서 나와서 도시 주변에 정착한 뉴기니 원주민은 한 번도 기계를 다루어 본 적이 없지만, 도시로 나온 이후로는 자동차까지 운전하면서 잘 적응하며 살고 있다.

왜 우리는 정신의 장에 더 가까이 접근하려 하지 않는가? 물론 인간은 그런 노력을 하고 있다. 인간의 뇌는 의지를 통해 정신의 장에 적응하려고 노력한다. 복잡한 중국어를 배운다고 생각해 보자. 수천, 수만 개의 한자들이 처음에는 아무런 의미도 없고 복잡하게 보일 뿐이지만, 하루하루 노력하고 적응하다보면 한 획마다 담긴 의미를 이해하게 된다. 그리고 중국어에 숙련되면 중국어가 이제 내 자신의 일부가 된다. 그리고 새로운 창조적 목적을 위해 그 능력과 지식을 사용할 수 있다.

구석기 시대 인간이 아무런 의미 없는 음성이 의미 있는 말이 될 수 있다는 사실을 발견한 것처럼, 당신에게도 창조적 도약이 일어난다. 지능과 의미는 두뇌의 주관적인 창조물로서 '여기'에만 존재하는 것이 아니라, 자유로운 존재로서 '저 바깥'에도 존재할 수 있다. 두뇌가 의식을 주고받는 식으로 세계를 창조하고 그 자신을 창조한다. 이 모든 과정은 크리슈나 신이 말한 것처럼 자신에게 수렴하면서 창조하고 또 창조하는 자아라는 단 하나의 과정에 속한다.

이 정신의 장은 본래적으로 창조적이다. 정신의 장은 또한 인간의 두뇌를 구성한다. 인간의 두뇌는 매우 수용적이어서 정신의 명령을 수용해서 다음 단계로 도약하고 새로운 생각, 능력, 기억을 창조하는 법을 배운다. 인간의 두뇌는 아직도 우주의 전 활동을 그대로 모사(模寫)한다. 그러나 우리는 '내 생각'이라고 말한다. 사실은 '정신의 장'이 나를 통제하고 사고(思考)한다고 말해야 옳을 것이다.

○ 밈과 삼스카라

인간의 두뇌에는 우리가 지각할 수 있는 정신의 장의 범위를 제한하는 또 하나의 여과장치가 있다. 이 여과장치는 창조 신념과 함께 하면서 그 신념을 실재의 것으로 수용한다. 신념이란 우리가 고집하는 한 가지 생각을 말한다. 예를 들어, 당신이 신은 선하고 여성은 신비롭다 또는 인생은 불공정하다고 생각한다면, 그것은 당신만의 생각이 아니라 수많은 세대를 거치면서 축적된 경험이 하나의 결론으로 정리된 것이다. 그러므로 그 결론은 옳을 수도 있고 틀릴 수도 있다. 그러나 옳고 그름이 여기서는 중요하지 않다. 신념은 한 사회 구성원을 하나로 묶어준다. 이렇게 신념을 공유한다는 사실로부터 우리는 정신이 어떻게 육체 바깥에 존재하는지 그 단서를 얻을 수 있다.

인간은 아주 기본적인 정보의 데이터베이스를 우리 정신 속에 구축하고 있다. 그리고 그 데이터베이스는 우리가 세상을 사는데 아주 중요하다고 믿는 것들이다. 아주 짧은 시간 동안만 살더라도 사는 동안은 그 정보에 의지한다.

인간의 신념체계는 수 세기를 걸쳐서 형성된다. 그래서 어떤 학자는 이를 가리켜 인간의 두뇌에 붙박이로 있는 '실질적 유전자'라고 부르기도 한다. 진화론에 일대 혁명적인 전환을 가져다 준 영국의 동물행동학자 리처드 도킨스(Richard Dawkins)는 이를 그의 저서 〈이기적 유전자〉(The Selfish Gene)에서 밈(Meam)이라는 용어로 불렀다.

밈은 사람을 통해 퍼지는 바이러스에 비유되곤 한다. 바이러스가 한 사회를 온통 감염시킬 수도 있겠지만, 한 사회가 한 가지 바이러스에 모두 감염되는 것은 인류에게 그리 좋은 현상은 아닐 것이다.

만약 새로운 아이디어를 인류 모두가 받아들인다면 우리는 시종일관한 세계관을 유지할 수 없을 것이다.

에비앙 바이러스의 감염경로를 추적하듯 신념이 사람들 사이에 번지는 과정을 추적할 수 있다는 사실에서 우리는 정신의 장의 본질과 관련된 또 다른 단서를 얻는다. 정신의 장은 역동적이고 모두가 공유하는 것인 동시에 스스로가 전파하는 것이자 강력한 것이다. 정신의 장은 선하거나 악한 신념으로 우리를 감염시킬 수 있다. 개인이 신념과 관련된 어떤 체험을 하지 않아도 가능하다. 그래서 실제 죽음과 신을 체험한 사람이 그리 많지 않은데도 사회가 신을 보호하려고 싸우고 죽는다. 니체는 잘못된 사상이 가져오는 결과를 다음과 같이 표현했는데, 그의 표현은 밈의 어두운 그림자로 보아도 무방할 정도로 탁월하다.

"잘못된 사상은 세대에서 세대를 거치면서 점점 크게 자란다. 사람들이 계속해서 그것을 믿기 때문이다. 그것은 자라면서 어느 한 부분이 되었다가, 끝에 가서는 항상 본질이 되고, 결과적으로 큰 힘을 발휘하게 되는 것이다."

인간의 세계관은 그 자신이 요구하는 여러 가지 상징으로 받아들여진다. 다이애나 왕세자비를 예로 들어보자. 많은 사람들이 그녀를 보면서 고귀함, 아름다움, 순수함, 모성, 품격, 혹은 여성스러움 같은 단어들을 떠올린다. 그와는 반대로 불안정성, 사회에의 부적응, 중독, 배신이라는 부정적인 단어들을 떠올리는 사람들도 있다. 그녀를 보면서 어떤 단어를 떠올리든 저 마다의 느낌과 체험에 특정한 의미를 덧붙이는 것이 바로 '밈'이다. 밈은 실재의 구성요소를 의미로 포장한다. 인간은 실재를 창조하는 창조자로서 이런 상징적 장치들을 의식의 원재료로 사용한다. 흥미롭게도 인간이 본래부터 가지고 태어난 의식에 대해서는 반감을 보이는 과학자들도, 밈이라는 개념에 대해서는 큰 관심을 보이고 있다.

베다(고대 인도)의 현자들은 정신의 장에서 일어나는 일을 설명하는데 그들만의 모델을 지니고 있었다. 인간에게 고착된 생각인 삼스카라(Samskaras)는 과거의 경험에 의해 신경계에 만들어진 인상을 가리킨다. 백화점에서 엄마의 손을 놓친 경험이 있는 아이는 당시의 불안했던 경험을 평생토록 간직하고 사는데, 그 아이에게는 그 기억이 삼스카라이다. 사랑하는 사람과의 첫 번째 키스도 물론 평생 계속되는 삼스카라이다. 이 삼스카라라는 개념은 밈이라는 개념을 넘어서 모든 정신적 체험들이 우리 자아의 특징을 이루어 스스로 그런 특징을 가리켜 '나'라고 부른다.

그러나 이런 정신적 체험들도 적절한 정신적 단계에서 무장 해제시키고 변화시킬 수 있다. 특히 아주 미묘한 단계에서 오는 변화는 가장 강력하다. 크리슈나무르티(Krishjamurti 1895 ~ 1986)는 가장 지고한 인간 지성은 바로 아무런 판단 없이 자신을 관찰하는 것이라고 설파하였다. 신념이 작동하는 방식을 한쪽으로 치워두고, 욕망과 혐오가 나를 끌어당기는 충동을 잠시 보류하며 기억이라는 저장된 의식이 우리 눈에 색안경을 끼우지 못하도록 한다면, 우리는 비로소 정신의 장을 있는 그대로의 모습으로 볼 수 있을 것이다. 우리는 이것을 참된 깨달음이라고 부른다. 불교에서 말하는 선정(禪定)은 과거에 뿌리를 둔 온갖 생각과 충동의 속삭임을 뒤로하고, 고요함 속에 머무르는 것을 의미한다. 그 속에서는 잃는 것도 없고 얻는 것도 없는 전일적(全一的)인 상태, 즉, 전체를 하나로 보는 정신의 장만이 있을 뿐이다.

○ 우리는 마음을 열 수 있을까?

궁극적으로 죽음은 우리를 정신의 장으로 안내한다. 우리는 비로소 정신의 장을 직접적으로 체험한다. 그러나 의식에 저장된 신념 역시 우리를 따라온다. 열린 마음이란 곧, 얼마나 많은 짐을 버릴 수 있는가와 관계가 있다. 크리슈나무르티의 질문이 생각난다. 그는 누군가가, 열린 마음을 갖는 것은 좋은 일이라고 말하자 그에게 이렇게 반문했다.

"그런데 열린 마음이라는 것이 어디에 있나요?"

물론 그의 질문은 아주 모호한 것이지만 마음이 밈이나 삼스카라의 덫에 갇혀 있다면 마음은 결코 열릴 수 없다. 본래적인 의식에 부차적으로 생긴 신념, 고집, 판단, 그리고 다른 정신적 바이러스들 때문이다. 그렇다면 과연 이런 부차적인 신념이나 카르마의 영역을 넘어서 새로운 체험을 할 수 있는 방법은 없을까?

겉으로는 모순처럼 들리겠지만 과거의 모든 삼스카라로부터 해방되어 깨달음에 도달하기 위해서는 역설적이게도 머리를 사용해야만 한다. 물론 인간의 두뇌는 정보를 거르고 선택하며 선호하고 거부하는 습관으로 구조화되어 있다. 크리슈나무르티는 이를 아주 비유적으로 표현했다.

"조각난 정신이 어떻게 전체를 체험할 수 있겠습니까?"

물론 조각난 정신은 전체를 체험할 수 없다. 그러나 우리가 가진 것이라고는 이 조각난 정신뿐이다. 정신은 밈과 삼스카라로 이루어져 있다. 다른 사람은 안 그럴지 몰라도 자신은 열린 마음을 가지고 있다고 주장하거나, 자신은 환상이 아니라 실재를 체험하고 있다고 주장하는 사람이 있다고 하자. 그 사람의 말이 논리적으로 그럴듯하다고 하더라도, 크리슈나무르티의 말이나 베단타 철학에 비추어보면 그의 말은 사실이 아니다. 왜냐하면 더 개방적인 마음을 가지려고 노력하거나 더 실재에 다가가려고 노력하는 것이 불가능하기 때문이다. 그렇게 말하는 사람은 자신의 분열된 자아에 맞서 노력하고 투쟁하고 있을 뿐이다. 그렇다면 이런 역설에서 빠져나가는 방법은 무엇일까?

열린 마음에 담긴 역설을 피하는 방법은 다음과 같다.

1. 개인적으로 어떤 성장단계에 있든 자신이 가진 세계관을 자아로 동일시하고 있다는 것을 자각한다.

2. 세계관과 동일시한 자기 모습은 일시적인 것이라는 점을 인정한다. 궁극적인 통일성에 도달하기까지는 참된 자신이 될 수 없다.

3. 매일 자아-동일성을 변화시키려고 노력한다. 유연한 태도를 지닌다. 그저 일시적으로 존재하는 '나'를 붙잡으려고 노력할 필요가 없다.

4. 판단은 잠시 접어둔 채 앞으로 변화시켜야 할 무조건적인 생각과 개념을 조용히 관찰한다.

5. 왠지 저항감이 생긴다면 그대로 지나가도록 내버려둔다. 새로운 해답이 떠오를 수 있도록 공간을 비워둔다.

6. 저항감을 내려놓을 수 없다면 자신을 용서하고 계속 나아간다.

7. 사람들마다 갖고 있는 저마다의 다른 시각과 관점도 타당하며 모든 체험이 가치 있을 수 있음을 인정하고, 스스로에게 모든 가능성을 열어둔다.

위의 단계는 열린 마음을 정신의 장 앞에 드러내 놓고 아무런 판단도 하지 않은채 더욱 성숙하도록 고양시키는 방법이다. 이런 방법으로 실천하다보면 늘 새롭게 태어나는 자신을 발견할 수 있다. 그러니까 늘 반복되는 현상을 방어하고 지키려 들지 말고 새로운 변화에 헌신하라. 이제 우리는 과거의 세계관을 무장 해제시킬 준비가 되었다. 편협하게 정의한 나, 나 자신, 내 것의 울타리에서 벗어날 때가 온 것이다.

우리가 떨쳐내고 싶은 에고-방어적인 세계관은 에너지, 신념, 그리고 구조라는 세 가지 차원에서 조직된다. 이 세 가지 차원은 부분과 전체 모두에 적용된다. 에너지, 신념, 구조는 서로 떨어질 수 없게 짜여있다. 우주라는 장이 이 세 가지 모두를 그 안에 포함하고 있기 때문이다. 이 말은 무슨 의미일까? 나무나 구름은 모두 그 자체가 에너지, 정보, 그리고 구조라는 의미이다. 인간의 개성조차도 이 세 가지 요소로 이루어져 있으며 우리는 매일같이 우리가 가진 세계관 속에서 이것들을 체험한다.

1. 에너지: 한 가지 경험이 머릿속에 박혀 있다는 말은, 그 체험의 에너지를 가지고 있다는 것을 의미한다. 모든 정신적 경험은 고유한 에너지 패턴을 지니고 있어서 머릿속에 기억, 정서, 감정과 같은 형태로 반사된다. 어렸을 때의 기억을 떠올려보자. 무엇이 생각나는가? 시각적 영상들, 이름과 얼굴들, 여러 가지 감정들, 연상, 그리고 다양한 감성들이 떠오를 것이다. 그런데 이 모든 것들은 에너지차원에 존재한다. 이런 고정된 에너지는 꿈, 통찰, 상상력, 감정해소, 회고, 고백, 기도, 화해, 명상, 그리고 사랑을 통해서 해소될 수 있다.

2. 신념: 신념을 통해 우리는 정신의 미묘한 단계로 내려간다. 우리들의 정신에 들어온 한 가지 신념은 또 다른 신념이 들어오지 못하도록 방해한다. 그들은 판관과도 같아서 어떤 경험이 바람직하고 그렇지 않은지, 어떤 것이 옳고 그른지, 좋아할만한 것인지 아닌지 등등을 결정한다. 신념은 다른 체험에 의해서 더욱 고착화되기도 하지만, 새로운 체험이 신념을 변화시키기도 한다. '그녀는 과연 나를 사랑하는 것일까?' 누구나 살면서 이런 질문을 던져보았을 것이다. 사랑하는 그녀의 말 한마디 행동 하나를 두고 우리는 그녀가 나를 사랑하는 것인지 아닌지를 해석하고 판단한다. 만약 신념이 갖는 집착을 자각한다면, 우리는 신념의 구속으로부터 벗어날 수 있다. 신념은 정적인 것이 아니라 행동으로 귀결된다.

그러므로 우리 자신의 행동은 곧 우리 내부의 신념이 작동하는 모습이기도 하다. 밤중에 길을 걷는데 허름한 옷차림의 사람이 다가와 동전 하나를 구걸한다. '저자는 위험해. 저 옷차림 좀 봐. 게으르게 살았으니 저렇게 구걸하고 다니지. 나도 게으르면 저런 꼴이 될 거야.' 물론 이런 생각은 당신의 믿음이고 편견이다. 그 믿음과 편견을 접는 순간 우리는 새로운 방식으로 이 세상을 볼 수 있다.

3. 구조: 구조는 인성의 기본을 말한다. 삶에 대한 비전, 지금 이곳에 존재하는 삶의 목표, 물리적 존재에 대한 시각, 그리고 고통의 즐거움에 대한 개인의 태도 등이 여기에 속한다. 그러나 우리는 자신의 신념과 에너지를 너무 확신한 나머지 구조의 중요성을 가끔 망각한다. 신념과 에너지의 구속에서 벗어난 다음에도 당신에게는 '그래서 왜?'라는 질문이 생길 것이다. 왜 마야에 관여해 있는가? 왜 영원한 현시에서 벗어나지 못하는가? 라는 질문에 대한 대답이 더 필요한 것이다. 왜 나는 살아있는가? 내 삶의 목적은 무엇인가? 어떤 숭고한 가치에 헌신해 왔는가? 이런 구조에 대한 질문에 답하여야 한다. 구조는 구속된 에너지가 해소되는 것처럼 해소되는 것이 아니며, 신념처럼 새로운 경험에 따라 변화를 겪을 수 있는 것도 아니다. 구조란 이 생애를 사는데 우리가 몸을 싣고 가는 수레와 같은 것이다. 그 수레가 없으면 우리에게는 나라고 부를만한 그 어떤 동일성도 얻지 못한다. 대신 고정된 중심이 없는 에너지의 구름으로만 머물 것이다. 그러므로 구조를 가지고 해야 할 일은 그냥 구조를 지켜보는 것이다. 그 구조를 지켜볼 때 '나'라는 존재는 구조의 제1

원칙 속으로 수렴된다. 다른 말로 하자면 한 개인이 영혼과 만나는 정거장에 서는 일이다. 자유로운 인식의 순간이기도 하다.

새로운 구조를 정신에 구축하는 일, 자신의 인생을 영적인 관점에서 새롭게 해석하는 일, 새로 태어날 아이를 위해 좋은 부모가 되는 공부를 하는 일, 자신을 피해자로 보지 않고 늘 중심이 잡힌 사람으로 보는 일 등은 곧 우리 스스로 진화하기를 선택하는 것이다. 정신의 구조에는 다음과 같은 오묘한 특징들이 있어서 인간 정신 진화에 큰 도움을 준다.

*정신 속의 구조는 에너지를 조직해서 더 지고한 목적의 쓰임새로 만든다.
*구조는 우주적 체험과 이 생애를 연결시켜 준다.
*구조는 우리가 더 지고한 자아로 변형될 수 있는 길을 열어준다.
*구조는 우리를 진화의 힘에 노출시켜 준다.

에너지, 신념, 그리고 구조라는 세 가지 차원을 통해 우리는 의식적으로 내 자신을 의식의 장에 직접적으로 연결시킬 수 있다. 이것이 바로 열린 마음을 얻는 길이다. 자, 당신은 이제까지 최선을 다해 열린 마음을 얻기 위해 노력해 왔는가? 그렇다면 당신은 열린 마음 안에서 자신이 곧 전일성(全一性 - Wholeness)이라는 사실을 자각하게 될 것이다.

○ 창조적 도약 – 엔리코 이야기

우리가 소중히 여기는 인간의 속성 한 가지는 바로 새로운 것을 창조해내는 능력일 것이다. 실제 우리는 이런 능력을 지니고 있다. 지구상에 나타나는 모든 생명은 분자와 DNA가 자신을 복제할 줄 아는 능력 때문에 태어났다. 그리고 우주에서 일어난 모든 발생과 진화는 이런 창조적 도약으로 설명할 수 있다. 산소와 수소가 만나 물이 되는 법을 알기 전까지 우주는 원자만을 창조해야 했다. 그러다 어느 순간 원자가 가스, 고체, 금속, 유기분자, 등등으로 변하기 시작했다. 이런 변화는 물에 설탕이 녹는 것처럼 간단한 과정이 아니다. 설탕은 물에 녹으면 보이지 않지만 물을 끓여 증발시키면 설탕 알갱이가 남는다. 즉, 설탕이 물에 녹았다고 해서 예전에는 없었던 새로운 속성을 얻는 것은 아니다.

그러나 창조적 도약은 무에서 뭔가를 만들어내는 것이다. 영적인 용어로 말하자면 삶과 죽음의 사이클은 영혼의 창조적 도약을 가능하게 하는 실습장과 같다. 자연적인 사건과 초자연적인 사건은 서로 다른 별개의 작업이 아니라, 서로 다른 단계에서 벌어지는 변형이라는 창조적 과업이다.

당신이 죽으면 그 순간 오래된 육신의 몸을 벗고 과거의 자아도 벗어버린다. 나의 DNA를 포함해 모든 걸 창조한 주체는 다시 아주 단순한 구성요소로 되돌아간다. 살아서 지니고 있었던 기억들도 정보의 원재료로 되돌아간다. 정보라는 원재료가 살짝 모습만 바꾸어서 엇비슷한 사람으로 다시 태어나는 것도 아니다. 왜냐하면 영혼은 그 안에 아무런 내용물도 지니고 있지 않기 때문이다. 새롭게 합체되는 존재는 '나'가 아니라 '나를 둘러싼 중심'이며 그것이 당신의 제로 포인트 장, 곧 우주의 장이다.

내세에서 일어나는 이러한 변화가 얼마나 기괴한가를 나는 아주 최근에 느낀 적이 있다.

이탈리아 출신의 부부가 있었다. 그들은 2년 전 총기사고로 아들을 잃는 끔찍한 참사를 겪었다. 10대 아들 엔리코는 몇몇 친구들과 술을 마시고는 아버지의 권총을 가지고 장난치다가 오발로 죽고 말았다. 가족들은 물론 절망에 빠졌지만, 아들이 사고로 죽은 것이 아니라 총을 가지고 러시안 룰렛 게임을 하다가 죽은 것이라는 증언이 나왔을 때는 더더욱 참을 수가 없었다.

아들이 죽은 지 일주일 후, 엔리코의 어머니는 아들의 방에 들어가 기도를 올리고 싶었다. 아들이 쓰던 침대 가에 무릎을 꿇고 기도를 하는데 옆에 있던 선반에서 무선조종 자동차가 떨어졌다. 바닥에 떨어진 그 자동차는 요란한 소리를 내면서 방을 빙글빙글 돌았다. 엔리코의 어머니는 자동차의 소리가 시끄러워서 건전지를 빼고 장난감 자동차를 바닥에 내려놓았다. 그러자 이상한 일이 벌어졌다. 건전지를 뺐는데도 장난감 자동차는 계속해서 요란한 소리를 내면서 방안을 돌았다. 자동차는 그렇게 3일간이나 쉬지 않고 방안을 돌았다. 기이하게 생각한 가족들은 아마도 죽은 아들이 자동차를 움직이게 하는 것이 아닌가 하고 생각했다. 오빠가 자동차를 움직이게 한다고 생각한 엔리코의 여동생은 자동차를 향해 말을 걸었다. 몇 가지 질문을 하자 자동차는 '예'와 '아니오'로 말하듯 시계방향으로 돌기도 하고, 시계 반대 방향으로 돌기도 했다.

그로부터 몇 달 후 엔리코의 아버지가 인도를 여행하게 되었다. 그곳에서 그는 점성술사를 찾았다. 그 점성술사는 수백 년 전에 만들어진 별자리 책을 가지고 점을 쳐주는 사람이었다. 뭐 별로 특이할 것도 없는 방법이었다. 그러나 점성술사의 말은 아주 놀라운 것이었다.

엔리코의 아버지는 전생에 인도의 한 마을에 살았다. 그는 결혼한 후 간절히 아들을 갖기 원했으나 불행히도 아내는 불임이었다. 오랜 노력 끝에 아이 낳기를 포기한 그는 아내와 함께 한 사내아이를 입양했다. 그런데 아이를 입양하고 나서 얼마 지나지 않아 아내는 임신을 하였다. 그리고 몇 달 후 아들을 낳았다. 자신의 아이를 얻었으니 자연히 입양한 아이에게는 소홀하게 되었다. 급기야는 양아들을 구박하고 구타하는 일도 자주 발생하게 되었다. 양아버지의 학대를 견디다 못한 아들은 어린 나이에 자살을 선택하고 만다. 엔리코가 죽은 나이와 똑같은 나이였다.

점성술사는 엔리코의 아버지에게 말하길, 전생의 양아들이 엔리코로 태어났으며 진짜 자신의 아들을 잃는 고통이 얼마나 큰지를 알게 하려고 엔리코가 자살을 선택했노라고 말했다. 물론 엔리코의 아버지는 점성술사의 말에 큰 충격을 받았다.

몇 달 후 나는 엔리코의 아버지를 만날 수 있었다. 그는 이제 마음의 평화를 얻었노라고 말했다. 엔리코의 비극적인 죽음을 이해하고 그 죽음 안에 담긴 카르마의 힘을 이해하자 마음이 편안해지기 시작했다는 고백이었다.

말도 안 되는 이야기라고 말할 독자도 있을 것이다. 그러나 나는 이 이야기야말로 삶과 죽음이라는 것이 얼마나 신비롭게 서로 얽혀 있는지를 보여주는 하나의 사례라고 본다.

창조라는 과업에는 두 가지 서로 다른 면이 존재한다. 인간의 두 뇌는 시공간 상에서 작동하도록 되어 있다. 우리는 시공간이라는 틀 밖에서 창조의 과업을 목격하지는 못한다. 그러나 우리가 지금 경험하는 삶, 현세에 앞서 존재했던 삶, 그리고 현세를 이어 존재할 삶은 먼 곳에서 나타나는 것이 아니다. 그것은 계속해서 진화해나가는 의식 속에 나타난다. 과거, 현재, 내세 사이에는 간격이 존재한다. 물론 우리는 그 간격을 볼 수가 없다. 그러나 우리 영혼은 자아가 그 간격 속으로 진입했다가 다시 등장하는 것을 내내 지켜본다. 의식은 우리의 흔적을 놓치지 않는다. 영혼의 제로 포인트처럼 시간과 공간을 가로질러 모든 사건을 조합시키고 연결시켜 준다.

엔리코의 이야기에서 보듯이 아버지와 아들은 삶과 죽음이라는 간격을 넘어서 다시 만났다. 그들은 무의식적으로 서로를 알아보고 같은 목적을 가지고 함께 카르마를 만들어나갔다. 물론 과거 생의 기억, 육신의 몸, 그리고 자아 동일성은 일시적인 것이어서 죽음과 동시에 해체되었다. 물 분자 속에 갇힌 산소 원자와 뇌세포 안에 있는 산소는 모두 여전히 산소이지만, 이들은 서로 다른 산소에서 전혀 새로운 방식으로 환경과 관계 맺는 법을 배운다. 예전의 원자는 사라진 것처럼 보이지만 전혀 새로운 관계 속에서 존재할 뿐이다.

이런 창조적 도약을 과학은 설명하지 못한다. 그러므로 창조적 도약은 여전히 풀리지 않는 난제로 남아 있다.

○ 염력 이야기

과학이 해야 할 일은 창조라는 기적에 현미경을 들이대고 어디서 창조가 일어나는지를 살피는 것이다. 희미하긴 하지만 미묘한 수준에서 창조의 흔적을 추적할 수 있는 물리적인 사건들이 존재한다. 예로부터 인간의 두뇌와 신체는 전체적으로 아주 미약한 전자기장으로 둘러싸여 있다고 알려져 왔다. 특수한 사진기술로 인간의 신체를 찍으면 주변에 희미한 발광체가 존재하는 게 보인다. 만약 의식적 존재가 에너지 장을 만들어낸다면 반대로 에너지 장이 의식의 존재를 보여줄 수는 없을까? 인간의 두뇌는 전기적 신호로 작동된다. 그렇다면 라디오, TV, 전자레인지 등, 전자기를 방출하는 기계에 의해 영향을 받는 일은 없을까? 간단하게 대답하면 그런 일은 있을 수 없다.

초심리학(Parapsychology)을 연구하는 학자들이 멀리 있는 것을 보거나 그 외의 염력을 가졌다는 피 실험자들을 대상으로 모든 전자기적 에너지가 차단되는 패러데이 상자에 넣고 그런 상황에서도 염력을 발휘할 수 있는지를 실험해왔다. 그중에서도 가장 유명한 실험은 스탠포드 대학에서 실시한 실험이었다.

스탠포드대학에서는 양자간섭소자(SQUID Superconducting Quantum Interference Device)라는 기계를 만들어서 아원자 입자인 쿼크의 활동을 측정하는 실험을 했다. 물론 그 기계는 모든 전자기장을 차단할 수 있도록 구리와 알루미늄으로 외피를 설계하고 외부의 어떤 힘이나 에너지도 기계에 영향을 줄 수 없도록 내부 역시 특수한 금속으로 제작되었다.

1972년, 특수목적을 위해 제작된 SQUID 기계는 대학 실험실 지하에서 그저 산과 계곡을 탐지하는 S커브 그래프만 그리면서 시간을 보내고 있었다. 이 S커브는 지구의 자기장을 나타내는데, 만약 하나의 미립자가 장(Field)을 통과하면, 그 기계는 그려진 패턴에 변화를 나타내게 된다.

그때 젊은 물리학자인 할 푸터프(Hal Futhoff 나중에 유명한 양자이론가가 된다)가 실험실 지하에서 썩어가고 있는 기계를 이용하여 염력(念力 Psychic Ability)을 테스트해 보겠다는 생각을 했다. 그는 염력을 가진 사람을 실험해보고 싶다는 광고를 신문에 냈고 얼마 후 그 광고를 보고 뉴욕의 예술가인 잉고 스완이라는 사람이 연락을 해 왔다.

스완은 사전에 SQUID라는 기계가 어떤 기계인지, 정확히 본인이 해야 할 실험이 어떤 실험인지에 관하여 아무런 정보도 없이 캘리포니아의 스탠포드로 날아왔다. 스완은 그 기계를 보는 순간 조금 당황한 표정이었으나, 곧 기계 내부를 살펴보아도 좋은지 물었다. 푸터프가 좋다고 말하자, 그때까지 평범하게 지구 자장의 S커브만 그리던 그 기계가 갑자기 전혀 다른 패턴의 그래프를 그리기 시작하는 것이었다. 이때까지 스완이 한 일이라고는 그 기계의 내부를 한번 들여다보겠노라고 관심을 보인 것 외에는 아무것도 없었다. 의외의 결과에 놀란 푸터프는 스완에게 45초 동안 기계 내부를 보는 일에 집중해 달라고 부탁했다. 그러자 정확히 그로부터 45초 동안 SQUID 기계의 그래프는 전혀 새로운 패턴의 그래프를 그렸다. 그래프는 S커브에서 높은 고원형태로 바뀌었다. 기계 내부를 둘러본 스완은 SQUID가 작동되는 내부 방식을 그림으로 그려서 푸터프에게 주었다. 나중에 푸터프는 스완의 그림을 관련 전문가에게 보여주었는데, 그 전문가는 실제 기계의 구조와 그가 그린 그림이 정확하게 일치한다는 회답을 해주었다.

염력을 지닌 것으로 드러난 스완이 특별히 한 일이라고는 없었다. 그는 자신이 어떻게 기계가 측정하는 자기장에 변화를 주었는지 알 수 없었다. 그는 그냥 SQUID에 대해서 생각했을 뿐이었다. 자기장에 변화를 주겠다는 의도나 목적 같은 것은 전혀 없었다. 다만 기계에 관심을 갖는 순간, 기계가 측정하는 자기장에 변화가 온 것이었다.

염력에 대해서 회의적인 사람들은 우리가 일상적으로 하는 생각도 이 세계에 영향을 줄 수 있다는 여러 가지 연구 결과에 대해서 모른 체 한다. 그러나 정신이 하나의 장이라면 우리는 생각만으로 세계를 변화시킬 수 있다.

나 역시 염력 실험에 참가한 적이 있었다. 신호를 보내는 사람이 옆방에서 특정한 그림을 보고 그 신호를 염력으로 내게 보내면, 나는 그 사람이 신호를 보냈다고 생각되는 그림을 찾는 실험이었다. 실험 결과 내가 맞춘 정도는 평균 이상이었다. 영국의 루퍼트 쉘드레이크도 이와 유사한 실험을 한 적이 있다. 누군가 뒤에서 자신을 보고 있는 느낌이 드는 때를 고르는 실험이었는데, 피 실험자들은 확률보다 아주 높은 정확도를 보여주었다.

1960년대에 많이 있었던 이와 유사한 실험 중에서도 아주 놀라운 실험이 하나 있다. FBI 전문가인 클리브 백스터(Cleve Backster)는 인간의 피부가 함유한 수분의 정도 변화를 측정해 진술의 진위를 검사하던 거짓말 탐지기를 식물의 잎사귀에 연결시켜 보았다. 그 다음에 일어난 일에 대한 그의 증언을 들어보자.

"탐지기를 연결하고 나서 실험일지 상 15분 55초가 지났을 때였다. 갑자기 내가 보고 있는 잎사귀를 불에 태우는 상상을 문득 하게 되었다. 물론 말로 표현한 것은 아니었다. 잎사귀를 만지지도 않았고 기계를 건드리지도 않았다. 식물에 영향을 미칠만한 것을 굳이 꼽자면 내 머릿속에 떠오른 이미지뿐이었다. 그런데 식물은 아주 광폭한 반응을 보였다. 그래프의 종이 폭이 맨 윗부분에서 아랫부분까지 이어질 정도로 큰 변화를 보인 것이다."

1966년 2월에 놀라운 관찰을 하고 난 후 그는 식물을 상대로 또 다른 실험을 실시했다. 두 화초를 서로 보이지 않는 장소에 멀리 떨어뜨려 놓고 한쪽 식물에 거짓말 탐지기를 설치해 놓고 다른 장소로 옮긴 식물에게 외형적 상처를 입혀보는 실험이었다. 거짓말 탐지기가 연결된 식물은 다른 식물이 상처를 입자 마치 자신이 상처를 입은 듯 그래프 상에서 큰 동요를 보여주었던 것이다. 쌍둥이를 서로 다른 방에 놓고 염력을 실험하는 것은 이제는 너무나도 평범한 실험이 되어버렸다.

의식은 하나의 장이라고 말하는 것은 대략적인 증거일 뿐이다. 아무도 그 간격에 대해서 분명한 설명을 하지 못하는 것이 사실이다. 우주와 의식의 장, 보이는 것과 보이지 않는 것의 간격에는 우주 자체가 존재하며 그 안에서부터 모든 것이 창조되어 나온다. 인간의 생명은 DNA의 염기서열에서 오는 것이 아니라 염기가 배열된 공간의 간격에서부터 온다. 그 공간을 제대로 이해하는 사람이 아직까지는 한 사람도 없지만 생명의 신비는 유전자가 배열된 공간과 허공에 존재한다는 것은 어렴풋이 짐작할 수 있다. 고릴라와 인간의 유전자 차이가 1%라고 하지만, 유전자 배열 사이의 공간이 바로 인간과 고릴라 간의 건널 수 없는 간격과 차이를 만들어 내는 것이다. 그 공간과 간격이 바로 의식의 근원이다.

15. 창조의 구조

죽으면 어떤 일이 일어날지 설명하려고 애를 쓰면 쓸수록 죽음은 더욱 더 기적처럼 보인다. 죽음이란 이쪽 세계에서 또 다른 세계로 건너가는 것이다. 우리는 과거의 '나'라는 껍질을 벗고 '내가 존재한다'는 영혼의 정체성으로 귀의한다. 그리고 새로운 육신을 받아 독특한 또 다른 생명의 요소를 조합한다. 과학도 우주라는 장이 창조적 도약과 끊임없는 변형이 가능한 곳이라고 말한다. 산소 원자가 수소를 만나 물 분자를 이루면 그것이야 말로 산소 원자에게는 하나의 기적일 것이다. 가스 상태의 오래된 정체성은 사라지고 액체 상태의 새로운 정체성을 얻는다. 예전의 하늘에서 대양과 강과 구름이라는 새로운 세계를 얻는다. 그런데 이 산소 원자가 인간 두뇌 세포의 한 부분이 된다면 어떤 일이 일어날까? 갑자기 의식을 체험하게 될까? 이 질문이야말로 우리가 설명하고 넘어가야 할 마지막 신비스런 도약이다.

두뇌의 다른 원자처럼 산소 원자 역시 모든 뉴런을 넘나들면서 의식이 만들어가는 과정에 참여한다. 물론 산소 자체가 의식을 가지고 있다고 하기에는 아직 이르다. 과연 산소 원자와 대뇌 피질 사이 어디에서 의식이 생성되는 것일까? 이 문제는 인간이 죽은 후에도 의식은 살아있는지 아닌지 하는 것보다 사실 더 중요한 문제라고 할 수 있다. 앞서 논증했듯이, 의식은 두뇌 자체에 속한 것이 아니다. 인간의 뇌는 유기적인 화학 물질로 이루어진 비활성 물체이다. 뇌 속의 화학물질은 더 잘게는 기본적인 원자와 소립자로 나누어진다. 원자는 아원자 입자로 더 잘게 부수면 보이지 않는 영역에 그 근원을 둔 에너지 파장이 된다.

이렇게 미시적인 세계로 깊이 들어가면 갈수록 의식에 대해서 잘 알기는커녕 오히려 더 멀리 온 것은 아닌가 하는 생각이 들 것이다. 두뇌는 의식적이다. 그러나 두뇌가 궁극적으로 에너지로 이루어졌다고 해서 에너지 파장이 의식적이라고 말할 수는 없다.

이 수수께끼를 풀기 위해 물질주의자들은 의식은 그 자체로 아무런 실재가 없다고 주장한다. 의식은 그저 두뇌의 기교에 불과하다는 것이다. 그렇다면 한 사람의 기억을 모두 슈퍼컴퓨터에 저장할 수만 있다면 그 사람은 죽어도 죽은 것이 아니라고 할 수 있는가? 육신이 아니라 기계 속에서 예전과 똑같이 느끼고 또 세계를 경험할 수 있는가? 의식의 본질을 알기 위해서 추구하는 논리와 설명에 되레 우리의 발목을 잡히는 모순에 직면하게 된다.

의식 혹은 지각은 두뇌에 저장된 정보에서 찾을 수 있는 것이 아니다. 수십조 개의 0과 1의 신호가 컴퓨터에 저장되어 있다고 해서 그것이 의식을 생성시키지는 못한다. 만약 의식이 생긴다고 말할 수 있으려면 0과 1도 의식을 지니고 있다는 전제가 필요하다. 그러나 이런 논리는 수학책에 나오는 숫자들이 스스로 생각할 수 있다는 생각만큼이나 모순 덩어리이다. 자연 상태에서 의식을 설명하려면 늘 이런 모순과 만나게 되어 있다. 그러므로 과학적 설명과 논리는 접어두자.

○ 사트 치트 아난다

예로부터 베다의 현자들은 의식의 근원이 되는 공간에까지 정신을 탐구해 나아가 실존의 토대가 되는 세 가지 특징을 발견했다. 그것은 바로 사트, 치트, 그리고 아난다이다. 사트(Sat)는 실존, 진리, 실재라는 뜻으로 번역될 수 있고, 치트(Chit)는 마음과 의식으로, 그리고 아난다(Ananda)는 축복으로 이해할 수 있다. 그러나 그것들 속에는 사전적으로 고정되어 있는 의미로는 충분히 설명할 수 없는 심오한 의미가 담겨있다.

베다의 현자들이 한 말을 다른 식으로 옮겨보자. 우리가 가진 모든 생각, 세계에서 보는 모든 대상은 우주의 한 진동일 뿐이다. 이를 산스크리트어로 '섭다'라고 부른다. 섭다는 빛, 소리, 감각, 맛, 그리고 다른 모든 특질을 창조한다. 우리는 꿈에서도 감각하고, 맛을 보고, 냄새를 맡을 수 있지만, 그때의 에너지 진동은 아주 미세하고 미묘하다. 구체적인 실재와는 다른 느낌을 준다. 우리가 정신이 지닌 미묘한 단계를 넘어서면 진동(섭다)이 미약해져 실재 바깥의 존재에 대한 체험을 놓쳐버린다. 바야흐로 당신이 의식의 근원에 다다른 순간이다.

그 근원의 문지방은 고요다. 당신은 그 고요한 문지방을 넘어 실재가 태어나는 방으로 들어가야 한다. 그곳에서는 우주의 원 재료가 세 겹으로 존재한다. 창조는 실존(Sat), 의식(Chit), 그리고 미래의 에너지인 진동 가능성(Ananda)에서부터 생성되어 나온다. 이 세 가지는 우주에서 가장 실재적인 것인데 우리가 실재적이라고 부르는 모든 존재가 다 그것으로부터 나오기 때문이다. 그것을 베다의 현자들은 '장들의 장'으로 간주하였고 현대의 물리학자들은 '바닥 상태' 또는 '진공상태'라고 불렀다.

이 세 가지는 고요함을 뛰어넘는 시작의 상태이자 바로 이 원천의 경험인 것이다. 이 진공상태는 우주에 가능성의 상태로 존재하는 모든 에너지의 명멸(明滅)을 그 태중에 둔다. 그러나 이 진공상태가 곧 사트, 치트, 아난다는 아니다. 진공상태에는 정신도 없고 축복도 없다. 그것은 주관적으로 체험할 수 있는 영역이 아니다.

프린스턴 대학의 유명한 물리학자인 존 휠러(John Wheeler)는 이런 문제의 영역에서 초월적인 관찰자로 있으려는 물리학자의 태도를 이렇게 비난했다.

"우주의 모델을 만드는 우리 과학자들은 빵집 창문에 코를 박고 안에서 제빵사가 과자를 굽고 빵을 담는 모습을 바라보는 처지와 같다. 그러나 관찰자와 우주 자체를 구분해주는 유리창은 존재하지 않는다."

존 휠러의 주장대로 이제는 주관성과 객관성을 연결시키는 새로운 과학을 찾아내야만 한다. 왜냐하면 과학은 완고하게 객관성만을 추구해왔고, 그것은 오직 분리된 실험을 통해서만 그렇게 객관적으로 남아 있을 수 있기 때문이다. 그렇지만 궁극적으로 주관성과 객관성 사이에는 서로 교차할 수 없는 한계가 존재하는데, 우리는 지금 그 한계에 굉장히 가깝게 접근해 있다. 우리는 기도와 같이 단순한 문제 안에 있는 지식의 한계에 맞설 수 있다.

지금쯤은 모든 사람들이, '기도하면 이루어진다'는 진리가 과학적으로 입증됐다는 사실을 이미 알고 있을 것이다. 여러 사람들이 함께 누군가를 위해 기도할 때(중보기도) 일어나는 일을 보자.

통상적인 실험의 하나로써 교회에 다니는 신자들로 구성된 자원자들에게 병원에 입원해 있는 환자를 위해 기도해 달라고 부탁을 했다. 그들은 환자를 방문하지도 않았으며 환자의 이름도 모르는 상태에서 단지 환자의 번호만을 알면서 기도했을 뿐이었다. 기도의 내용은 특별할 것도 없이 그저 하나님(God)의 도움으로 환자가 치유되기를 비는 식의 평범한 기도였다. 이 실험 결과는 아주 놀랄 만큼 긍정적이었다.

이런 방식의 실험에서 가장 괄목할만한 것은 듀크 대학의 실험이다. 여러 명이 모여서 쾌유를 빌어준 환자들이 기도를 전혀 받지 못한 환자들보다 부작용도 없이 훨씬 더 빠른 속도로 회복되었다는 것이다. 이것이야말로 인간은 모두 의식이라는 동일한 장에 연결되어 있다는 사실을 다시 한 번 강력하게 지지해주는 입증사례라고 해야 할 것이다.

의식의 장(Field of Consciousness)은 다음과 같은 속성을 지니고 있으며 지금 현재도 작동한다.

*그것은 하나의 전체처럼 작동한다.
*그것은 서로 다른 시간을 즉각적으로 연결시킨다.
*그것은 모든 사건을 기억한다.
*그것은 시간과 공간을 넘어 존재한다.
*그것은 그 자신 안에서 창조한다.
*그것은 진화하는 방식으로 성장하고 확장해 나간다.
*그것은 의식적이다.

베다의 현자들은 이런 진리를 제1의 원칙으로 삼아왔다. 이런 저런 과학적 논쟁거리 때문에 선뜻 받아들이지 못하는 오늘날의 우리들보다 그들은 훨씬 더 현명한 안목을 가지고 있었다. 의식의 장은 자연의 그 어떤 현상보다 일차적이다. 왜냐하면 그 간격은 전자, 생각, 시간상의 모든 사건의 사이에 존재하기 때문이다. 그 간격과 공간은 창조의 중심부에 있는 고요함이며, 그곳에서 우주는 모든 사건을 서로 연결시킨다.

그렇다면 과학은 이런 고대의 현자들의 통찰력이 옳다는 것을 증명했을까? 오늘날의 과학과 고대의 현자들 사이에는 서로 일치하는 많은 부분이 분명히 존재한다. 과학과 지혜는 서로 다른 세계에서 왔지만 거의 똑같은 비전으로 세계를 본다. 신, 영혼, 내세의 비밀이 물질세계에 그 흔적을 남겨야만 이를 타당한 것으로 증명할 수 있다는 영성적 물질주의의 짐을, 과학은 이제라도 내려놓아야 한다. 루이 암스트롱의 트럼펫 소리에서 움직이는 원자의 그림을 그릴 줄 알아야만 재즈를 이해하는 것은 아니지 않는가.

내세를 다루고 있는 어떤 책도 피할 수 없는 죽음의 문제에 대해서 속 시원한 설명을 해 준 적이 없다. 그것은 각자의 마음의 평안을 통해서 해결할 문제로 남겨 두었다. 나와 이 책을 읽는 독자들은 서로 다른 개성의 소유자들이며 전혀 별개의 존재들이다. 영원은 알 수 없는 외계인과 같은 존재라고 말해 버린다면 오히려 쉬울지도 모른다. 나이 들어가는 것에 대해서 내가 당신보다 더 아쉬워할 수도 있고 그렇지 않을 수도 있다. 당신과 내가 신의 존재를 다르게 해석할 수도 있다. 그러나 당신과 나는 의식이라는 장에 함께 연결되어 있으며 같은 작업을 하고 있다.

지금은 생태학에서부터 인터넷까지 모든 것이 가능한 시대이다. 이런 때에 소위 고립이란 있을 수 없다. 우리는 각자가 존재의 근원임을 늘 기억해야 한다. 인간 존재를 한 생애의 시간과 공간으로 한정시켜 버리는 것은 내 영혼의 품격을 떨어뜨리는 일이다. 만약 그렇게 된다면 우리 영혼은 일시적인 육신에 갇혀버리고 만다. 당신과 나는 영혼이 먼저인 존재들이며 바로 그런 마음가짐이야말로 우리의 거처를 은하계 저 너머로 옮겨 줄 것이다. 그리고 미래의 어느 날, 우리는 영혼의 근원인 우주의 장으로 돌아갈 것이다.

생명의 목적이 너무나도 뚜렷하게 내 마음 속에 밀물처럼 들어온다. 매 순간 내 신앙은 새로워지고 실재를 보는 순간마다 내 존재 자체의 침묵과 대면한다. 죽음에 대한 두려움이 슬그머니 사라진다. 이 순간 나는 죽음의 존재를 아주 기꺼이 받아들인다. 이것을 타고르는 얼마나 역동적으로 묘사했던가.

내가 태어나 빛을 본 순간
나는 이 세계의 이방인이 아니었다.
알 수도 없고, 형체도 없고, 말도 없는 그 무언가가
내 어머니의 형상으로 나타났다.

내가 죽으면 알 수 없었던 그 무언가가 다시 나타나겠지.
지금까지 내게 알려졌던 것처럼
그리고 내가 삶을 사랑했듯이
나는 죽음까지도 사랑할 수 있으리라.

죽음이 없으면 현재 순간도 있을 수 없다. 앞선 마지막 순간이 죽어야 새로운 다음 순간이 태어난다. 앞선 사랑이 죽어야 새로운 사랑이 태어난다. 앞선 생이 죽어야 새로운 삶이 태어난다. 내 육신의 오래된 세포가 죽어야 새로운 세포가 태어난다. 이것이 바로 창조의 기적이다.

삶과 죽음은 영원성 안에서 서로 어울려 춤을 춘다. 삶은 죽음이라는 짝이 없으면 춤을 출 수 없다. 새로운 탄생이 일어날 수 없다. 다행히도 우리는 늘 새롭게 창조되는 우주 안에서 숨을 쉬면서 살아가고 있다.

　자. 이제 우리 모두가 우주의 무도회에 참여할 시간이다!

에필로그

폭우가 밤새 산을 쓸어내렸다. 라마나는 그 소리를 지붕 위에 내리친 천둥소리로도 들었고 때로는 신이 찾아와서 노크하는 소리로도 들었다. 그 소리는 그를 끊임없이 불안하게 만들었지만 그를 완전히 잠에서 깨우지는 못했다. 그는 천정에 구멍이 뚫린 곳을 기억해냈고 빗물을 받으려면 양동이가 필요할 것이란 생각도 했다. 그러나 아직 바닥에 물방울이 떨어지는 소리를 들을 수가 없었다.

'이상하군.'

그는 졸린 중에도 그렇게 생각했다. 마른번개와 천둥은 수 시간 동안이나 계속됐다. 매우 오랜 시간이 지나서 그는 눈을 뜨고 천정의 구멍을 쳐다보았다. 그러나 그 밑바닥은 깨끗했다.

도대체 빗물이 어디로 갔을까? 왜 천둥은 계속 칠까? 그는 그것이 신의 노크소리라는 것을 깨달았다. 그의 죽음은 그가 가장 좋아하는 계절인 몬순의 비처럼 그를 찾아온 것이었다. 그는 자기가 아직도 자기의 몸을 느낄 수 있다는 사실과 자신의 방이 비 피해를 입지 않았다는 사실에 놀랐다. 그의 늙은 스승은 이미 60년 전에 세상을 떠났지만 그에게 세상의 모든 것들이 어떻게 돌아가는지를 알려 주셨다.

60년? 그게 60년 전이었던가? 갑자기 라마나는 자신의 나이가 얼마인지 생각나지 않았다. 75살인가? 아니면 80? 이런 혼란이 그에게 변화를 가져왔다. 그의 몸이 가벼워지기 시작한 것이었다. 갑자기 모든 나이를 뛰어넘듯이 그의 몸이 가벼워졌다. 그의 몸은 이곳저곳으로 둥둥 떠다니기 시작했다. 그의 방도 공중으로 붕 떴다.

라마나는 자기의 몸이 사라지려나, 이 세상의 모든 고통이 끝나려나 하는 경이로움에 사로잡혔다. 사실 그는 이 세계를 믿지 않았으므로 그것은 별로 놀라운 일도 아니었다. 바로 그 마지막 순간에 자신은 아직도 침대에 누워 창문을 통해서 하늘을 바라보고 있었다. 하늘은 푸른색에서 부드러운 흰색으로 변했다. 모든 것이 흰색뿐이었다. 그는 자신의 몸을 내려다보았다. 자신의 몸도 사라지고 없었다. 그것이 너무나 쉽게 자신을 빠져나가자 순간적으로 라마나는 스승이 자신에게 한 말이 생각났다.

"육체란 망토와도 같은 거야."

"스스로 깨우친 사람들에게는 죽음이란 마치 망토가 벗겨져서 스르르 마룻바닥에 떨어지는 것 같은 것이고, 무지몽매한 사람들에게는 몸에 꼭 달라붙어 있는 그것을 벗어 던지는 모습과도 비슷한 것이지."

'다음에는 또 무엇이 떨어져 나가려나?'

라마나에게는 아직도 사고의 능력이 남아 있었기에 그의 정신이 육체를 떠났다고 단정 짓기에는 너무 일렀다.

라마나는 자기의 열두 살 어린 나이 때를 기억해냈다. 그때에도 스승은 이 숲속 지금은 자신의 거처가 된 이 오두막에 살았었다. 스승은 다 닳아빠진 사슴가죽 옷을 입고 가부좌를 한 채로 자신에게 이렇게 말했었다.

"내게로부터 배움을 얻고 싶은 게냐?"

소년은 그렇다고 대답했다.

"너의 부모가 그렇게 하는 것이 좋겠다고 해서 결정한 일이냐?"

소년은 다시 고개를 끄덕였다. 그러자 노인은 손을 가로저으며 방안에 함께 있던 그의 부모를 문 밖으로 내보냈다. 단 둘이만 있게 되자 스승은 다시 말했다.

"언젠가 너의 부모님의 의지가 아닌 너의 의지로 내게 배우고 싶다는 생각이 들 때에 나를 다시 찾아오너라."

"왜요?"

소년이 물었다.

"저의 부모님은 단지 제게 좋은 것을 배우도록 하려고 하는데요."

"그것만으로는 부족하단다."

스승은 말했다.

"너는 보통 사람들과 같은 삶을 살 수가 없다."

스승은 말을 계속해 나갔다.

"보통 사람들은 가족들의 도움을 필요로 하지. 그렇지 못하면 그들은 외로움으로 인해 죽고 말거든. 그들은 또 사회의 도움도 필요로 하지. 그렇지 못하면 친구도 없게 되는 거야. 보통의 사람들은 또 육체의 도움도 필요로 해. 그렇지 않으면 그들은 굶어 죽게 되거든. 그러나 그런 것들 보다 더 중요한 것은 그들은 정신의 도움이 필요하다는 거야. 그렇지 못하면 모두가 미쳐 버리거든."

"저는 선생님이 왜 그런 말씀을 하시는지 잘 모르겠어요."

소년은 말했다.

"왜냐하면 만약 네가 가족이나 친구나 너의 몸이나 정신을 잃게 되면, 너도 그들처럼 죽게 되는 거야. 나는 네가 그렇게 죽는 것을 원치 않기 때문이지. 나는 네가 늘 자유롭게 놓여지기를 바라는 거야."

그 소년은 10년 동안 스승에게 돌아가지 않았다. 그리고 그럴 때 조차도 스승은 '그 녀석이 제법 빨리 터득했군, 그래' 하면서 웃어넘겼다.

"네게 그말을 하고 나서 그런 비슷한 말을 다른 많은 사람들에게도 했지. 그렇지만 그들도 영영 돌아오지 않았어."

제자 생활을 하는 동안 라마나는 스승의 가르침이 참 어렵다고 생각했다. 그는 여러 번 실족할 뻔도 하였으나 결코 포기하지 않았다. 그의 스승이 예견한 모든 것들은 다 사실로 드러났다. 가족의 도움을 더 이상 필요로 하지 않게 되었지만, 그는 이제 가족들을 연민의 눈으로 바라볼 수 있게 되었으므로 그에게는 아무런 손실도 없었다. 사회의 도움이 필요치 않은 때가 찾아왔지만 그것도 그를 괴롭히지는 못했다. 왜냐하면 그는 이제 자신을 인류의 한 부분으로 볼 수 있게 되었기 때문이었다. 자신의 육체를 부양해야 할 부담에서 벗어나게 된 때조차도 그는 힘들어하지 않았다. 왜냐하면 그의 몸은 그가 일체의 번뇌를 하지 않도록 스스로 모든 것을 억제하였던 것이었다. 단 한 가지, 끝까지 포기할 수 없었던 것은 그의 마음이었다.

"아, 너는 마음을 잃게 되면 육체도 잃을까봐 걱정하고 있는 게로구나."

그의 스승이 말했다. 라마나는 똑같은 인내심을 터득해 나갔다. 그는 마음 깊은 곳에서의 침묵을 경험해서 샤만디(Shamandhi)의 경지에 도달하는 방법을 터득했다. 그리고 지난 수년 동안 이것이 그의 집이 되었다. 샤만디는 그야말로 일체의 마음의 활동이 없는 곳이었다. 어느 날 그의 스승이 죽자 라마나는 그의 침대 곁에서 무릎을 꿇고 한없이 울었다.

'너는 내가 네 곁을 떠나가는 중이라고 생각하고 있는 게로구나.'

그의 스승이 속삭이는 것 같았다.

'너의 마음은 네가 살아있는 동안에 계속해서 너를 지배할 것이다.'

스승은 아주 연민에 찬 목소리로 말하는 듯 했다. 이 말은 라마나에게 큰 위안을 주었다. 한 시간 뒤 그의 스승은 깊은 침묵의 세계로 빠져 들어갔다.

라마나는 이 모든 것을 지금 기억해 낼 수가 있었다. 왜냐하면 그도 또한 죽어가고 있기 때문이었다. 그는 주위를 둘러보았다. 자신을 반겨주는 이는 아무도 없었다. 가족도, 친구도, 심지어 스승도 없었다. 몇 초간 공포가 그를 엄습해 왔다가는 사라져갔다. 그리고 그것과 함께 사고할 수 있는 능력도 그에게서 사라져갔다. 이제 라마나는 더 이상 생각도 할 수 없게 되었다.

'여기에 내 마음이 있었던 거야.'

그는 마음조차도 더 이상 필요치 않은 세계로 빠져 들어갔다. 그의 주변에는 흰색의 세계도 더 이상 보이지 않았다. 그리고 이런 느낌도 아주 짧은 순간만 지속되었다. 왜냐하면 그곳에는 암흑 또한 존재하지 않았기 때문이었다. 그의 마음이 미끄러져 사라지고 없었기에, 그 밝음과 어두움도 함께 사라져 갔다.

이제 그는 말로 표현할 수 없는 평안함과 함께 찾아 온 고요 속에 휩싸여 있었다. 그것은 마치 한밤중의 도둑처럼 모든 세계가 그에게로 침입해 들어오려고 하고, 그의 고요를 빼앗으려고 하는 것만 같았다. 그러나 그것들은 모두 가볍게 바위 위에 떨어지는 깃털처럼 그를 스쳐갔을 뿐이었다. 그에게는 어떤 침입도 허용되지 않았다. 거기에는 우주도 없었고 신도 없었다. 어떤 신성한 것도 없었고 사랑도 없었다. 그는 마치 무시간(無時間)의 세계인 어머니의 자궁 속에 있을 때처럼 잠시 동안 멈칫했다.

그때 라마나는 부드러운 숨결을 느꼈고 그것은 그를 손짓했다. 그는 다시 삶의 세계를 돌아보았다. 그것은 그가 이 땅에서 다시 살기를 원해서가 아니었다. 그 숨결은 그 자신의 이성이었다. 그것은 아주 짧은 선택의 순간이었다. 영원한 평화라는 것은 마치 한 번의 삶처럼 가능한 것이었다. 인간의 삶이란 그가 영원한 안식을 얻을 때에만 자신의 것이 되는데, 이 두 가지는 결국 하나로 합쳐지게 되는 것이었다.

라마나는 자기를 향해 웃었다. 사람들은 우주가 웃었다고 할 것이다. 그 숨결은 점점 더 커졌다. 그는 긴장을 풀었고 그것이 그를 아래로, 땅으로 데려갔다. 한 번, 두 번, 그의 숨결은 마치 몬순 때의 폭우처럼 점점 더 커져만 갔다. 그는 어떤 가정으로 환생하게 될지 미리 볼 수는 없었지만 새로운 목표를 터득했다. 그가 너무나도 사랑했던 사람들에게 어떻게 그들의 꿈에서 깨어나야 하는가를 알려주는 목표를.